淳林话品牌

Dialogue on Branding

（第二卷）

段淳林　著

WUHAN UNIVERSITY PRESS
武汉大学出版社

图书在版编目(CIP)数据

淳林话品牌. 第二卷/段淳林著. —武汉:武汉大学出版社,2023.1
ISBN 978-7-307-22936-5

Ⅰ.淳…　Ⅱ.段…　Ⅲ.品牌—企业管理—文集　Ⅳ.F273.3-53

中国版本图书馆 CIP 数据核字(2022)第 033735 号

责任编辑:韩秋婷　胡国民　　　责任校对:汪欣怡　　　版式设计:马　佳

出版发行:**武汉大学出版社**　　(430072　武昌　珞珈山)
　　　　　(电子邮箱:cbs22@ whu.edu.cn　网址:www.wdp.com.cn)
印刷:湖北金海印务有限公司
开本:720×1000　1/16　印张:23　字数:340 千字　插页:4
版次:2023 年 1 月第 1 版　　2023 年 1 月第 1 次印刷
ISBN 978-7-307-22936-5　　定价:98.00 元

作者简介

段淳林，广告学博士，华南理工大学新闻与传播学院教授、博士生导师，华南理工大学品牌研究所所长，知名品牌战略与传播专家。兼任广东省新媒体与品牌传播创新应用重点实验室主任、广东省大数据与计算广告工程技术研究中心主任、广州国家广告产业园特聘教授、中央电视台品牌顾问、中央电视台新媒体中心顾问、中国广告教育研究会常务理事、中国广告协会学术委员会委员、中国品牌营销学会理事、广东省广告协会学术专业委员会主席。同时，出任多家上市公司独立董事。

全国第一个品牌传播专业创办人，整合品牌传播（IBC）理论体系创始人；致力于品牌战略与传播、大数据及组织文化管理以及大数据与计算广告的研究。

在《新华文摘》《现代传播》《新闻大学》等核心期刊上公开发表研究成果80余篇；主编《21世纪品牌传播与管理系列教材》，系全国首套此类教材；出版《整合品牌传播——从IMC到IBC理论构建》《淳林话品牌》《品牌传播学》等著作，其中《整合品牌传播——从IMC到IBC理论构建》被誉为"理论粤军"的重要著作。主持国家社会科学基金项目"大数据与国家品牌形象的构建"及50余项省部级和企业咨询项目。此外，在广东广播电视台开辟专栏节目《淳林话品牌》，目前全网点击量已超过300万次。

出访美国联合通讯社（AP）、美国有线电视新闻网（CNN）、美国之音（VOA）、《华盛顿邮报》、旧金山KQED与佛罗里达坦帕融媒体新闻中心等世界知名媒体机构。受邀出访美国斯坦福大学、爱达荷大学等；出席美国AAA广告年会与ACR会议、印度新德里营销会议、日本早稻田大学举办的亚洲国际广告论坛，以及中国台湾"两岸行销传播论坛"等多项国际会议（论坛）。

主讲EDP、MBA、EMBA、DBA的"整合品牌传播（IBC）""品牌差异化战略""组织文化管理"等课程，为近百家企业提供培训。

荣获中国广告学术发展特别贡献人物奖、广告人国际卓越教育人物奖、"品牌四十年——风云人物"奖等奖项。

《淳林话品牌》节目简介

一场学界与业界的顶层交流，
一次透视品牌成长的故事之旅，
在这里，一切因品牌而生。

《淳林话品牌》，
专注品牌的高端访谈节目。
诞生于 2016 年 1 月，
著名品牌战略与传播专家，华南理工大学段淳林教授
与广东广播电视台新闻广播主持人曹晨辰对话品牌相关话题。

2017 年 2 月节目全新改版，
知名企业家加入，
讲述更生动的品牌故事，
学界与业界的思想交流碰撞出智慧的火花。
未来，更多成功企业将在这里记录品牌成长的轨迹。

如今，
《淳林话品牌》融媒体传播矩阵已构建成型，
优质原创内容在广播、

网络视频、

网络音频全面铺开。

影响力进一步扩大。

新的一年，

广东省新媒体与品牌传播创新应用重点实验室

与广东新闻广播尹铮铮工作室

共同打造南方(铮视听)融媒体研究院，

为视听融媒体研究和搭建创新理论框架，

为学界和业界提供产学融合交流平台，

致力于打造有影响力、传播力、价值力的智慧融媒体。

创造更高的品牌价值，

淳林话品牌，

品牌有力量！

序

2016 年，我受广东广播电视台新闻广播节目之邀，在广东新闻广播《风云财经》栏目开辟《淳林话品牌》微课堂。每周通过对时事热点的解读来探讨中国品牌的建设之路。品牌在今天受到了越来越多的重视。什么是品牌？怎样建设品牌？在新的市场环境与媒体环境下，怎样整合传播资源，更好地进行品牌推广？这是《淳林话品牌》这个节目也是本书想和所有的听众朋友和读者朋友一起探讨的问题和分享的观点。自节目开播以来，我们得到了很多听众朋友的支持和回应，我们希望所有的听众和读者都能从这个节目和本书中获得一些对中国品牌建设的感悟，让中国品牌能够在未来长远的建设中获得启发。

互联网飞速发展，新技术应运而生。物联网、大数据、社交网络、可穿戴设备、云计算等新技术的崛起，给我们的生活带来了翻天覆地的变化，同时互联网也在影响着中国品牌的传播方式。互联网改变了传统的交流方式，改变了传统产品信息推送成本巨大的模式，为产品的推广迎来了新时代。在这样一个新的时代背景下，我们站在互联网的风口，如何抓住互联网带来的挑战和机遇，去建设我们的中国品牌，是需要我们共同去探讨和研究的问题，故我编写此书，希望能够为中国品牌的发展提供一些力量。

正如我们节目的口号"淳林话品牌，品牌有力量"一样，我希望未来《淳林话品牌》不仅仅是一个节目，而且能够成为一种现象。每一个中国企业家都应该去聊品牌，都应该把企业的发展建立在品牌建设的基础上。品牌作为一种企业与消费者的价值关系，承载着商品品位、特征与影响，既能够满足顾客的需求，给顾客带来价值的满足，也能够实现品牌主的价值，企业在承诺的不断兑现中持续获得高附加值的回报并获得经济效益。

今天的企业需要构建起支撑企业持续发展的战略愿景和价值体系，转变传播观念。除了关注短期的投资回报与盈利，也应该看到长期发展过程中，品牌价值对企业发展的影响，投入成本维护和提升品牌形象。通过对线上线下资源的连接，屏幕的连接，场景的连接，媒体与个人的连接等手段，真正实现品牌、效果紧密联动，达成品效"合一性"，实现价值最大化。

作为世界第二大经济体，今天的中国比任何时候都需要能够在全球市场上代表国家形象、参与商业竞争和文化交流的国家品牌。习近平总书记强调的"三个转变"、第一个"中国品牌日"的到来，都表明品牌战略已上升为国家战略。在未来，我们应该要培育和塑造一批能够代表中国参加全球商业竞争和文化交流的国家级品牌，实现"中国造"的伟大复兴，这是每一个品牌的夙愿和使命。

多年来，我一直从事品牌传播和互联网、大数据的研究，不论是《淳林话品牌》这档节目还是本书，都是我多年求真求知与洞察现实的思想结晶。中国品牌经历了几十年的发展，在新的时代背景下，需要更多的学者参与到品牌的研究中来。

《淳林话品牌》节目在社会各界和听众朋友的支持下，一直在不断地成长，它不会止步于现在，在未来我们还会不断地改进，把更好的内容带给大家，也希望大家能够对书中的不足加以指正。

最后，我在此感谢社会各界的关心和支持，也特别感谢广东广播电视台新闻广播节目、广东省广告协会学术专业委员会、广东省老字号协会、

序

慧兰荟等机构对本书出版的大力支持。衷心感谢广东省广告集团股份有限公司、科大讯飞股份有限公司、广东东鹏控股股份有限公司、尚品宅配等参与节目录制的企业无私的经验分享。感谢听众朋友们一直以来的关注和支持。

　　是为序。

段淳林

己亥年九月于华园

目　　录

Dialogue on Branding | 55

第 55 期

真彩：精益求精，
书写中国制造的未来

Dialogue on Branding ▶▶▶▶▶▶▶▶▶

真彩：精益求精，
书写中国制造的未来

【本期节目概述】

　　精益求精是对产品品质的极致追求，真彩文具正在书写中国制造业的未来。看似不起眼的一支笔如何突破技术难题，在中性笔市场占领一席之地？真彩文具有限公司董事长黄小喜做客本期《淳林话品牌》，分享真彩文具的品牌故事。

一、品牌领袖

　　黄小喜，中南大学材料学学士，华南理工大学理工硕士；现任真彩文具股份有限公司、上海乐美文具有限公司、广东乐美文具有限公司董事长，同时兼任中国制笔协会副理事长以及"中国文化体育用品协会第六届理事会副理事长"。其作为将中性笔技术引入中国的第一人，也是第一位拥有中性

笔自主知识产权的中国人，是中国制笔行业的领军者，缔造中国制笔业变革的先锋人物，被同行誉为"笔王"。曾获"2007 年上海市创建卓越品牌特别贡献奖""中国文具领袖人物""全国制笔功勋企业家""推动中国品牌 50 人""辉煌 60 周年中国优秀明星企业家"等荣誉，是 2011 年广东省五一劳动奖章获得者。

二、企业简介

真彩文具始创于 20 世纪 90 年代初期，于 2012 年 5 月份整体改制为股份公司，是一家集技术创新、渠道优势和品牌领先为一体的一站式文具供应商。主要从事真彩品牌文具产品的创意设计、技术研发、生产和销售。产品主要包括书写工具、学生文具、办公文具和早教用品四大系列。经过 20 多年的发展，真彩已经成长为集研发、生产、营销、品牌为一体，中国规模最大、综合实力最强的行业领军企业之一。

真彩文具在行业中一直倡导产品品质领先的理念，现有多个产品居于该品类产品质量标准的风向标地位。同时，真彩还是主导或参与多项文具

产品国家标准、行业标准的起草单位。经过多年的发展，真彩品牌的影响力已成为公司最核心的竞争力之一，真彩品牌在中国文具行业内享有较高的声誉，并获得了众多荣誉：2007 年获"中国名牌""全国合格评定质量达标信誉品牌""中国十大文具品牌"、第二届"中国最畅销文具品牌"；2008 年获"上海市创建卓越品牌特别贡献奖"；2009 年获"中国文具行业最具影响力品牌""2009 年度外商投资先进技术企业""2009 年度中国轻工业制笔行业十强企业"；2010 年获"用户满意企业""中国美术用品真彩示范基地""2010 年度中国轻工业制笔行业十强企业"；2011 年获"2011 年中国轻工精品展精品奖""2011 年度中国轻工业制笔行业十强企业"；2012 年获"中国十大综合办公文具品牌运营商""全国轻工业卓越绩效先进企业特别奖"。

2014 年，真彩品牌战略升级，提出以"中国梦，真精彩"为品牌口号，以"梦想"为品牌核心价值观，与消费者展开全方位、立体化、高层次沟通，标志着真彩文具向更高、更强、更大的企业愿景快速迈进。

现在，真彩文具在全国设有 38 个分公司（代表处）、合作代理商超过1000 多个，直接掌控近 300 多个二级城市市场、近 2000 多个三级（县、市）市场的销售网络已逐步建成。

三、黄小喜分享品牌故事

◎ 放弃优渥工作的创业初衷

机缘巧合，我在 20 世纪 90 年代选择放弃优渥的工作，投入文具行业，做自己想做的事情。那时，中性笔品类处于起步阶段，成为新一代的书写工具还尚鲜见。在日本品牌最初进入中国的时候，中性笔还被称为啫喱笔，但我觉得啫喱笔这名称既拗口不易记又无法体现出产品特性，因此我们就在介乎水性和圆珠笔之间起了"中性笔"这样一个名字。现在，中性笔已经成为中国书写工具中最主要的一个品类。

1994 年我在广东成立了一个装配厂，开始推广真彩的产品，但真彩品牌的真正萌芽应该始于 1995 年。当时的市场以国企居多并且是封闭的，所以国内许多产品的价格都比较高，许多产品的样式、质量也存在着问题，无法满足消费者的需求。当真彩中性笔刚出现时，由于此类产品十分匮乏，尽管价格高于同类产品 3 倍，还是深受消费者喜爱。

◎ 真彩从日本引入中性笔技术的缘由

中性笔的专利源头其实是美国的一家公司，其母公司是吉列，但由于母公司较少关注文具产品的发展，未将中性笔推向市场。而日本人申请了中性笔的专利之后就迅速将其推向市场，当我接触到中性笔产品时，就直接从日本引进了。可以说，在中国的制笔行业乃至整个制造业中，中性笔是最早与国际接轨的品种。

◎ 真彩如何实现技术突破

20 世纪 90 年代我们将中性笔推向市场的时候，是找最好的原材料，不断改善生产技术和储藏技术，完善运输体系，因而真彩的产品质量也越来越稳定。但是在后续的发展过程中，随着我们产品的种类越来越多，面临的技术难度也越来越大。在我们想从 99.9% 迈向 99.99% 时，面临很大的障碍。

因此，从 2005 年开始，我们决定研制自己的墨水和笔头。到 2011 年，我们的整个研发体系已经完成，基础类研究和样机也准备完毕，墨水也更新了好几代。同时，在 2005 年我们开始对进口机型机器一一进行拆解，去了解它每个体系的运作，研究之后再进行国产化改造，进行多个系统的逐级测试。2010 年时，真彩基本完成了整个体系的研究。2011 年国家科技部给了我们一笔资助，这笔资助为真彩的发展插上了腾飞的翅膀。

真彩：精益求精，
书写中国制造的未来

◎ 真彩产品竞争力分析

我们在开发真彩产品的过程中，十分注重产品的功效设计，注重研究产品与国人使用习惯的关系。中国人在使用笔时十分注意笔的粗细和流畅度，基于此，我们在笔头和墨水的研发制造中特别注重这些。这方面的挑战比较大，但也促进了我们在设备的使用、原材料的选择乃至匹配系统的研发上不断提高水准。在产品功效方面的设计就是我们核心竞争力所在。

◎ 公益助力真彩品牌发展

公益活动一直贯穿于公司经营活动的始终，我们的公益活动主要体现在两个方面：一是在推动中国儿童美术素质教育方面，我们在全国举办了多场美术比赛，比如在上海举办了"真彩杯"美术大赛；二是在助力扶贫建设方面，我们在贫困地区开办了一系列活动帮助贫困学生，在汶川地震时，我们冒险将文具送往灾区，为孩子们提供帮助。

◎ 真彩未来的发展愿景

对于真彩来说，国际化的步伐必须要加快。中国的品牌在国际上代表着中国制造，代表着中国创造，也代表着国家的整体实力。但最重要的是，作为一个文化教育服务领域的公司，真彩在发展中不能忘记初衷，要始终坚持最初的创业理念，服务广大学生。在未来，我们将为学生群体提供一整套旨在提高素质教育水平的方案，包括视频、动漫、歌曲等，希望以此逐步提高中国学生的素质教育水平以及中国品牌的创造力水平。同时我们也希望引入人工智能（AI）技术，借助人工智能技术，为孩子们打造一个主动学习和互动学习的平台，让他们能够进行自我管理。基于家庭教育和陪伴教育这一理念，真彩在未来会更多地朝教育方面发展，构建一个完整的教育生态系统。

四、观众互动： 对话品牌领袖

◎ 中性笔如何实现掉落后仍能继续使用的？

　　你说的这一性能叫作抗冲击性能，这是初期制笔过程中许多品牌都不关注的一个性能。但我们逐渐意识到了这一性能的重要性，并在抗冲击这一功能体系设计层面，做了大量工作。真彩建立了两个测试指标：一个是抗冲击测试指标，即在一米的高度将笔竖着摔向地面三次，捡起来看它是否还能正常使用；另一个是震动性能测试指标，我们特地开发了一个震动机，模拟运输过程中汽车的震动，来检测墨水的黏性。若在运输过程中遇到突然的冲击，我们所用墨水的黏性足够保障自身的稳定性。

◎ 真彩的产品在外观和握感上有何特色之处？

　　我们知道，笔现在已经不再是简单的消费品了，而是转化成了学生的时尚品。所以真彩在这方面，建立了一个强大的设计体系，我们与外国公司合作研发，从外观设计到内在性能都十分注重笔的握感和书写流畅度。此外，我们还将防菌功能融入产品里面，增强产品的防汗性能。可以说，真彩的产品是时尚感与内涵兼备！

五、段淳林教授点评

今天和真彩的黄总沟通之后，我主要有以下几点感想：

第一，真彩在发展布局上的尝试符合国家提倡的文化创意产业发展战略。近年来的政府工作报告非常重视文化产业战略的升级和提升，尤其是"互联网+"以及大数据的运用，在这一层面上，真彩已经在布局并且有了很好的积累。

第二，真彩提出的"中国梦·真精彩"，从宏观层面来说，在国家品牌形象上代表了民族制造业的领军品牌；从微观层面来说，还对我们培养儿童有了很大启发。

第三，希望真彩能在人工智能方面有所作为，从占据流量入口到内容生产等方面将人工智能利用好，通过智能内容的构建，将真彩品牌向 IP 化推进。

第四，在未来长期的发展过程里，真彩品牌如何注入内生价值，是一个值得思考的问题。因为中国大部分自主品牌都会遇到这样的问题：到了某一程度，品牌价值的放大和提升会变得十分困难。其实真彩提出的"中国梦·真精彩"，正是内在文化价值注入的一个契机。品牌价值可以体现在对品牌产品的艺术化提升和整体设计的升华上，把艺术理念和文化理念注入品牌中，是提升品牌价值的一个重要途径。

有历史的品牌不一定就有品牌的附加值，这是一个很重要的研究课题。品牌的自身传播很重要，品牌的高附加值很大一部分就来源于它在传播层面上的投入。传播的投入带来的不仅是认知度的提高，还带来了消费者对品牌忠诚度的连接，而忠诚度正是品牌附加值很重要的一个层面。我们在思考的瓶颈期，要明白品牌附加值究竟源于何处。文化是品牌的内核，是品牌价值的推进点，它需要慢慢地积累和沉淀。

六、品牌经典传播案例

"920"真彩"黑科技"营销

在"920"网络情人节之际，真彩与趣拿平台一起启动了真彩"920笔芯"快闪店活动。

为了迎合"920"网络情人节，真彩特地设定了一组简单又充满爱意的"比心"动作，"比心"二字又与其产品笔芯相契合。利用终端体验机（FET），进行动作识别，动作识别成功即能获得真彩派发的产品。用"比心"的动作来换取"中性笔"，既诠释了这次活动的主题，同时也加深了消费者对品牌与产品的印象。

传统的派发模式只是在街头安排几个派发员，向路人进行随机派发，消费者对产品、信息的接收方式是被动的。现在消费者对于传统的派发模式往往存在一种抵触心理，这种负面情绪是否会强加在品牌身上也需要品牌方思考。而且撒网式地派发并不能精准定位到目标消费者，品牌的购买转换率会低于预期。低效或者无效的传播对品牌方来说是没有意义的。

真彩这一次的派发活动没有使用传统的派发模式，而是用终端体验机作为载体，用智能替代了传统。这种模式改变了以往撒网式的派发旧习惯，有计划性、有目标地对市场进行投放产品体验，继而让人来找产品，而不是让产品去找人。

真彩的这一波活动旨在让体验过程变得更加有趣，使产品体验营销成为一种有体验价值和分享价值的全新传播方式。让产品从被动地被"派发"

真彩：精益求精，
书写中国制造的未来

转换成消费者有趣而主动地"索取"。"主动"的核心则体现在"无骚扰""无强制""有趣"三个方面，给消费者留下深刻的好印象。

【启示】

真彩此次的笔芯派发活动不仅高度地吻合了网络情人节这个主题，同时还摒弃了传统的派发模式，利用高科技的智能方式，与消费者进行深入的互动，有针对性地对目标用户和目标市场进行投放，节约了宣传成本。产品的营销发展到今天，已经衍生出了很多形式，但是真正能打动消费者的产品营销，要能够与消费者进行互动，让消费者深度参与，增加消费者的认同感，从而获得消费者的认知度和认可度，增加消费者对品牌的依赖感和黏性。

消费者现在已经不仅是过去单纯的内容接收者，而是内容的产出者和宣传的主动者，好的产品会获得消费者主动的自发的传播。这也是现在营销活动所能获得的最好的效果和最长远的效果。

Dialogue on Branding

56

第 56 期

珠江钢琴：

肩负着艺术教育的重任与使命

Dialogue on Branding ▶▶▶▶▶▶▶▶▶

珠江钢琴：
肩负着艺术教育的重任与使命

【本期节目概述】

珠江钢琴肩负责任与使命，成立 60 余年来不断求索创新，从崭露头角到享誉中外，对自主品牌的坚守、完善的创新体系的建构成就了珠江钢琴的巨大飞跃。珠江钢琴集团董事会秘书杨伟华做客本期《淳林话品牌》，分享珠江钢琴品牌的故事。

一、品牌领袖

杨伟华，暨南大学工商管理硕士，现任珠江钢琴集团董事会秘书、广州珠江钢琴文化教育投资有限公司董事长、广州珠江八斗米广告有限公司董事长。自 2008 年开始，杨伟华先生全程参与策划、组织实施珠江钢琴股份制改造方案及首次公开发行 A 股股票工作。2012 年珠江钢琴成功登陆深圳证券交易所中小板，成为中国乐器行业第一股。

公司上市之后，杨伟华先生依法履行公司信息披露职责，与资本市场建立了良好的投资关系，同时通过收购文化传播公司和欧洲高端钢琴品牌舒密尔公司、拓展音乐教育文化产业、设立传媒公司和文化产业基金、参与投资设立广州国资基金和小额贷款公司等一系列卓有成效的工作，加速推进企业战略的发展，使珠江钢琴从全球最大的钢琴制造商逐步转型为集高端乐器制造、音乐教育和文化服务为一体的综合乐器文化企业集团，全面提升了企业市场价值。杨伟华先生多次荣获新财富"金牌董秘""2015 年度金牛董秘""2016 年度上市公司最佳董事会秘书"等荣誉称号。

二、企业简介

广州珠江钢琴集团股份有限公司成立于 1956 年，是一家钢琴、数码乐器、音乐教育、文化传媒协同发展的综合乐器文化企业，是 A 股整体上市

珠江钢琴:
肩负着艺术教育的重任与使命

的乐器文化集团,具有国际先进水平的产品创新能力和全球规模最大的钢琴产销能力,曾荣获"首批制造业单项冠军示范企业""国家文化产业示范基地""国家创新型试点企业""全国质量管理卓越企业""国家文化出口重点企业""国家 AAAA 级标准化良好行为企业""中国轻工业百强企业""广东 500 强企业"等荣誉称号,是荣获"全国质量奖""广东省政府质量奖"的质量效益型企业,以及荣获国际音乐制品协会"里程碑"奖、"特别贡献奖"等奖励的民族乐器企业,企业主要经济指标 30 多年来稳居同行首位,已形成三大业务板块、四大产业基地的国际化运营格局,形成了实质的跨国运营企业、多元业务联动发展的综合乐器文化平台。

自 1987 年以来,珠江钢琴集团钢琴产销量一直保持国内同行业第一,21 世纪初跃居全球第一,目前已蝉联全球产销冠军达十年以上。旗下拥有恺撒堡公司、京珠公司、德华公司、舒密尔公司四大钢琴制造产业基地,营销和服务网络覆盖全球 100 多个国家和地区,其中国内市场形成以省会及地级城市为中心,向周边城市辐射的营销服务网络,全国拥有 300 多个直接经销商、1000 余家销售网点;国际以亚洲、欧美为核心,拥有销售服务网点 200 多个;钢琴年产销量超过 16.5 万架,已累计产销钢琴超过 230 万架;国内市场占有率达 38%以上,全球市场占有率达 28%以上。

作为新中国历史悠久的钢琴民族自主品牌之一,珠江牌钢琴荣获行业诸多荣誉:1999 年行业首批获得"中国驰名商标",2003 年行业首批获得"中国名牌产品"认证,连续多年被评为"全国用户满意产品",是深受顾客喜爱的中国乐器品牌;"RITMIILLER"钢琴是"广东省著名商标""广东省名牌产品";旗下恺撒堡牌钢琴是 2007 年推出的高档钢琴品牌,被科技部列入多期"国家重点新产品计划",荣获"中国轻工业联合会科学技术进步二等奖",是中国音乐金钟奖(2007—2015 年)指定用琴,曾光荣入选广州亚运会开幕式、深圳大运会开幕式、联合国多元文化艺术节巴黎卢浮宫"珠江·恺撒堡之夜音乐会"、国庆 67 周年江山如画交响音乐会、中国东盟艺术教育论坛等重大国际活动；恺撒堡演奏会钢琴以其优异品质成为 G20 峰会文艺演出、广州财富全球论坛唯一用琴，为各国政要及中外嘉宾展现民族强音，充分体现了民族乐器品牌的国际影响力。珠江钢琴还以推广高档音乐、弘扬高雅艺术、传播先进文化为宗旨，多年来与教育部联合主办珠江恺撒堡钢琴全国高校音乐教育专业基本功展示活动，与中国艺术教育促进会联合举办"珠江·恺撒堡"全国青少年钢琴大赛等，进一步提升珠江钢琴的品牌形象。在 2019 年中国品牌价值评价结果通知书中，珠江钢琴集团品牌强度为 908，品牌价值为 47.97 亿元。

三、杨伟华分享品牌故事

◎ 珠江钢琴品牌发展的重要节点

珠江钢琴集团诞生于 1956 年，成立 60 年多来一直专注于钢琴的生产与销售。珠江钢琴的发展节点主要有以下几个阶段：

改革开放初期，是珠江钢琴的第一个重要发展阶段，珠江钢琴集团在那时开始起步，在此期间，逐渐形成了自己的品牌、核心技术，并开始崭露头角。第二个重要发展阶段，是品牌开始走向市场的时期，虽然在品牌初建时市场需求量不大，但由于钢琴整体产量较小，市场处于供不应求的状况。20 世纪 80 年代开始，市场需求迅增，我们由此开始进行大规模的生产。经过这一阶段的发展，珠江钢琴占据了可观的市场份额，并成为知名品牌。

在这期间，尽管有国外大品牌提出高价并购珠江钢琴，珠江钢琴也有和国外日系、德系品牌合作，但我们一直坚持发展自主品牌这一核心理念，这也是珠江钢琴品牌能取得今天这样的成绩的一个重要原因。

第 56 期
珠江钢琴：
肩负着艺术教育的重任与使命

◎ 珠江钢琴在与外资合作中坚守自主品牌

　　成立初期，合作方某日系品牌希望全部用它们的品牌面向市场，但是，珠江钢琴集团始终不忘初心，不会为了追求短期效益，而放弃对自主品牌的坚守。最终通过双方协商，我们的合作模式是既有中方自主品牌，又有日系品牌；在产品面向市场时，既有合作，又有自主品牌发展。在合资过程中，最重要的一点就是要坚守自己的核心技术优势，既要合作共赢，又要发展自身优势。

◎ 珠江钢琴不断提升产品质量

　　在发展的过程中，珠江钢琴由于在品牌历史和知名度方面存在问题，在产品售价以及其他附加值上还有进一步提升的空间。但近年来，我们不断攻克技术难题，提升产品质量，珠江钢琴的品质已经和世界顶级产品非常接近。2015—2016 年，恺撒堡全系列钢琴获得了美国 MMR（《音乐视角》杂志）声学大奖，无论是钢琴界还是演奏界，对珠江钢琴的评价都很高。

◎ 创新助力品牌升级

　　20 世纪 80 年代时，我们走出国门去参加国际展会，感触颇深。当时珠江钢琴产品无人问津，人们对我们的产品都不感兴趣，此后公司逐渐意识到了我们的品牌和国外品牌的差距。当时珠江钢琴在全国四大钢琴品牌中尽管只排在第三位，但我们更加注重自身技术的研发，珠江钢琴就是在这个时期开始进入创新发展阶段。无论是在技术方面，还是在营销方式上，我们不断创新升级，极大地促进了珠江钢琴品牌在市场覆盖率上的提升。

◎ 珠江钢琴品牌创新体系的建构

　　在自身创新体系的建构方面，珠江钢琴集团建立了一个以国家级的技术研发中心为载体的创新体系。在这个全新的创新体系中，首先，我们确保了较高的研发投入。公司的创新投入比例以决议形式确定，最低的实际创新投入比例高于营业收入的 5%，以确立高产出。其次，公司基于国际化的理念，建立了涵盖多国人员的国际化创新团队，团队成员融为一体。其中，许多外国知名专家作为团队带头人，与中国研发人员形成了良好的合作，全力打造每一个项目，推动了技术团队的整体创新。而这一个完整的品牌创新体系，又在不断地推动珠江钢琴向前发展。

在创新方面，珠江钢琴的创新是多方面的，一台钢琴有 8000 多个零部件，生产一台钢琴需要 300 多道工序，钢琴的元件组成涉及的学科包括木材、声学以及力学等，主要由共鸣系统、机弦系统、外壳系统、踏板系统这四大系统组成，一台好的钢琴需符合定量和定性标准。因此，珠江钢琴产品主要是在这些方面进行创新研发。

◎ 向高端领域发展的珠江钢琴

随着消费水平的不断升级，珠江钢琴在向高端领域发展或者在适应不同消费人群方面有一些举措。

10 年前，珠江钢琴在高端演奏级别这方面的影响力较小，与国外钢琴相比，还有比较大的提升空间。为了得到高端品牌的认可，在 2007 年我们推出了恺撒堡系列钢琴，从品牌定位、产品设计到材料选取以及制作工艺等整个流程上都严格按照国际专业水平来生产。经过 10 年的发展，珠江钢琴取得了突破性的进展。具有历史性意义的突破是在 2016 年 9 月，珠江恺撒堡钢琴亮相于 G20 峰会，这一亮相体现了顾客对珠江钢琴品牌的认可。

在打造高端钢琴品牌方面，珠江钢琴也遇到了一些难题。

随着大众消费习惯的不断改变，许多消费者更青睐于国外的钢琴品牌。尤其是在对于高端产品的选择中，消费者一直认为国外品牌拥有核心技术优势。因此，在打造高端产品的过程中，如何去改变消费者的消费观念是一个难题。珠江钢琴在解决这一难题的过程中，始终发扬工匠精神，坚持"内容为王"的理念，首先用过硬的品质这一最基础的内核让消费者信服，其次配以独特的营销、推广手段，来提高产品的知名度和社会认可度。

四、观众互动：对话品牌领袖

◎ 消费者在购买产品时比较注重品牌服务，珠江钢琴在这一方面
　　有什么措施

　　我们给消费者提供了多方面的服务，一方面，我们提供免费调理、保修服务，针对恺撒堡系列钢琴用户，我们还成立了恺撒堡俱乐部，用户们成为俱乐部会员后可以享受相应的会员服务；另一方面，除了针对产品的服务外，我们还建立了一个调音平台，提供调音服务，消费者们可以通过这一平台，预约调音服务项目。

◎ 珠江钢琴产品的购买渠道

购买产品的渠道有很多，线上线下渠道都可以购买到。首先，目前我们在全国有几百家实体店经销商，消费者可以到实体店购买；其次，我们在天猫、京东等电商平台也有旗舰店，消费者可以在线购买我们的产品；最后，我们在全国都成立了艺术中心、艺术课室等培训机构，在这些机构里也可以购买相应的产品。

五、段淳林教授点评

第一点，珠江钢琴在打造民族自主品牌方面，能够为中国实体经济代言。李克强总理在政府工作报告中曾提到提升中国制造业品质以及促进中国制造业整体发展的战略。在这一方面，珠江钢琴有着优越的基础和沉淀，能够为中国实体经济代言，这是我感触最深的一点。

第二点，珠江钢琴的国际化意识与整合能力十分强大。珠江钢琴能不断升级和创新，除了构建完善的品牌系统，更重要的是因为它国际化的发展意识与整合能力。尽管在国际化发展中会遇到困难，但优秀的整合能力能够使珠江钢琴在人才、技术、文化等方面迅速实现跨界整合，从而促进品牌的快速成长。

第三点，珠江钢琴集团已经不仅仅是生产钢琴产品的企业，而是从产品生产到音乐教育实现了完整的音乐艺术生态系统的构建。在艺术教育系统的建构历程中，其为国家培养了大量的优秀创新人才，促进了国人思维方式的转变。珠江钢琴品牌承担着青少年音乐教育的使命与责任，艺术文化教育也将帮助珠江钢琴实现更好的发展。

第四点，刚才杨总问我，在新媒体环境下，珠江钢琴如何进行营销传播、增强品牌吸引力？我认为，目前珠江钢琴的品牌传播主要以线下音乐活动为主，而在新媒体环境下，可以考虑从以下方面着手，进一步促进品牌的传播能力和乐器行业的发展。

第一，应形成 O2O 整合互动传播模式，利用多方触点，使线下活动延伸至线上，并在线上引爆热度。

第二，要讲好品牌故事，善用内容营销、原生广告等形式。

第三，要积极与消费者沟通。乐器品牌的目标人群较年轻，他们拥有独特的文化体系。由此，应敏锐洞察消费者心理，整合学术和市场的话语体系。

第四，要充分结合新旧媒体传播形式，发扬传统媒体的优势，进行整合品牌传播，促进品牌价值和资产的深厚积累。

六、品牌传播经典案例

"互联网+钢琴"，传统老字号的转型

传统老字号企业在新的时代背景下，如何实现企业的升级与转型？目前全球钢琴年销量不到 50 万架，其中中国市场销量超过 35 万架，占比超过 70%，是全球最活跃的钢琴市场。在这样的市场背景下，传统的老字号该如何抓住契机实现转型？

珠江钢琴通过音乐教育在文化产业中布局，立足钢琴制造主业，完善产品结构，提升品牌形象；大力发展数码乐器，延伸产业链，拥抱互联网，尝试钢琴主业与艺术教育线上线下融合发展，结合公司业务转型方向，发力文化产业投资。

珠江钢琴在继续保持产销规模的同时，把战略重心放在钢琴产品的结构调整和品牌塑造方面。珠江钢琴产量基本保持稳定，但高端产品"恺撒堡"每年均保持一定增长，且毛利率远高于低端产品。因此珠江钢琴除了不

断提升产品质量、技术研发和营销体系外，还推动与部分国外高端品牌的合作深度，提升品牌形象。

同时，珠江钢琴品牌的数码钢琴产销量近年来快速增长。珠江钢琴将数码乐器定位于家庭娱乐和学习的入口，加强数码乐器的技术研发，加大音源、键盘等核心部件的技术投入，提升产品质量，增加普及率。

此外，珠江钢琴还加强了电商平台的建设，拓宽了产品的销售渠道。针对不同消费群体，开展个性化钢琴业务，并探索运用电商平台直接与终端消费者沟通，实现终端消费者的私人定制。同时，加大网络新媒体推广力度，扩大品牌社会影响力。

【启示】

珠江钢琴集团作为一个传统的钢琴企业，在已经占有庞大的消费市场的同时，依旧积极地迎合时代发展的潮流，促进品牌在"互联网+"时代更好地发展。互联网的发展，为传统企业的转型升级提供了契机，电商平台的加入为珠江钢琴开拓了新的销售渠道，迎合了新时代消费者的购买路径。但是，作为钢琴制造商，如何加大产品的研发和技术的投入依然是制造业品牌发展的核心问题。珠江钢琴专注于做强钢琴主业，做大现代服务业，积极探索现有业务与互联网的融合发展，以其为突破口实现战略转型。传统企业在新时代寻求发展，不仅要注重产品的研发，还要融合互联网大发展，加深用户的黏度。

Dialogue on Branding | 57

第 57 期

星艺装饰：

坚守承诺与诚信，打造质量好家

Dialogue on Branding ▶▶▶▶▶▶▶▶▶▶

星艺装饰：
坚守承诺与诚信，打造质量好家

【本期节目概述】

    作为家装行业代表品牌的星艺装饰，自成立以来一直坚持"设计经典，质量第一，顾客至上，学习创新"的经营理念，始终把客户满意度放在首位，将时尚元素与先进科技有机结合，将家传风范与现代生活完美契合，深受广大客户的喜爱。星艺装饰文化传媒中心总监郝峻做客本期《淳林话品牌》，分享星艺装饰发展中的品牌故事。

一、品牌领袖

    郝峻，广东星艺装饰集团有限公司副总裁兼文化传媒中心总监，《散文选刊》签约作家，个人作品有《白云深处兰花香》，主编《星艺的力量》《星思维》《一个城市的幸福》《这些年，我们一起做过的星艺时光》等图书。

二、企业简介

　　广东星艺装饰集团有限公司由余静赣先生创办于 1991 年，1998 年经国家工商行政总局商标局注册，以"星艺装饰"作为品牌商标标识。星艺装饰是一家以承担各类建筑室内、室外装饰装修工程设计和施工为主，以制造家具、销售建筑装饰材料、装饰工艺品和家具为辅的大型专业装饰集团。

　　集团公司分支机构遍布全国 20 多个省、直辖市、自治区，拥有下属企业 480 多家，设计师近万人，是中国建筑装饰协会常务理事单位，中国建筑装饰协会住宅装饰装修和产业分会副会长单位，具有国家建筑装饰工程设计专项甲级、建筑装修装饰工程专业承包壹级资质，并通过 GB/T24001—2016 和 GB/T24001—2015 环境管理体系认证，是国内经营网点分布广泛、从业人员众多、具有强大专业实力的大型装饰装修设计、施工企业和旗舰品牌。

　　星艺装饰一直坚持"设计经典，质量第一，顾客至上，学习创新"的经营理念，始终坚守诚实守信的品牌建设道路，视质量为企业的生命。星艺装饰恪守"客户赞许，员工依恋，社会尊重"的核心价值观，始终把客户满意度放在首位，致力于为客户创造最大价值。通过公司强大的服务网络和体系，整合各种社会资源，每年举办"星艺装饰文化节"活动，让全国客户充分享受省心、放心、称心的超值服务和开心快乐的装饰文化。

　　星艺装饰秉承"设计幸福，为爱筑巢"的现代服务精神，致力于中外古今家居设计文化的研究和探索，设立了星艺设计研究院和星艺设计学会，提炼出"亲情空间""文化空间""思想空间""智慧空间""可收藏空间""水木清华""太和居""把家当城市来设计"和"空间的哲学美"等兼具中国传统建筑文化思想和西方建筑文化精髓的家居空间文化理念，将时尚元素与先进科技有机结合，将家传风范与现代生活完美契合，深受广大客户的喜爱。先后多次荣获中国室内设计学会（CIID）"最佳设计企业"、中国住宅委"中国最具影响力的十大家居设计机构"、中国建筑装饰协会"亚太优秀设计企业""大雁奖"2016 中国家居产业家装领军品牌称号，时任中国建筑装饰协会会长的马挺贵先生曾用"缔造经典，引领潮流"评价星艺装饰设计文化。

三、郝峻分享品牌故事

◎ 星艺装饰构建品牌文化之路

2002 年来到星艺之前，创始人余静赣先生给我看过一张报纸，这张报纸就是《星艺装饰导报》。当看到这张报纸时我眼前一亮，一个装修公司能够有自己的报纸，那企业想不做大做强都很难。来到星艺以后，我就一直以《星艺装饰导报》为载体，对星艺文化进行梳理、整合，后来我开始负责传播工作，不知不觉就干了 16 年。

◎ 星艺装饰品牌发展的历史节点

星艺装饰品牌由余静赣先生创建于 1991 年，品牌在创立之初是比较困难的，因为当时的整个市场在装修特别是家庭装修方面，是没有正规装修公司这种意识的，更别说品牌传播意识。为了告诉别人星艺是做什么的，创始人余静赣先生就带着一群设计师走上街头画画，在大家围观看画的时候就宣讲自己是做家庭装饰装修的，请大家在进行家庭装饰装修时一定要找正规的装修公司，从而来引导消费者。直到 1996 年，星艺才在《广州日报》的经济信息栏做了第一个广告，当时就承诺"把装修交给星艺，您放心上班去"。这句广告语很直白，实际上也展现了企业的自信——有信心全部做好。

品牌的成功与否，与企业的价值理念是密切相关的。品牌的构建不可能靠砸钱去推动，这是没有用的，它实际上是要靠铸造的，而且要靠全员的铸造。我们提出要诚信真挚、勤奋努力，还有就是不孝敬父母的员工不能成为星艺的员工，这就是三个"天条"，要求不打架、不赌博、不吃黑。一个团队中的成员难免良莠不齐，提出"不打架"是为了团队的团结安定，提出"不赌博"更是为了正风气。

创始人余静赣先生的父亲是一位老教师，原来读过私塾，所以就把中国文化特别是儒家文化的理念灌输给了他的子女。因此在余静赣先生的思想中就植入了这样一种观念：要践行仁义礼智信，在社会上端正行为。

企业文化，特别是民营企业的企业文化，大多有老板的文化痕迹，因此星艺的文化中有很多痕迹是来源于创始人余静赣先生的。他之所以提出三个"天条"，主要是对员工进行行为上的规范。实际上，三个"天条"自颁布以来，公司也处理了不少人，比如某些侵害客户利益的员工，只要抓到就立即开除。

◎ 星艺装饰的品牌理念

品牌是什么？星艺的创始人说品牌是一口井，大家万众一心、齐心协力，才能把这口井掏得越深、掏得越大，它汇集的井水、汇集的人才会更多。这实际上就是品牌理念的一个雏形。

星艺有一个沟通理念，叫作"做装修等于做朋友"。1998年我们的一个项目经理去服务一个客户，从开工到竣工的过程中，项目经理做的很多事情感动了客户，于是这位客户写了一封表扬信给星艺总部，当时这封信里就提出他和项目经理通过装修成了朋友。这位客户比较忙，需要打理自己的生意，因此有一些要采购的东西就交给这位项目经理，项目经理就骑着单车跑去广州，回来时经常是全身湿透。于是客户就问他怎么回事，项目经理说去采购东西，客户就问附近不是有卖的吗，我们的项目经理就说买东西需要货比三家，能省一点就省一点，因此他们就成了非常好的朋友，也就有了这封表扬信。

当时余静赣先生把这一句话抠了出来，贴在公司的会议室，告诉大家做装修不是单纯的做装修，不是客户交钱后交付一个产品给他就行，赋予客户的还有文化、灵魂、服务、亲情，需要付出很多的东西。这句话看似简单，解读起来背后有很多的内容。类似的事例有很多，比如一梯两户的电梯房，一户已经装修了，星艺装修另一户，负责的项目经理每天都要重复做两件事，就是用干净的抹布把对面住户的防盗门擦得干干净净，早上擦一次，下班之前擦一次。有一次那家住户遇见以后，就问这个项目经理，于是项目经理告诉他我们是星艺装饰公司的，在这里装修打扰了，于是想求得一种谅解，因为总是碰不到，所以只有做这件事来表达心意。这把那家住户感动得一塌糊涂，立刻把项目经理拉进去喝茶，后来两人成了朋友，住户还帮忙介绍了一连串的亲戚朋友来装修。

◎ 品牌文化构建的难题

星艺在品牌文化构建上没有太大的难题，因为星艺经历的是从文化立企、文化兴企，最后到文化强企的历程。星艺在品牌扩张上也有一些感人的故事，我们的某位经理看到当地的一张晚报，发现了一个这样的故事，有一位70多岁的孤寡老太太，她的楼上卫生间漏水，后来越来越严重，甚至漏粪便，可怜的老太太每天都打着伞，颤颤巍巍地去上卫生间。她找了房产局，找了物业，找了建筑单位，但是这些单位都踢皮球，说不是他们负责的事。经理看到这个新闻故事后马上与晚报取得联系，找到了老太太，后来经过沟通，楼上的邻居对卫生间进行了改造，这个"皮球"被接住了。

这是一件举手之劳的小事，但是万万没有想到，第二天整个市的各大媒体就进行了报道，于是大街小巷都知道星艺装饰了。

余静赣先生反复强调这件事，说做装修，要愿意吃亏，要愿意付出，即使很多时候做的可能是分外的事。

◎ 星艺人对于品牌的理解

星艺现在的价值观就是三句话、十二个字，即"客服赞许、员工依恋、社会尊重"，这就是新的价值观。这最初是在 2014 年的时候提出来的，并在之后重新做了梳理提升。

◎ 星艺装饰的市场竞争理念

面对市场竞争，星艺有一个规定：绝不和对手打价格战。因为价格战的损害很大，特别是对行业的损害很大，并且价格战的最终受害者是客户。在竞争中，星艺希望与同行一起进步，只要大家都进步了，这个行业就进步了。

星艺是注重"内功"的，关键在创新研发上面，我们现在已经有 40 多个专利，包括工艺的、材料的、形象的，等等。今天介绍的专利叫作等电位连接柱，它是一个关乎客户安全的部件。前段时间特别是去年，就有几篇媒体报道是客户在家里卫生间洗澡，结果触电意外身亡，这是非常令人痛惜的事情。在房间特别是卫生间安装等电位，这是国家强制要求的，但是有一些装修公司可能就疏忽了。星艺的创新产品叫作等电位连接柱，把它安装在浴室，水通过管道出来以后，电就通过地线直接连到外面，一旦家电、热水器等漏电，或者是打雷，只要有电，它就能直接把电引出去，别看它是一个不起眼的小东西，实际上它是关乎生命安全的。这个东西发明以后已经走进千家万户，而像这样的专利星艺还有 40 多项。

星艺在工程质量管理上有一个宣言，叫"装修质量锤宣言"，我们还设计了一个形象载体——铜质的十字头传统质量锤。宣言就是"让工地开口说话"，还有一个理念是不符合标准的要砸掉重来。当时设计的质量锤有两层含义：第一层含义就是把锤子交给客户，把所有东西都交给客户，客户说了算，这是一种承诺；第二层含义就是从风水文化角度来讲，质量锤是一个镇宅的物品，竣工以后设计师会指定一个位置，锤子可以摆放在房间里。

公司创办不久后遇到过一件很有意思的事情：一所房子在装修完成以后，经理陪同客户来验房，验房的时候客户非常满意，想择日搬家。但是经理发现一个木工制作的部分跟设计图纸有一点出入，于是说要砸掉重来，结果客户很不理解。最后我们说服了客户，客户在后来也给我们公司作了宣传。

在 2002 年的时候，星艺就颁布了《住宅装饰装修质量验收标准》，在 2016 年的时候又出了一套书，这套书就是家庭装饰装修的六大工艺标准，将每个细节都细化了，应该怎么做，规范是什么，包括收口等都细化到有照片、有标准、有尺寸。实际上，星艺企业主题曲歌词里面，有这么几句话谈到这个问题，叫"神笔走世界，步步爱同行"。星艺人理解的以人为本是从爱心出发，时时处处替客户着想。因此，这么多年在设计上面，特别是设计文化上面，星艺才有了一些成就。

◎ 星艺装饰的企业理念

星艺的设计理念已经提升到空间思想层面了，比如说亲情空间、文化空间、思想空间、智慧空间、可收藏空间，还包括太和居、水木清华等，这是"把家当城市来设计"的空间哲学美。比如在亲情空间中，有人会认为"设计一面白墙没有什么用"，星艺人则认为这是可以说服客户的。如果家里有小孩，小孩就可以在上面涂鸦，大人不要嫌脏，这可是一面亲情墙，不管小孩长大以后在哪里发展，他回到家以后会发现根在这里。再比如关于厨房的隔断，有人说千万不要让油烟进客厅，但是实际上现在的油烟排放系统是非常棒的，星艺提倡敞开式的厨房，让菜香、饭香袅袅地沁入客厅书房，特别是让小孩从小就享受到妈妈的味道。

对于设计，星艺赋予更多的是附加值。"把家当城市来设计"的表现之一，就是把客厅当成生活广场或者图书室，墙壁上可以都是书，客人来的话随便一坐，没事能够翻本书，在书堆里面对小孩情操、习惯的养成，都是非常好的熏陶。星艺的歌词"神笔走世界，步步爱同行"中的"爱同行"就是以人为本，而后面两句是讲工程的，叫作"匠心行道义，寸寸见仁心"，"寸寸见仁心"是指每个细节都要体现仁爱的"仁"，寸寸都要用仁心来付出。质量是企业的生命线，这一生命线还要靠诚信，靠精益求精的技术和态度。还有一点是低碳环保、绿色环保，星艺在这个方面是很超前的：在 2000 年的时候，星艺就提出了"绿色家装万里行"，将低碳环保的理念继承下来。最后是安全保障，从等电位连接柱等产品中体现了星艺事事处处为客户安全着想。

◎ 星艺装饰传播策略

很多人认为新媒体出现以后阅读方便了，纸质的东西过时了，我不这样认为，我每周都要带快满三岁的孙女去购书中心逛书市，书本是有温度的。当然新媒体也有它的便利之处，能让人不管走到哪里都能够进行阅读。

《星艺装饰导报》是星艺品牌的另外一张金名片，从我接手主编一职以后就把它变成了现在的企业内刊，平台功能是一方面，另一方面还把它定义为心灵的金纽带；这个平台上面，还有很多的客户参与，包括客户的诗歌、画作、故事等，每一期我们都会有人员到一线去采访、去挖掘，我们还有采访队伍。另外《星艺装饰导报》还有微信公众号，利用新媒体"短、平、快"的特点进行传播。

我们的导报一直在出，也很便于收藏，有很多员工是把它收藏起来的。有一次我到分公司去，随便问了一句"现在不知道找不找得齐导报"，结果就有几位员工举手，他们说每一期都会带回家收藏，家里的老父亲、老母亲没事也会拿去翻看。另外星艺重视积淀、沉淀，比如集团做的文化展示廊，就有很多不同时期的书刊，现在翻起来也觉得很有意思；这就是历史，我们能感觉得到它的厚重和星艺文化的厚重。

四、段淳林教授点评

星艺装饰无论是设计师队伍还是社会网络系统都非常值得说道，它最多的时候大概有四五百家子公司，而现在整合之后直营公司有 100 多家。那么在这么大的集团的发展过程里，我觉得有这样几点值得借鉴的地方。

第一，星艺的整个品牌建设其实是基于文化价值观的传承和传播，在文化的传播里面，我们看到它提倡的是"精"和"诚"，精就是讲细节、注重细节，诚就是讲诚信。在提倡精诚价值观的传播过程中，星艺尝试规范整个行业的发展和行为。我觉得文化和品牌实际上是货币的两面，一面是内部的，另一面是外部的；一面是员工认同的，另一面是公众和社会认同的；内部的员工行为直接影响服务和品牌的口碑，从这个意义上讲，星艺的价值理念变成了故事，故事再形成了员工的行为规范，它是一个很系统的过程，在这个过程里不仅了星艺品牌自身的诚信度和价值有所提升，同时对整个行业也起到了规范作用。

第二，星艺把装饰作为一个品类进行突破，它在这个行业里已经有了产业规划的特点，比如说它现在不仅仅做室内室外的装饰设计，还涉及工程以及上下游产业链条。绿色环保的理念也贯穿在星艺的企业文化里，体现在很多细节以及智能家居层面的产品中。在这个领域里它能成为一个旗舰品牌，我觉得这是品牌的品类突破和差异化定位的结果。

第三，从品牌传播来看，星艺不仅仅是一个家装设计公司，同时也是一个工程公司。更为重要的是，它把文化的理念注入到了产品和品牌的传播里，比如思想的空间、收纳的空间、文化的空间、智慧的空间，特别是星艺公司"把家当城市来设计"的理念，让大家感觉到完全不一样的设计思维和理念，形成了品牌传播的文化体系和文化理念。

第四，要提到的是人才培养。在装饰设计行业，设计师人才其实是比较缺乏的，特别是具有专业技能且高素质的设计师人才是比较缺乏的；而星艺的创始人余静赣先生现在直接开设了星艺设计专修学院，又叫江西美术专修学院，这样的学院实际上给更多没有技能的人提供了一个平台，他们在学习专业技能的时候，又解决了星艺的人才输送与人才培养问题，这形成了一个非常具有前瞻性且非常具有持续竞争力的人才培养体系。

第五，我觉得星艺装饰肯定要面对互联网的挑战或者是智能化的发展，一站式整装的理念其实是能够代表整个行业的一个未来前景。因此无论是行业的旗舰品牌也好，领航者也好，或者说引领者也好，它总是会在创新和传播方面走在时代的前沿。而且我觉得星艺品牌最值得借鉴的可能是它把企业的文化和品牌的文化，即员工认同的文化和外部消费者认同的文化整合在了一起；我一直讲的观点就是企业文化外显化，本来企业文化是内在的，但是企业文化外显化的时候，也就是让消费者或者说是用户能够认同它的价值观的时候，这个品牌就能够形成一种非常强势的品牌竞争力。

五、品牌传播经典案例

星艺：星启程，新家装

从"互联网+"到"整装定制"，从工程草图到"VR 虚拟现实"，装修行业的领导品牌无不在新概念的海洋中扬帆远航。在家居行业产品同质化、消费者"促销疲惫"、销量增速乏力的背景下，家装企业需要一些新的概念和模式来包装自己。而现在，家装企业又瞄准了马云提出的"新零售"模式。

作为一家相当成熟的传统家装企业，星艺装饰在把握市场风向方面相当敏锐。2017 年，星艺装饰推出了互联网整体家装品牌"星艺居"，作为迎接"新零售"时代大潮的杀手锏。

星艺居依托广东星艺装饰集团强大的品牌实力、26 周年丰富的装修经验、良好的口碑、成熟的项目施工管理经验及供应链整合优势，提供的一站式家装服务，与业内互联网家装推出的"599 元套餐""699 元套餐"相比，无疑更具有质量优势。

星艺居独创了家装行业"五星"标准，即星级设计、星级服务、星级材料、星级配置、星级品质，为设计注入细节，用匠心打造品质，对服务重新定义。通过对材料供应链几近严苛的把控以及对施工标准与工艺近乎完美的要求，务求让更多家庭的需求都能得到聆听与满足，让广大业主都能轻松拥有宜居星级家。

星艺居与其他互联网家装品牌在模式上并无太大不同，区别在于星艺装饰本身强大的服务体系和产品实力。在走向线上线下一体化的道路上，免不了要经历各种探索与尝试，星艺居的出现弥补了星艺装饰线上渠道的不足，称得上是其迈向"新零售"的重要一步。

【启示】

家装品牌在产品质量和模式上往往大致相同，如何在家装行业里战胜其他竞争对手成为消费者最终的选择，这一决胜法宝或许就是提供的服务能够让消费者满意。只有真正站在消费者的立场，提供的服务是便于消费者选择、操作、享受的，那么提供这一服务的品牌自然相较于其他同类品牌更易获得消费者的实际消费行为的支持，实现品牌的长久生存。

Dialogue
on
Branding | 58

第 58 期
因赛： 肩负使命与责任，
打造一流国际营销传播

Dialogue on Branding ▶▶▶▶▶▶▶▶▶

第 58 期

因赛：肩负使命与责任，
打造—流国际营销传播

【本期节目概述】

作为知名的综合型品牌管理与整合营销传播代理服务集团，因赛始终以发展中国的品牌营销智慧服务产业为己任，以助力中国客户建立有国际竞争力的市场领导品牌为使命，累积获得超过 800 多项国际国内专业奖项。因赛集团董事长王建朝做客《淳林话品牌》节目，分享因赛品牌发展中的故事。

一、品牌领袖

王建朝，因赛集团董事长，广东省广告协会副会长，中国广告智库专家。1985 年毕业于中山大学，获硕士学位。1993 年进入广告界，并从业至今；1994—2000 年曾就职于奥美广告公司，任战略企划总监，获亚太区企划学者奖；2002 年创办广州因赛广告有限公司，2015 年公司升级并更名为广东因赛品牌营销集团股份有限公司（因赛集团）。因赛集团自成立以来，王建朝和核心团队带领公司以成为具有国际一流水准的品牌管理与营销传播智慧服务集团为愿景，以助力客户建立有国际竞争力的市场领导品牌为使命，通过持续的努力奋斗和变革创新，在专业方法体系、管理机制、经营模式等多个方面不断变革创新，在品牌管理和营销传播智慧服务领域走出了一条将国际化的专业优势和本地化的服务优势相结合的快速发展之路。

一直以来，王建朝带领因赛集团为推动中国的品牌营销智慧服务行业的发展作出了突出贡献，先后被评为影响"中国·年度广告领军人物""中国商务广告协会创新发展领军人物""中国 4A 广告界最具成长性公司领军人物""广州市优秀文化企业家及广州市杰出广告人"、2019 年广州国际品牌节"年度品牌人物"等。

二、企业简介

INSIGHT 因赛集团

因赛集团创始于 2002 年，是国内具有规模和专业领先优势的综合型品牌管理和营销传播服务集团，以发展中国的品牌营销智慧服务产业为己任，以助力中国客户建立有国际竞争力的市场领导品牌为使命，致力于成为备受客户信赖和倚重的国际化品牌营销智慧服务集团。因赛集团于 2019 年 6 月 6 日在深交所正式挂牌上市，成为中国广告营销传播专业服务行业的一家以品牌管理为核心主营业务的 A 股上市企业。

因赛集团总部位于广州，在北京、深圳、西安设有全资子公司，在上海有参股子公司，包括摄智品牌咨询、旭日广告、因赛数字营销、橙盟整合营销传播、美胜设计、意普思影视制作、摄众媒体等公司。因赛集团汇聚了一大批行业内优秀的精英人才，带领近 500 人的专业团队长期服务行业龙头企业和市场领导品牌，与绝大多数客户的合作时间都在 5 年以上，最长的达 15 年。

因赛集团的贡献获得了政府和行业的肯定与支持，是中国一级广告企业(综合服务类)、中国 4A 理事单位及广东省特级资质企业，被评为"改革开放 40 年十大最具影响力广告与传播公司""影响中国·最佳整合传播机构""中国广告行业最佳雇主""广东信用标杆企业""广东省守合同重信用企业"，获得"中国 4A 协会企业社会责任奖"；因赛集团及旗下子公司历年来获得了多个国际及国内的重量级专业奖项，包括戛纳狮子奖、纽约国际广告奖、伦敦国际广告奖、Spikes Asia、AD STARS、艾菲奖、中国长城奖、中国 4A 金印奖等国内外知名的专业广告创意和营销传播大奖。

三、王建朝讲述品牌故事

◎ 因赛集团的品牌理论体系

因赛的英文是"Insight"，这个名字与品牌理念有非常大的关系。当初创立这个公司的时候我们就有一个理念，就是要从根本上去服务和帮助中国的企业，去建立真正有市场竞争力的领导品牌。在品牌营销领域里面，因赛有一个非常重要的观点，就是一切的营销和一切的传播，其实都要根据对于消费者的深刻洞察，即一切源自洞察。

当初创立这个企业的时候，我们说要成为中国最具洞察力的一家品牌管理和品牌营销传播服务公司，现在我们有一句话叫作"释放因赛的力量"。这句话其实传达出两层意思，即我们希望在所有为客户所创作的品牌营销传播内容和方案当中，凸显洞察力的力量，那么这同时也是在释放因赛这家公司的力量。

◎ 因赛集团系统构建品牌的理念

今天中国的市场发展早就进入到一个品牌竞争的时代。其实品牌的建立、品牌的营销、品牌的管理、品牌的传播是一个系统的工程，首先我们要了解的就是品牌到底是什么，为什么会有品牌，为什么需要品牌。实际上，品牌在企业为市场和消费者提供产品和服务的过程当中，提供了两方面的重要作用或者说两方面的重要价值。第一个价值是能够与竞争品牌或者竞争对手的产品和服务产生差异化。在每一个领域里面都有很多的企业提供同类的产品和服务，一个企业要想在激烈的竞争甚至是同质化的竞争当中脱颖而出的话，必须要有差异化。而创立品牌是一个非常好的方法，它能够让产品和服务区别于竞争对手，这个内容可以展开来看，它有很多的层次。第二个价值是能够让消费者认可企业所提供的产品和服务，使其更有价值，或者能够更有附加价值。如果没有办法让消费者认可、拥有更高的附加价值，那么就不能够去卖一个更好的价格；如果不能卖一个更好的价格，那么就没法创造更好的盈利空间；如果不能创造更好的盈利空间，那么就没有办法持续地将更好的资源投入到研发、投入到内部的人才培养当中，这是一个循环。

◎ 因赛集团理念的宣传

首先从市场的角度来看，一个品牌的建立是一个双向的过程，一个企业需要不断地去提供由产品和服务所承载的某种价值，因为消费者出钱买的是他能够得到的价值和感受。

那么在这个过程当中，就不是某一个方面做得好就可以的，在一个品牌的打造过程中，至少要在以下几个方面很好地传递和提供品牌的价值：第一个方面就是产品，产品当然是最本质、最重要的；第二个方面就是服务，因为今天的消费者在使用产品的同时也需要品牌方提供好的服务来保障产品的使用体验；第三个方面就是渠道和通路，能够让消费者很容易买到产品或者是使用产品；第四个方面就是品牌形象的传播，过去是以广告为主，今天则是整合性的，要合理利用各种各样的传播方式和载体，让消费者持续地感受到品牌的内涵、理念以及对消费者的态度等方方面面；第五个方面就是视觉，很多成功的品牌是有一个全方位视觉管理系统的；第六个方面就是消费者或者说是顾客，顾客不只是购买产品，同时也是一个传递品牌价值的载体，当一个人成为你忠诚的消费者、忠实的顾客的时候，他就不只是自己使用，也会给周围的朋友去传播，也就是所谓的口碑效应。

以上这些方面都是非常关键的，如果一个企业在某一个方面做得不够好，就会影响到品牌的建立效果。

◎ 因赛集团理论体系的建立

因赛集团的理论体系特点，一是比较系统；二是真正从市场和消费者的角度去考虑如何具有可执行性和有效性。因赛的理论体系叫作品牌整合营销体系，在这个体系当中，最关键的一个环节就是怎么样为一个品牌找到它独特的基因，即它的价值和形象的基因。就像每一个人一样，其之所以独特，是因为大家的基因不一样，品牌也是如此。通常我们讲一个生物或者一个人的基因一定是来自父母双方，而在品牌营销领域，一个品牌的基因也是来自多方面的。首要的就是来自这个企业对于消费者的深刻洞察，必须知道消费者在内心深处需要什么样的利益和价值，我们把它称为"深刻的洞察"，它有别于我们一般所说的简单的功能需求的满足，因为每个产品都可以满足消费者的某种功能需求。但是一个品牌只有在功能需求的背后去进行更深刻的洞察，才能够根植于消费者的心智当中。一种功能的满足是很容易同质化的，但是一种独特的心理满足是独一的、独特的。所以在今天真正的品牌打造中，找到它的关键基因的第一步，即洞察到消费者真正的内心需求。

　　我们说每一个功能需求的背后其实都可能有一个更深刻的心理需求。举个例子，漂亮的女孩子都喜欢去吃美食，这是一个功能需求，但是有一个品牌洞察到一些女孩子"爱吃"的背后还有一个矛盾的心理，即她既想去纵情地享受美食，又担心发胖，这就是一种深刻的洞察。聪明的品牌抓住这种心理去创造了一个独特的品牌诉求——能够让顾客充分地享受美食但是不用担心发胖。我记得有一个德国的品牌，它的品牌的主张叫作"无罪的纵容"，或者说是"没有内疚感的纵容"，就是当你去享受美食的时候，不用担心会发胖，你不会有一种你在放纵自己的内疚感。

　　这种洞察是源自人的内心需求，好的洞察有两方面的来源，一方面是人与生俱来的需求，每个人生来都有生存的需求。首先需要吃、喝；其次就是需要安全感；再次就是需要得到别人的尊重；又次是需要有归属感，人需要别人爱他，他对家庭、对一个群体，甚至对这个国家都需要有一种归属感；最后就是自我实现的需要。

　　很多品牌是在不同的人性需求当中去进行洞察。另一方面，很多人的需求来自文化后天的熏陶，比如说中国的文化有很多传统的积累，那么这些文化会在后天影响我们的思想，影响我们的行为。有的时候一种洞察是源自人性，我们上文说的，有些女孩子想要沉溺于美食但是担心发胖，这是一个纯粹的人性的矛盾。

　　一个品牌的基因一方面来自对消费者的洞察，另一方面则来自企业自身的产品或者是基于产品能够提供给消费者的价值，我们称为一个独特的利益的承诺。企业在做市场、做营销，它会不断地推出产品，不断地推出服务。但是一个品牌必须具有可持续的积累，就是透过这些产品和服务，品牌承诺给消费者一种什么样的利益和价值。

◎ 品牌基因在实践中的应用

　　当一个企业找到它的品牌基因，那就会成长为长期的品牌价值主张。

一个企业可以运用这个价值主张去指导内部的方方面面，整合内部的方方面面，让消费者感受到这个基因所发挥出来的、所焕发出来的品牌价值。可以看到，一个好的品牌价值主张，首先会指导产品的研发和创新。在今天这种竞争环境下，企业需要不断地创新产品和服务。但是无论怎样创新产品和服务，最后还是要回到不断地强化品牌价值主张上面来。

另外这种品牌基因，我们也觉得应该落实到服务体验上，落实到渠道上，落实到营销传播以及视觉的呈现表达上。品牌的顾客和消费者在真正感受到这些之后，也会向周围的人去传递这种感受，这就是一个系统的品牌打造过程。怎样去围绕着一个品牌创造全方位的品牌价值的体验和感受，而这些感受是落在不同的载体上面的或者落在不同的接触点上面的。一个企业的品牌管理需要管理好这些不同的载体和不同的接触点，让消费者无论是通过哪个载体和哪个接触点，接触到品牌时都有一致的体验和感受，所以这就是一个系统的品牌打造方法。

◎ **因赛品牌差异化的具体体现**

因赛品牌的差异化体现在以下几个方面：

第一，因赛对于专业服务的理解和执行是有优势的，这主要体现在因赛希望能够通过品牌的营销和传播手段，从本质上去帮助企业持续地建立其在市场上的品牌竞争优势。我们不只帮着客户去做广告或者做传播，我们还希望能够系统地帮助客户从品牌的战略规划、品牌的营销和品牌的传播方面，持续地落实企业的品牌定位和品牌战略规划。

另外，因赛还有一个理念，即我们希望跟客户之间形成一个长期的战略伙伴关系，或者长期的生意伙伴关系。客户寻找我们这类公司不只是简单地为了提升知名度或者是传播声誉，更是为了真正地在竞争当中得到一个很好的效果和回报，这个效果和回报最终体现在客户的生意增长上面。因此我们希望对客户的生意增长有持续的价值，反过来看，如果因赛能够持续地帮助客户实现生意增长，那么客户也能够为我们提供更多的生意成长空间或者更多的价值空间，这就是一个双向的生意伙伴的关系。因赛在专业上，一是从本质上帮助客户，二是提供系统的方法和工具，三是真正地从结果导向来看待服务的价值，并希望从市场的效果和结果上帮助客户，这是因赛在专业层面上的差异化理念或者说是优势。

第二，因赛所有的服务都是基于人来提供的，所以在人才的吸纳培养激励方面，因赛有独特的一套方法，包括不断地吸纳各个层次的优秀人才，让他们在公司里有一个很好的发挥空间；此外还有很好的培养和培训体系，最重要的是还有很好的业绩考核和激励机制。比如说针对资深的伙伴，我们有股权激励机制，便这些伙伴不只把这份工作是当作一份工作，也当作自己的事业来看待，发挥人才吸纳方面的优势。

第三，在整个客户资源上面，因赛长期服务于中国许多重要领域的领导品牌，包括华为、腾讯、美的、广汽、长隆。我们在长期服务这些客户的过程当中，也建立了很好的声誉和口碑；这些客户的业绩在不断地快速增长，这也带给我们更大的发挥空间和机会。因此，针对各个领域的高端客户、顶尖客户，我们拥有一定的客户资源优势。

第四，综合服务，因赛为客户提供的服务是基于整个品牌管理和整合营销传播的综合服务。从品牌的战略规划到整合营销的策略规划、整合传播的内容创造，然后到各种媒介和传播工具的运用，包括视觉的设计、终端的体验，都是我们希望能够为客户提供的一站式综合性服务。

第五，我认为一个企业要持续地拥有竞争优势，很重要的因素还有内部的管理，因赛这么多年来已经摸索建立出了一套比较高效集约的内部经营管理体系、平台和机制。

◎ 因赛维护大客户的措施

因赛之所以能够维持跟客户的长期合作，首先取决于专业的能力和专业的价值，要真正地站在专业的高度，提供能够帮助客户维护品牌、持续地在市场上建立竞争优势的专业服务，这个是基本的；客户要投入费用和资源来与我们合作，那么它一定要得到相应的价值和回报。

其次还有很重要的一点是能够提供优质的服务。优质的服务意味着能够尊重和理解客户的需求，能够有弹性地去帮助客户解决问题，同时提供高性价比的服务。很多时候，每个客户都希望自己的投入有更好的成本效应，有投入产出。

◎ **因赛在科技时代的布局转型**

在基于技术创新对于营销传播的推动改变方面，因赛一早就有进行布局。实际上在 2007 年，因赛就提出了一个新的品牌营销传播理念，叫作摄众营销传播。上一个时代的营销传播是基于大众媒体的大众营销传播，它的特征就是单向地传递商品信息，通过大众媒体把产品或者服务的好处广而告之。当互联网真正兴起之后，带来了媒体与消费者关系的整体改变，所以我们敏感地捕捉到并且推出一个新的理论"摄众"，即是说品牌跟受众之间的关系已经不是单向的信息传递了，而是有更多的互动、更多的双向交流、更多的参与、更多的体验和扩散。

品牌传播如何做到互动、参与、体验和扩散？首先是内容方面，需要先创造内容进而做到互动、参与、体验和扩散。其次是在整个媒体的运用方式上，从 2007 年到现在产生了很多的新方式。现今有几个比较重要的趋势，第一个就是大数据，大数据比较重要的价值在于它能够让营销和传播更精准；第二个是人工智能技术，人工智能技术在营销传播方面也会改变很多，它会改变交互的方式，包括人与机器的交互方式。比如说现在我们看到的广告，无论在媒体上还是电视上，无论在平面网页还是户外，或者是手机上，我们都能看到听到；但是未来在人工智能技术的应用下，我们可能跟这些内容有更深度的交互和互动，所以广告可能会自动地识别"我"

是谁，并与"我"做一个特别的互动式的交流。

　　基于这两点我们也在做未来的布局，因赛现在给很多客户创作的传播方案，已经是基于互联网和新媒体的方式了。另外，因赛与战略合作伙伴科大讯飞成立了一个基于未来智能化数字营销趋势的合资公司——爱因智能数字营销公司。我们希望结合双方的优势，去创造属于未来的智能化数字营销，包括大数据的应用、人工智能技术的应用以及研究新技术未来如何去做内容。未来的竞争已经不是简简单单的基于我们的产品、我们的渠道、我们的传播的竞争，而是基于每一个企业所拥有的忠实顾客的数据的竞争。

◎ 因赛的"中国梦"

　　因赛的"中国梦"是在 2013 年提出来的，当习近平总书记提出"中国梦"的时候，每个人都感到很兴奋。未来实现中华民族的伟大复兴，要靠我们每一个人、每一个行业的共同努力。作为广告传播营销服务行业的一员，因赛也有自己的责任。

　　因赛提出"中国梦"是基于以下两个背景。第一，我们认为营销传播服务，特别是品牌的营销传播服务对于未来的中国经济发展是非常重要的。经过过去 30 多年的发展，中国经济的体量已经成长得非常快，成为世界第二大经济体。在整个全球市场中，我们有很大的出口市场份额。但是在创造这么大体量的过程当中，中国在全球的产业链或者价值链的竞争当中，还处在比较中低端的位置。当然我们在很多领域已经越来越往中高端发展，但在未来的竞争当中，中国一定是往价值链的中高端发展。因此，如何创造具备国际化甚至全球化竞争力的中国品牌，这在发展过程当中是最关键的。这是中国的品牌营销服务行业必须要认识的使命和责任，只有帮助中国的企业去建立有国际竞争力的品牌，才能够推动我们中国经济从制造向创造转型。

第二，我们认为中国在未来十年有一个很重要的发展指标值得期待。过去中国是世界工厂，是很多产品的制造基地，但是随着中国的发展，人民的收入水平在不断提升，中国市场的消费力也在不断地扩大；我们可以预测未来十年中国一定会发展成全球最大的市场。一个全球最大的消费市场会在很多行业诞生出一批世界级的行业巨头，在每一个行业中都会通过整合形成一些行业的巨头。在中国能成为巨头，它也可能成为世界的巨头、世界的龙头，所以这些世界级的企业一定要将自己的品牌全球化，而不能只是靠别人的渠道和品牌去占领市场。在这个过程当中，因赛预计未来会有一批中国的品牌走向全球，我们希望作为一个中国的营销传播服务集团，能够有这个担当去陪伴中国的企业品牌走向全球，这个就是我们所提出来的因赛的"中国梦"的其中一个内涵。

一开始，我们将其称为"广告人的中国梦"，后来把它再扩展为整个广告传播业的"中国梦"。这个梦有几层含义：第一，它是中国品牌的"中国梦"，我们中国未来应该诞生一批世界级的品牌；第二，希望在品牌营销、广告传播智慧服务的相关行业里面，因赛能在世界的同行竞争当中占有一

比较高效集约内部经营管理体系

席之地，我们无论是在专业的实力还是规模上都具备跟这些跨国的集团、全球的集团同台竞技的实力；第三，电影有奥斯卡奖、戛纳奖，在我们这个行业也应该有一些代表一个国家、代表一个行业的专业水平的荣誉，我们希望中国的广告传播企业能够去赢得世界级的声望和荣誉。这就是我们所说的"中国梦"的内涵。

四、观众互动： 对话品牌领袖

◎ 初创企业的品牌宣传、塑造与难题

在今天这样的竞争环境下，每一个初创企业也好，成长早期的企业也好，都面临着很大的生存挑战。因为这个过程当中一定会有不断的市场淘汰，最终能够生存下来、然后有机会再往更大的规模去发展的，一定是那些在它的基因当中具备很强竞争力的、能够迎合这个市场趋势，特别是能够迎合消费者内心需求的产品和品牌。

我们给了一些中小型企业很好的建议，比如中小型企业会面临眼前的生存压力，这个可以理解，要想尽一切办法从产品和渠道上拓展销量、拓展生存空间，这个是毫无疑问的。还有，产品是不是可以有一些差异化的创新，拿出更加有性价比的优势，或者服务方面的优势，总之，从纯粹的产品维度考虑应该要有差异化竞争。

要为品牌的更大发展去埋下一个基因，当开始设计你的产品、宣传你的产品、传播你的产品的时候，就要从品牌的角度思考；这个时候可能需要去找专业的人士甚至是专业的公司来帮助你，这样能够让你在未来有一个持续的积累。在整个过程当中，我认为要尝试找到差异化的定位以及基于这个定位的差异化的价值主张，然后基于差异化的价值主张去系统地规划品牌形象以及品牌能够带给消费者的价值体验。当然，在这个过程当中，还应当允许经过一段时间的发展之后再进行不断的升级。我们也不指望能

"一步到位"，但是必须要有品牌的意识，这样才能在那么多的中小企业竞争当中拥有品牌的差异化竞争优势，从而脱颖而出。

◎ 广州国企品牌未来发展的建议

　　今天的国企跟五年前或者四年前相比，已经有了很大的改变、很大的不同。因赛也服务过一些国企，我认为有很多的国企已实现基于市场化的运作，并且做得非常优秀。在很多领域里面，国企都是起着关键作用的。

　　未来中国整个市场化的经济改革的方向就是更加市场化，中央提出来的就是要让市场在资源配置当中起决定性的作用。所以根据这样的政策指向，国企应该更加用市场化的方式来看待自己的经营和发展。国企与其他的民营企业、外资企业都处在同样的竞争环境当中，因此需要用同样的市场竞争法则来看待自身竞争能力和优势的打造，而不只是依靠政策的保护。我认为这个是很关键的，很多国企在这方面做得很棒。

◎ 腾讯、华为等有创新能力的公司还要选择与广告公司进行合作的奥秘

　　这属于一个市场的分工，每一个企业，无论是做哪一类的产品，它的优势或者它的能力在于透过产品和服务去满足消费者的需求。那么，如何让产品和服务具有差异化的价值形象，具有更高的附加价值，并获得消费者更广泛的认同，甚至让消费者对它建立起一种很强烈的忠诚关系呢？从这些方面来讲，这是一个很专业的工作。这些企业本身具备这方面的意识和管理能力（对于成功的企业来说这是一定的），但是，它也需要专业的公司帮助它去做从策划、内容创造到传播的具体执行工作。每一家公司不可能要求自己内部能承担所有的工作，因此，每一个行业都需要进行价值链的分工。成功的企业是在这个价值链的分工和整合过程当中居于主导的地位，或者它能比同行更好地整合最优秀的价值链资源而为它所用，这就是

体现它优秀的地方。

五、段淳林教授点评

第一，我一直觉得自己和王总之间有很相似的地方，因为我们都当过老师。前一段时间我去中国传媒大学参加了"中国广告40年"的纪录片拍摄启动仪式，在这个启动仪式上我讲述了自己的观点，也表达了因赛集团的使命和责任，特别是中国广告行业的"中国梦"，它们之间有密切的关系。有中国广告产业发展的40年，有中国品牌发展的40年，有中国媒体发展的40年，也有广告教育发展的40年，因赛集团历时36年，但实际上也算是差不多40年的时间。我觉得拍摄这个纪录片有一个核心，比如说探讨国外4A公司进入中国，或者对中国整个广告行业发展的影响力、冲击力或者带动力，这都是不可回避的，它们毕竟带来了国际视野，但是这个纪录片里面一定要有中国广告公司自身的发展历程，包括我们广告企业发展的路径，我在启动仪式上就提到了因赛集团。因赛集团在使命和责任方面，是非常明确的。

第二，我的感受是专业性，因赛集团的专业性发展不仅是在人才方面，更重要的是在因赛理论上，包括摄众传播。其实摄众传播的英文就是Engagement，核心就是在复杂的环境里如何抓住消费者的心并且实现对消费者洞察，它还有一个理论的支撑体系，从人性、心理的角度来进行解析。Engagement更多地迎合了今天互联网的发展，它其实是很超前的，当然，在专业层面里它还有为整个客户服务的品牌理论工具。所以我觉得从专业性的角度来讲，因赛集团之所以能成为品牌营销和智慧服务方面的大型综合类集团，是有非常深厚的专业实力作支撑的。

在洞察方面，我觉得有这样几点：一是要找到差异点，寻求区隔点。差异化战略最主要的以百分之一的差异博得百分之百的市场，这样才能抓住品牌的核心。另外，对于任何一个企业来讲都要有支撑点，支撑点能使企业回归更本源的东西，而支撑点实际上还是产品。当然，光有产品的品质还不行，还需要不断地实现技术创新，支撑点也是未来中国企业不断地走向强大的本质要求，且最终还是为了实现精准洞察，而洞察最后又回到了需求。所以我觉得洞察其实既是一个品牌服务的起点，同时也是终点。

第三，这几年因赛集团的成长大家都看得到，在去年那么困难的环境下，因赛集团的业绩增长都超过了 20%，甚至更高；我们看到了它的成长性，也看到了它的规模化，这就是因赛集团的规模化竞争力的体现。在这个层面上，因赛集团能够从整个品牌营销和智慧化的未来发展出发建立系统，它体现的是综合性的东西，既有消费者需求的内容，有战略的内容，也有媒介服务的内容，还有落地和投资回报的内容，这是全链条的系统。

在因赛集团里我们可以看到它的整体布局和整体架构，以及它的综合性、规模化、专业化、使命和责任，以上就是我对他们的评价。

六、品牌传播经典案例

2017 年 8 月 18 日，100 多位广告营销传播行业同行欢聚北京三里屯 CHAO 酒店，参加"纯真星球 ICare 公益晚会"。12 位广告艺术家的 23 套作品在晚会上共拍得的 29.58 万元，将用于为广告营销圈的朋友、同行提供行业关怀和救助。

"纯真星球"是隶属于中国商务广告协会的企业公益专项基金，是业界第一个也是唯一一个扶助创意营销人的专项基金。因赛集团与众多同行一起支持、陪伴"纯真星球"成长，彼此关心、爱护伙伴，推动广告传播行业的互助与关爱。

为了配合晚会主题，同时将这份关爱传播到更广阔的人群中，因赛集团创作了"100 家广告公司都走光了，你还在矜持什么"的口号，提醒同行伙伴们应回到积极、健康、科学的工作和生活方式上来。

【启示】

　　因赛集团是综合型品牌管理与整合营销传播代理服务集团，在业内享有良好的名誉和口碑，是面向企业客户的品牌，鲜有出现在公众的视野。借由本次公益活动的发起和传播，因赛集团除了向客户和公众传递对广告梦想的坚持和对广告从业人员的人性关怀之外，还体现了一个更高效、更高价值的行业愿景，将品牌为客户带来的利益点融入其中。

Dialogue
on
Branding | 59

第 59 期
华帝： 时尚引领
中国厨电智能革命

Dialogue on Branding ▶▶▶▶▶▶▶▶▶

华帝：时尚引领
中国厨电智能革命

【本期节目概述】

华帝自 1992 年创立至今，已专注厨电领域 24 年，并始终以产品创新为企业战略重心。在新时代厨电变革的浪潮下，华帝积极开拓中国民族品牌的全球化之路，从一家立足于珠三角经济区的小型乡镇企业，稳步成长为全国知名的上市企业，更蝉联"中国品牌价值 500 强"。华帝股份有限公司首席品牌官卢楚麒做客本期《淳林话品牌》，分享华帝发展中的品牌故事。

一、品牌领袖

卢楚麒，现任华帝股份有限公司首席品牌官，负责华帝品牌的管理和推广工作。

凭借丰富的管理经验和敏锐的行业直觉，2016 年 6 月，卢楚麒先生指导并打造了华帝品牌"截胡"营销事件。该事件在微博、微信、纸媒等各大平台被多次转发，成功提升了华帝品牌的知名度，并获得了第 17 届 IAI 国际广告奖整合营销类银奖,成为品牌营销的经典案例之一。凭借在品牌管理上的优异表现,华帝荣获了第22届中国国际广告节中国广告长城奖,卢楚麒先生被授予"广告金主"的荣誉称号。

二、企业简介

vatti 華帝
高 端 智 能 厨 电

华帝股份有限公司自1992年创立至今,专注厨电领域27年,始终以产品创新为企业战略重心,从中国知名上市企业,稳步成长为具有国际影响力的全球化品牌。如今,华帝的营销服务已经进入全球多个国家和地区,拥有优质的全球供应链、专业的研发团队,这些优势助力华帝成为屹立世界的中国品牌。

作为中国高端智能厨电,华帝坚守"诚信、责任、创新、共赢"的价值观,以用户需求为驱动,从品牌营销、产品研发、渠道建设等多维度,不断完善智能产业布局,用人性科技与国际时尚并举的高端厨房生活方式,成就市场号召力,引领行业发展。多年来,华帝不惜投入大量资金用于工业设计与企业技术研发,申请专利数百项,已获授权专利数量高居行业榜首,并将多项项目成果进行投产。目前,华帝产品集群已涵盖灶具、抽油烟机、热水器、蒸箱、烤箱、消毒柜、橱柜等累计千余款产品。其中,华帝以语音控制的魔镜烟机、可触控的灶具为创新发力点,力求全面创造核心性能领先、设计时尚、操作便捷的"后厨房生活电器"。

在家电智能化时代下，华帝围绕"高端智能厨电"战略定位全面进阶。在"互联网+"思想的推动下，华帝以"人工智能"为方向，掀起里程碑式的厨电智能革命。凭借时尚美观的工业设计、更加优质的服务体验，华帝赋予产品更人性化的解决方案，开启全新的"厨房后工业时代"。

三、卢楚麒讲述品牌故事

◎ 华帝的品牌定位

在 2014 年的时候，华帝在潘叶江董事长的带领下进行了整体的品牌升级，这次升级可以理解为是为了重新焕发一种新的生命力。作为一个 20 多年的老品牌来说，如何让年轻用户认识华帝，这是一个任重道远的任务。因此，在 2014 年华帝进行了大量的市场调研，精准地找到了自己未来要去开拓的市场和用户群体。

在华帝的理解中，它在未来需要迎接工业 4.0 时代的来临，而不论是从互联网、大数据或是云计算的发展来看，未来都一定是物联网的时代。华帝在工业设计和物理构造、物理驱动等方面的研究，一直以来都达到了炉火纯青的地步，因此现在的华帝希望去进一步探讨未来如何解决用户在厨房生活中的痛点。在目前的市场当中，华帝在品牌层面上找到了一个趋合于友商的方向并选择了智能化；智能化是华帝在产品上的一个定位，而在品牌调性方面则强调时尚。

◎ 华帝产品创新的原因

在产品方面，华帝做了很多的创新，特别是在厨电领域做了很多别人不敢尝试的事情。比如说在物理驱动这方面，华帝制造了第一个能够语音控制和语音对话的云对话烟机。制造这个产品的思路在于：在做饭的过程中，大家的手可能都比较油腻，如果还要伸手去按油烟机按键的话会比较麻烦。这应该说是华帝进行语音智能产品尝试的第一步，实际上华帝二代、三代、四代的产品规划已经准备好了，我们可以把它理解为是一种初级产品或者说是一种尝试。在未来的工业 4.0 时代和物联网时代，机械能够主动地去为人类服务，让人类能够在这个空间里面更省心、更省时、更省力，这也就是柔性化和个性化的服务。

在智能化方面，目前为止我能够透露的主要就是华帝语音烟机的第一代以及即将上市的第二代。第二代除了具有语音识别功能以外，还是一台携带着完整操作系统的烟机，并且可以定制菜谱。

◎ 华帝利用智能化产品成功解决用户问题

关于清洁的问题，除了依靠新时代的智能技术方式以外，还要回归到最根本的产品研发上。

首先是油烟的问题。基于华帝智能板块的构造，整个厨房所有的厨电都是由一个中央系统去控制，也就是说由同一个大脑去控制所有的厨电产品。那么所有这些跟用户交互的产品都会成为中央处理系统的手、脚、嘴和眼睛，它可以检测和记录用户的行为，包括炒菜时的油烟浓度等，它能够自己去检测并且主动地加以调整，比如说某个时候风应该更大一点还是更小一点。华帝下一步要做的是智慧厨房，智慧厨房就不只涉及厨电了，可能会有更多的产品加入。

其次是我们在厨房里最大的一个痛点，也是经常下厨房的人会遇到的问题，那就是清洗、清洁的问题。对于这个问题，其实华帝在智能化战略没有确定之前就一直在进行很多研发，比如说已经进化到第六代的蒸汽热水烟机洗，这也是华帝目前正在进行广告宣传的一种蒸水洗系统，并且也是目前市面上唯一一款拥有热水冲洗功能并且可以自动甩干的烟机。

此外，华帝拥有一个关于纳米的专利技术，这一技术在 2015 年上市的语音烟机风轮里就已经使用了。我们在风轮表面做了一个纳米涂层，这个纳米涂层有点类似于电饭煲的涂层，特性就是不容易沾油，但华帝的这个专利相较于传统的电饭煲涂层来说更加细腻，因此更加不沾油；在未来的其他一些表面涂层上，我们会进一步地对这个专利技术进行应用，也会逐步地进行放开，不过这些产品还需要做大量的测试，因为毕竟它是一种新的技术。

在面板清洁问题上，最近华帝有一个在国内外拿奖拿到手软的产品，叫作魔碟灶，它的翻转炉头是我们独创的一种设计。因为传统厨房本身空间非常受限制，可以搁东西的地方很少，因此我们就想在还没有开始做饭之前，能否在炉头的地方进行摆盘或者放置东西。当时华帝的工业设计部门提了很多方案，原本的命名叫作悬浮灶，这样的起名给人一种飞碟（UFO）一样的感觉。在整个行业里面除了华帝，其他的友商也都了解用户所提出的炉头很难清洁的问题，因此我们当时就提出了"直接把炉头升起来，那么用户爱怎么擦就怎么擦了"的想法。华帝开发魔碟灶有两个目的：第一是给用户一个更加纯净、更加容易使用的空间；第二是给用户一个更加容易清洁的面板。此外，魔碟灶的"碟"其实就是指飞碟，所以在华帝所拍的品牌广告概念片中，能看到整个产品就类似于一个飞碟。

◎ 智能化产品引起消费者诉求的缘由

在品牌和产品创新层面上，企业必须要走到时代最前沿，甚至可能要比现在的市场更领先一步。但是在整个应用过程中，华帝也兼顾了老用户。在跟年轻用户的沟通方式上，华帝其实是非常多元化的，不论是对行业内还是对普通的消费者，我们都做了大量的品牌传播活动。比如说"截胡营销"，个人认为这次营销是华帝与友商之间非常有默契的一次互动，我没有把它作为一种竞争，而是把它看作一次默契的品牌联动，我相信经过这个活动友商也获得了超出他们预期的关注度。

　　华帝的友商通过一份报纸放出了一个猜字谜的悬念广告，我们跟华帝的全案公司因赛在看到这个广告之后，马上就猜到是友商。因为这个悬念广告与我们的产品卖点也非常的适合，并且能够直接使用，所以我们当时就非常巧妙地就做了一个"拦截"，比其他人更快地做出了反应，将这个悬念广告引向了华帝，最后用非常小的成本在行业里面引起了非常大的一次轰动，在社会层面、公关层面上也获得了一个口碑营销的机会，这个营销事件在 IAI 上也获奖了。

◎ 华帝品牌事件回顾

　　华帝在 2015 年的时候签约了当时当红的一对艺人夫妇——黄晓明和杨颖（Angelababy），这是从两个层面上进行考虑的。

　　首先华帝做了一项品牌拟人化工作，一直以来不论是从名字还是从以往的品牌形象来说，华帝代言人都应该定位为男性。我们当时希望寻找能够与华帝品牌形象接近的男性，他应该既有一种高端人士形象，又具有"五高"人群的气质，同时也不能是一个老气横秋的成熟男性，他应该在成熟之余具有一些时尚感与国际感。在当时的市场上，我们觉得黄晓明的形象与华帝是非常匹配的，于是决定与黄晓明签约。华帝在与黄晓明和杨颖签约的时候，他们还没有成婚，我们当时是 5 月份签的，他们是 9 月份结婚的，不过当时我们已经获悉他们马上会成婚的消息，因此觉得签一对"CP"（指情侣）比较合适。因为华帝未来主打的是家庭，我们希望年轻人能够回归家庭、回归厨房；而且代言人不应该仅仅是荧幕上的"CP"，而应该是一个真实的家庭，所以华帝当时就把他们两位都签下来了。另外，从他们的受众与用户匹配度来看，一个是"80"后，一个算是"70"末，杨颖的用户包括"80""90"乃至部分的"00"后，她是基本可以覆盖我们所需的目标用户的，而黄晓明的影响力则主要覆盖"70""80"后。

　　选择这样的代言人与华帝在品牌定位上更趋向于年轻化是有关系的。

华帝：时尚引领
中国厨电智能革命

在我们重新定义品牌之后，"高端智能"只是一个口号式的东西，那真正要做的除了把时尚基因灌进去之外，还要考虑怎么去锁住未来的这群年轻用户，也就是说市场未来的育成工作对华帝来说是非常重要的。

◎ 华帝的人才策略

在战略层面，我们是先有品牌战略理念，然后再以此指导华帝的整体产品设计开发。华帝在人才配比、智能化团队建设甚至并购等方面都做了很多的准备，为了迎接接下来的进一步扩展，华帝在潘总的带领下不断开展人才引进和培养工作。

◎ 华帝品牌的未来布局

在未来布局方面，品牌是宏观的东西，它包括了产品力、渠道力、品牌力，等等，华帝这一两年也花了很多的精力去升级，包括 VI，即品牌的视觉化升级；包括 SI，即终端门店形象的升级。从 2015 年到现在，华帝投入了非常大的成本去做这个事情，并且现在仍然还在改良。华帝一直以来主要是以经销商的方式进行运作，在个别地区是以直营的方式进行运作，比如上海，一般战略型地区或者是友商特别强的地方，我们可能就是以直营的方式进行。同时在线上，华帝也已经做了六年左右的时间，为自己的电商渠道开展了很多的布局和扩充。

◎ 华帝品牌的传播方式

华帝一直在跨界，之所以会想到跟时尚界合作，首先是因为华帝的未来"DNA"一定是时尚的，我们希望在这个过程当中去洞察并且跟时尚高端人群更多地对话接触，然后对这一帮我们认为的核心时尚人群进行深入读解，去了解他们对于审美、时代感以及未来时尚趋势的看法。我们想得到更多的信息，然后用来指导华帝未来的工业设计与产品开发，思考厨房、厨柜等在美学设计方面如何进一步提升。其实华帝可以说是有预谋地去做这些事情，比如举办时尚秀等。

前两天，华帝在上海进行了一个非常大的活动，在上海时装周，选择与网易味央进行合作，一起做一个轰动上海滩的事情。华帝做的所有跨界活动都有自己的目的，我们一直倡导时尚健康生活，刚好网易味央也倡导这种健康生活；华帝是做厨电的，是为健康生活带来健康食品的工具，而网易味央是提供食材的，所以这就构成一个完整的故事。在上海的营销活动中我把它的主题定义为"一个发生在厨房的童话故事"，我们让所有的模特都带着蔬果头套去走秀，这也是前所未有的一种营销活动。

此外，关于《你的味道》的推出，是因为华帝希望在情感层面上与我们的用户进行一次深度的对话，很多人认为厨房总是给人感觉冷冰冰的，没有感情。但实际上从华帝的品牌口号（slogan）"智慧家，更爱家"里面可以看到，我们希望将人性的美以及心灵的情感都传播出来，因此华帝当时选择与自媒体"新世相"合作。"新世相"作为一个文艺类的自媒体大号，非常善于产出内容；而且我们比较看重的是它的内容真实地来源于网友，属于

UGC 平台。我们想到了一个概念是"心在胃的正上方"，以前经常说视觉可以刺激我们去想起一段回忆，那么除了视觉以外，能够更容易刺激我们回忆的还有嗅觉和味觉，而与华帝最具关联性的自然是味觉。因此，华帝当时就与"新世相"一起策划了《你的味道》短剧，它是一个连续的微视频，也可以理解为微电影。这也是我们一个初步的尝试，未来还会有更多更好玩的内容。

四、观众互动：对话品牌领袖

◎ 华帝选择跨界营销的标准

与华帝合作的平台或合作的对象，首先，要非常有创意，我们首先会看中他们的创意，要做的一定是行业里或者市场上别人没有做过的事情，所以说创意、创新是华帝最关注的。其次，要有品位和高端感，它不能只是跟随者、从众者，而是要求有自己的独特观点。再次，就是这些平台自身必须是正能量的。这三点是华帝最基本的要求。

◎ 华帝选择代言人的影响因素

华帝在代言人的考量上，首先是要找到一个与品牌拟人化形象非常吻合的男性角色，同时也是考虑到整个品牌的标语和品牌主张，我们希望让更多原来不下厨的人回到厨房来。我们经过大量的国内外调研，了解到现在 30 岁以下的年轻人对于厨房的态度。这类年轻人不认为厨房是一个每天都会使用的高频空间，而是一个偶尔向亲戚朋友展现身手和寻找乐趣的地方。华帝认为厨房不是只为擅长做菜或是每天需要做菜的人群服务的，我们更希望厨房是明厨亮灶的，可以让这些平时不下厨的人也越来越愿意参与进去、寻找到自己的乐趣或者找到自己的存在感。因此，我们当时是以这种更有代表性的年轻群体组成"CP"以及新的生活方式（lifestyle）为要求选择代言人的。

五、段淳林教授点评

从华帝卢总的介绍里，我觉得有这样几点值得我们借鉴：

第一点，因为华帝经历了 20 多年的发展，它的原有定位其实是大众化的，那么在供给侧改革以及大众生活品质提升的背景下，今天的企业不只是做产品的功能，更要在美学和精神文化的层面上有自己的诉求。在今天的市场环境中，消费者的要求越来越高，华帝就是很精准地找到了一个新的定位，就是"高端智能厨电"的定位。这也体现了品牌的不断提升和升级对一个企业长期的发展所产生的作用是多么巨大：定位不是一成不变的，可以根据市场的发展和消费者的需求以及品牌自身在不同阶段的发展，提出新的定位和新的发展方向。

第二点，在华帝的发展过程中，我们可以看到它在产品的创新方面有非常多的专利。它不仅仅看到了今天眼前的市场需求，还更多地看到了未来或者是潜在市场的发展需求，从高端厨电品牌到智慧厨电品牌，再到人工智能厨电品牌，这是阶段性的整体规划。那么在整个布局里我们可以看到，华帝更多地把眼光放到未来，注意着整个未来世界市场环境的发展变化，我觉得这一点是非常重要的。也正因为如此，华帝需要不断地解决品牌老化的问题、品牌如何与年轻人沟通的问题。互联网发展到今天，年轻人的生活方式和上一代人已经有很大的不同，那么如何让品牌更加年轻化、更加符合年轻消费者的需求，我觉得这是第二个可以思考的问题。

第三点，作为一个企业品牌，我们一般认为品牌能成为一个企业的核心竞争力。那么既然是核心竞争力，品牌所取得的就是一种绝对优势，而不是相对优势。华帝的这种绝对优势不是其他任何一个企业可以复制、可以拿走的，而市场的相对优势比如成本优势，是可以学习、可以复制的。

在前 20 年，中国企业包括华帝的发展，已经获得过相对优势了，我觉得未来是获取绝对优势的时候。在获取绝对优势的过程里，企业主要是通过品牌价值的提升或者品牌竞争力的提升来不断完善的。品牌竞争力是一个非常全面和复杂的概念，比如说产品里包括品控力，营销里包括渠道力，还包括内部的管理力、外部的关系力，以及整体的战略传播力、文化力等等，那么从高度和基础上来讲，品牌价值力的提升和持续发展力的建立是很重要的。

对于华帝这样一个制造业品牌，应该更多地从价值的层面、综合竞争力的层面以及持续发展的层面进行建设，这也是对中国制造业品牌的启示。

六、品牌传播经典案例

华帝打造原创美食剧《你的味道》，味觉刺激情感回忆

2017 年 2 月 14 日情人节，由华帝联合"新世相"共同出品的深夜美食网剧《你的味道》准时上线。该剧每周二在腾讯视频独家播出，共有 5 集正片，故事创意来自"新世相"征集到的真实素材。这场由华帝和"新世相"携手发起、吸引众多粉丝关注和参与的"饭局"，也交出了一份出人意料的亮眼成绩单——每集平均播出高达 265 万次，每集评论转发次数均超千条。

活动通过"新世相"的公众号向粉丝征集美食故事，被选中的 10 位素人将会获得一张往返机票，故地重游，和回忆中的味道见面，还有机会成为美食网剧主人公。粉丝对这部网络迷你剧的追捧，究其原因，不仅是被剧中的美食所吸引，更是被剧中人物的心路历程所打动。短短的 5 集里，华帝和粉丝们一同感受了初恋、友情、兄弟情、亲情还有爱情，打造了一场名副其实的现象级网络盛宴。

【案例亮点】

1. 情感共鸣拉近消费者距离

在网络娱乐化空前繁盛的当天，摆在受众面前的，是充斥着各种新奇情节、宣传噱头的网络剧集。而华帝和"新世相"用心打造的《你的味道》，显然走出了另一条独特的路。追求真正直击人心的"真情实感"，是《你的味道》从始至终的出发点和准则。无论是内容编排，还是宣传推广，甚至是投放选择，《你的味道》都有着与市场常规操作不同的套路：首先，每一个被影像化的剧本都源于真实的故事，都是从参与者投稿中千挑万选而来的；其次，舍弃了常规的流量明星，而是选用与故事风格、气质相符，同时具备演技实力的演员阵容。正因如此，真实的情节和表演，让观众们从中找到了自己的影子，情不自禁进入情节之中，产生了强烈的情感共鸣。也正因为这样，华帝的品牌理念以及对美食和情感的理解，得以最大限度地传递给消费者。

2. 品牌理念的契合，打开跨界营销新模式

成功的品牌跨界营销除了需要与消费者搭建心理沟通的桥梁之外，还需要和跨界合作伙伴在品牌理念、品牌气质方面"志同道合"。在《你的味道》项目构想上，华帝与"新世相"在对烹饪、对人类情感的深刻洞察和理解方面一拍即合——一个专注于内容、致力于改变潮水方向的"新世相"，和中国高端智能厨电品牌、倡导智慧和爱家的华帝，在时代的必然中走到了一起。

在《你的味道》迷你剧中，华帝的角色早已超越简单的产品植入，而是通过联合，以及情感、故事、美食、厨房等相关元素，顺理成章地形成了独立的 IP 联动模式。通过专属的传播模式，华帝这一高端智能厨电品牌和"新世相"这一知名文艺媒体品牌深度结合，共同发起了一次有关美食和情感的事件，并让更多的人参与进来，让更多的人看到华帝品牌在未来更多的可能性。

3. 多品牌联动，内容传播力呈几何级增长

一个好的品牌传播活动，除了对自身具有提升形象、加深粉丝忠诚度的积极影响之外，更对各界品牌产生巨大的吸引力。华帝作为联合出品方，以网剧这一新的传播模式，让华帝这一厨电品牌和新世相这一文媒品牌深度结合，让受众深度参与到这一次话题事件中。同时吸引了如三星、Jeep 这样的国际品牌共同加入赞助。这种品牌之间的良性互动，不仅体现出华帝的前瞻眼光，更让人看到了华帝在品牌营销创新上引领风潮的实力！

在这场品牌的盛宴中，我们不难发现，一场真正成功的品牌跨界传播，收获的不只是一段时期的大量曝光，或是自媒体上的病毒式传播。更重要的是，它能够有巨大的内容空间，容纳更多调性相同、目标受众相似的优秀品牌，从而在这个平台上各展所长，丰富和完善传播内容，并形成裂变式的扩散。最终形成覆盖受众生活各个方面的生态闭环，深度地影响受众。

【启示】

主流消费群体呈年轻化趋势已成为社会共识，华帝作为老牌的电器品牌势必应该做出改变，以迎合时代的发展。利用年轻消费群体更喜欢的营销方式，并在其中融合想要向消费者宣传的品牌价值观，使消费者特别是年轻一代的消费群体在潜移默化中接受华帝的生活理念，促进消费者的价值观认同转化为对产品的实际消费支持，助力华帝实现品牌年轻化战略。

Dialogue on Branding | 60

第 60 期

花间堂：以宣扬
中国文化之美为使命

Dialogue on Branding ▶▶▶▶▶▶▶▶▶

第 60 期
花间堂：以宣扬
中国文化之美为使命

【本期节目概述】

花间堂始终致力于做中国文化的推手，期望通过对中国式幸福哲学的传颂，让世界看到注解时代、气韵生动的中国文化之美。花间堂董事长刘溯做客本期《淳林话品牌》，分享花间堂的品牌故事。

一、品牌领袖

刘溯，上海布洛斯酒店管理有限公司董事长、联合创始人，解放军信息工程大学工学学士，中欧国际工商学院工商管理学硕士。

2009 年刘溯创立花间堂，在现代酒店和传统客栈之间另辟蹊径，由最初的唯美人文客栈发展到以客栈、度假村为入口的人文休闲度假生活方式品牌。旗下品牌、产业链涵盖了酒店管理、工程设计咨询、文化创意、文化传媒以及商贸等方面。

刘溯认为，花间堂的酒店设计可以分为三个层次：一是花间堂的"家文化"生活方式和对舒适幸福生活的理解，设计师对花间堂的风格和想法以及观念要非常融合；二是当地的人文环境与花间堂的理念与风格相符合，即花间堂要能在本地发扬光大自己的生活目标；三是希望用花间堂来讲述当地蕴藏的美好的文化，让人们能透过每一所花间堂看到所在地乃至中国美好生活的五彩缤纷。

在刘溯的带领之下，每一所花间堂都是一个与当地文化结合的故事，每一所花间堂都浸润着花间堂从业者对中国文化以及对美好生活的理解与向往。花间堂致力于中国式幸福生活哲学的传颂，透过花间堂，能看到中国文化之美。

二、企业简介

上海花间堂投资管理有限公司于 2009 年缘起于丽江古城的花间堂，是国内精品度假酒店品牌的领导者。其独具特色的花间美学、融入每一地的人文和历史传承、以家为理念的优质亲切服务，获得了各界的高度认可。

花间堂诞生于中国第一个度假胜地——丽江，目前项目已分布在丽江、束河、香格里拉、周庄、苏州、杭州、阆中、无锡、同里、西双版纳等各个旅游目的地，浙江南浔古镇、无锡杨山桃花岛、宁波东钱湖、湖州长兴、丽水松阳等地也即将有花间堂入驻。

花间堂是童年的记忆经过岁月的打磨而设计出的幸福空间，它将高端精品酒店的服务理念与地方民居、民俗等人文特色完美融合，开创了文化精品度假酒店的先河，并逐渐拓展成集唯美人文客栈、精品度假酒店和度假村于一体的文化旅游公司。在这个所有人心之向往的"乌托邦"里既能体验星级酒店的舒适与私密，又能感受客栈浓郁的自然人文氛围，身处花间，每一位客人都能在与阳光、猫狗、落叶一起消磨时光的同时，慢慢找回心灵的安定。

如今花间堂已成为唯美文化的表达者、旅游客流的创造者、度假生活的全面提升者、旅游产业链的导入者，不仅仅是打造旅游目的地酒店，更为当地的度假提升起到优化与智化的作用。通过挖掘、保护和传承所在地的自然人文特色，并与精致、唯美、愉悦的生活氛围相结合，花间堂不断演绎和分享着大众喜爱的生活方式。花间堂始终致力于做中国文化的推手，期望通过对中国式幸福哲学的传颂，让世界看到注解时代、气韵生动的中国文化之美。

三、刘溯分享品牌故事

◎ 花间堂的创建历程

说实话，花间堂是"玩"出来的一个品牌。在思考企业要如何继续向下走的期间，我自己一人带着相机到丽江去旅游。在丽江半个月的时间里我自己背着菜篓买菜、和流浪歌手一起唱歌，有了和之前不一样的感受，我觉得我找到了度假的真正意义。在丽江的这种有趣、好玩的生活，让我觉得非常快乐。

这个时候，我有个叫张蓓的同学准备在丽江开客栈。我俩进行了深入的沟通，要想在这 1000 多家客栈中脱颖而出，就要玩出不一样，做丽江第一，开规模型客栈。因此我们第一步先占领局部市场，这就需要有标志性特征。我们以名字为突破口，把我们期望的客栈是长在花丛中的想法灌输于名字上，于是"花间堂"诞生了。

◎ 花间堂筹备中最大的困惑

最大的困惑就是我们没有做过类似客栈的酒店，虽然我们几个创始人都是做酒店出身，但是做这种小型客栈的经验不足。如何把当地的风土人情、老百姓的生活相结合，这是需要我们自己摸索着解决的。

◎ 高端精品文化度假酒店的品牌定位

我们最早的定位是"精品酒店"，这在酒店细分门类里面是有的，但其实它又不像精品酒店。而客栈作为丽江的一种叫法，我们希望能够在酒店细分门类里面建立自己的品牌标志，基于此我们把花间堂定位为"精品人文客栈"。

但是在做了一段时间的精品人文客栈之后，我们发现这一定位并不能够完全涵盖我们的理念，无论是人文部分还是唯美部分，所以我们就将其改为"人文精品度假酒店"。

我们当时没有想到休闲度假浪潮会如此风起云涌，但我们始终坚信会有一群人喜欢的。在当时，我们把商学院的学员定位为我们的原点人群，目标人群是中高端活跃的商务人群，就这样我们在不知不觉中迈入了休闲度假浪潮中。

◎ 花间堂在竞争中寻求自身定位

市场是需要大家一起来塑造的，每个品牌都有属于自己的属性，花间堂的属性是"分享、美与欢乐"，这三个属性是我们在打造花间堂的时候特别关注的。

　　在丽江有很多经济实力很强的人士也在做客栈，其中许多人是以抒发自己的情感为目的，把客栈作为招待亲朋好友的地方。但客栈终究只是客栈，与花间堂想成为传播美、分享欢乐的平台是有区别的。

◎ 花间堂的选址标准

　　花间堂有一个品牌口号叫"透过花间堂感受中国文化之美"，这里面包含着当地文化的美、花间堂本身的美、中国文化的美三个层面。我们的选址分为两个阶段：第一个阶段是我们在旅游目的地的选择上，首选风景优美、环境优雅、能够真正体现当地文化气息的地方。我们花间堂有一个愿景，希望花间堂就是度假目的地，人们会为花间堂而选择去当地旅游。第二个阶段，我们重视地方人文气息是否浓厚，不再仅仅考虑这个地方是不是旅游胜地。

　　以前，我们到周庄只是逗留一两小时，但是有一天我们在周庄住了一晚，早上起来的时候，发现周庄比我们想象中要美丽许多，所以决定把周庄作为花间堂的一个地点。不过当时我们纠结了很久，大家来到周庄并不会在这里逗留住宿，因此是否能让大家留在周庄、感受周庄的夜晚和早晨是难以确定的。我们就冒了一个险，在周庄建立了江南第一所花间堂。

◎ 花间堂在发展过程中出现的属性变化

　　我们以前的定位专注于"文青"的情怀，对比现在人们对度假的要求、对休闲的要求其实都发生了改变，我们在旅行的过程中记住的不仅仅是风光山水，还有当地的文化、在旅途中收获的经历、自己跟自己的对话，所以目前在定位上我们更加偏向人文方面，情怀排在稍微次一点的层面。

◎ 花间堂希望向消费者传达的生活理念

拿西溪花间堂来讲，我们有一个口号就是"把有意义的生活变成有意思的生活"，其实只要每天有意思整个人生就是有意义的。

在打造西溪花间堂的时候，全部都是使用大的落地窗，推开窗仿佛能触摸到树。我们花间堂有"三美"，即意美、器美、形美。所谓意美，就是在打造花间堂时，按照家和庭的概念来打造。大家闲坐在一起，欢歌笑语、畅谈未来，这是一种生活的意境，是我们在开始做花间堂时就着力打造的氛围。所谓器美，就是讲究配套的环境设备，从味觉、触觉、嗅觉中找寻属于自己的生活方式。所谓形美，就是笑容、态度、姿态，自己对待自己生活的方式。

◎ 花间堂打造、设计"美"

我们在选址的时候，会和设计师一起找能够代表当地的关键词。拿雅安来说，雅安的关键词是大熊猫、茶马古道的起点、一年四季、竹子、川剧的云雾缭绕，是典型的四川文化，把这些能够体现雅安文化的标签提炼出来，再把这些有代表性的标签植入到花间堂的设计中，通过无形之物把生活中精华的东西彰显出来。

这非常考验酒店从业者对这个地方持有的想法、对文案的秉持、对地方精神文化的把握。我们设计团队的成员来自世界各地，但是设计师的设计概念如何与花间堂从业者的想法融合起来，形成比较完美的设计方案，是需要不停地碰撞和磨合的。

以周庄为例，我们在设计周庄的花间堂时，邀请的是法国的设计师。为何邀请法国的设计师，一个原因是我们希望通过外国人的眼光来提炼中国元素的精髓而不是简单的堆砌。法国的设计师提出了"四季"的概念，用四季来改造老房子的色彩，把 24 个节气贯穿于整个花间堂的设计之中，用每个节气赋予不同色彩的方式来彰显中国文化特色。但在理念落地上，设计师和我们从业者也经历了诸多的磨合，例如在一个客房中，原本挂了两幅清朝人的坐像，这与中国的传统文化是相悖的。

◎ 花间堂实现文化价值与定位的匹配

第一，我们花间堂整个团队，特别是几个高层领导人员、创业者，心态都比较开放。我们会广泛吸收各种经验、灵感和想法，同时自己也在不断地学习，这是花间堂品牌理念的一个基本点。

第二，我们善于抓住一些好的且精髓的东西。花间堂不会在意别人所谓的"中国文化还要外国人来保护"这种看法。因为有时国际设计师更能从他的角度把品牌与中国文化更好地融合，并把想到的创意落地和执行。

◎ 花间堂的品牌传播历程

第一个阶段，2001 年花间堂开业，当时微博刚刚兴起，我们就邀请了几个"大 V"帮忙宣传，在微博中帮忙宣传花间堂，很快我们的客房就被订满了。

第二个阶段，微信兴起后，我们把借助微博和微信运营花间堂的事例包装成了一个故事，一个讲情怀的故事。而这则讲情怀的故事，能够"无脚走天下"，大家能够在故事当中得到一些共鸣。

第三个阶段，当花间堂开始有一定知名度了，很多的奖项也随之而来，有一些大的企业比如银行，邀请我们合作一起举办活动，这也增加了我们的知名度。

第四个阶段，花间堂实际上这么多年来一直在经营自己的粉丝群，到今天已经有了几十万人的注册粉丝群。为了能让粉丝一直感受到好的、美的东西，并持续保持联系，我们在开启每个新店时，都会邀请粉丝免费试住，扩大影响。我们现在也在做很多人文的活动，包括和"生活榜"的合作，邀请了很多文化名人，比如胡德夫、曹启泰，等等，来扩大花间堂的知名度。

第五个阶段，我们积极参加业界举办的活动，通过业界相关平台让更多的人知道花间堂。

四、观众互动：对话品牌领袖

◎ 面对外国游客，花间堂相应的品牌传播有什么？

花间堂有一些外国客人，但是并不多，他们基本上是通过外国 OTA 网站或者是国外的旅行社推荐过来的。外国客人有一个特点，他们需要通过一个专门的机构才能搜索到一些资料。我们目前也在重点拓展海外的一些市场，例如我们以海外的奖项为契机扩大宣传，在国外杂志上介绍花间堂的相关内容。我们希望随着这一市场推广力度的增加，吸引更多的外国游客来到花间堂。

◎ 在打造国外花间堂时，选择什么样的中国元素吸引外国人的关注？

花间堂的愿景是做一个"世界的花间堂"，我们不仅想做国内的花间堂，也有考虑扩展海外市场，同时在欧洲及斯里兰卡、日本都有实地调研过。我们希望不只是把国外文化带来中国，同时也想把中国文化推向世界。

花间堂有两个层次的文化特色，一是花间堂本身的文化特点，二是当地文化的特点。我们会根据不同的地域彰显当地的文化，同时与花间堂的家文化很好地结合起来。

五、段淳林教授点评

第一，花间堂在创建这样一个品牌时，是从情怀、梦想的角度出发的，并没有掺杂太多的功利色彩。有情怀的人在做品牌的时候，更多考虑的是如何通过一个项目表达内心真正的感受和理念。

第二，从消费者的角度来讲，创业分为三个阶段：阶段一，讲求功能性，考虑的是到底能不能做成；阶段二，同时考虑功能性和个性；阶段三，生活方式的传播，文化和符号是不是能够在这个项目里面体现出来。花间堂在文化符号和价值的传播上已经走在了前端，在一开始的框架设计中，就把人与自然的和谐之美、人与人之间的关系等中国哲学理念融入进来了。花间堂从仅具有单一到个性和特色的品牌再到具有文化价值符号的品牌，它是文化旅游项目来做品牌，是非常成功的。

第三，除了情怀和生活方式，花间堂在更深层次对哲学进行了思考，例如对幸福和美的哲学思考等。在这些哲学思考里面，我们看到了快与慢之间的生活关系以及对美的理念的追求。

第四，花间堂对中国文化的传承与创新是非常值得学习的。许多做文旅的品牌实际上并没有理解中国文化的内涵，仅仅只是文化的简单堆砌，没有思考如何传承文化基因，如何去创新、沉淀、保护文化，如何让下一代能够接受品牌的理念。从这一层面来讲，花间堂身上体现出了一种使命感，让人们觉得花间堂不仅是一间酒店或客栈，更是中国文化的传承者和创新者。

六、品牌传播经典案例

纵观中华民族的精神发育史，可以发现其始终伴随着一种慈善文化的存在。而花间堂作为中华文化的传承者与创新者，在其多年的品牌塑造与传播过程中，同样将这种慈善文化一脉传承了下来。纵观近几年花间堂所做的营销活动可以发现，公益慈善已经成为花间堂的重要品牌基因与形象烙印。

1. 自创立之初即有的公益模式

"取之于社会、回馈于社会"的理念是花间堂自创立之初就在践行的公益理念。早在花间堂开设第一家客栈时，就在客栈的院子中设置了一个"爱心水果吧"。这个"爱心水果吧"能够为来往的客人提供可随意享用的新鲜水果，而在摆放水果的地方还放置有一个爱心钱罐。享用了新鲜水果的客人可以在爱心钱罐里投入任意金额的钱币作为小小的回报，而花间堂会在收集这些善款之后，将其用于资助丽江山区的贫困孩子，这就是花间堂最初所做的社会公益的模式。

2. "蓓蕾花开"公益游学计划

虽然"爱心水果吧"确实是花间堂在慈善公益方面所做的努力与投入，但就其现实效果而言，这种公益模式更多只是流于浅层，对贫困孩子的实际救助效果大多只局限于金钱的层面，无法从长远和根本上帮助这些贫困孩子摆脱困境。

随着企业的成长，花间堂也在思考：除了单向资助的公益模式之外，

花间堂：以宣扬
中国文化之美为使命

如何才能以更好的方式让企业的资源与社会实现更好的连接。在这种想法的推动之下，花间堂最终推出"蓓蕾花开"公益游学计划。

"蓓蕾花开"公益游学计划于 2017 年 5 月开展了第一阶段的活动，主要由花间堂联合昆明学院和重庆师范大学共同推进。其中，花间堂主要提供教育资助、游学换工和企业资源共享三大内容。除了金钱方面的日常教育资助，花间堂更愿意分享现有的企业资源，向学生提供一种新的游学工作体验，让学生可以提前熟悉相关工作内容，在掌握职业技能之余还能有一定的收入，从而获得更多可能的成长机会。

相比于"爱心水果吧"，"蓓蕾花开"公益游学计划的实施更加贯彻了"授人以鱼，不如授人以渔"的思想，真正从实际上来帮助祖国未来一代成长，从而更好地实现企业的社会效益与价值创造。

【启示】

企业责任由经济责任向社会责任的转变，是企业在人类现代文明进程中发展的必然，也是企业长远发展及其价值创造的有效保障和依据。如今的市场环境早已由"供方市场"向"买方市场"转变，面对消费升级的时代背景，企业的行为与价值理念能否得到承认，事关企业能否长期生存与持续发展。往往只有具备使命感并能够践行社会责任的企业，才能更好地顾及企业相关者的利益，从而在更深层次上获得消费者的认可。因此，对于每一个在市场中寻求突破口、谋求发展的企业来说，不断拓宽企业理念内涵，深化其文化价值，并积极承担社会责任，是持续获取消费者关注与认同的必然选择。在这一点上，花间堂多年来在公益方面不断投入与努力，是许多行业内企业学习的典范。

Dialogue on Branding | 61

第 61 期

卡尔蔡司：

用创新推动光学事业发展

Dialogue on Branding ▶▶▶▶▶▶▶▶▶

第 61 期
卡尔蔡司：
用创新推动光学事业发展

【本期节目概述】

　　卡尔蔡司历史悠久，却始终走在创新的前列，以引领客户走向成功为己任。卡尔蔡司如何用科技一次一次地书写光学领域的新篇章？卡尔蔡司光学中国区总裁彭伟做客本期《淳林话品牌》，分享卡尔蔡司的成长故事。

一、品牌领袖

　　彭伟，现任卡尔蔡司光学集团中国区总裁，卡尔蔡司集团百人领导团队成员之一，获华中科技大学工学学士学位、英国赫尔大学工商管理硕士学位。

自 1982 年起，彭伟先后在武汉钢铁集团公司、长飞（飞利浦）光纤光缆有限公司、卡尔蔡司光学集团工作，跨界四个不同行业（钢铁、机械、通信、视光学）、三种不同企业体制（国有、合资和独资企业），宝贵的工作经历让他对产品、品牌及中国市场有了更深刻的认识。从工程师到高级工程师，从车间主任到中国区总裁，不同类型的工作给予他理论和实践兼备的管理经验。

经过 35 年的不懈努力，尤其是 20 年来在卡尔蔡司光学集团的创新实践，彭伟探索了一整套企业精益运作、文化建设的理念与方法，并卓有成效地将公司建成集团内管理标杆企业，并成为蔡司光学的全球三大基地之一，公司更连续九年被评为"广州市外商先进技术企业"。同时，卡尔蔡司光学在中国广州形成了集设计、研发创新、制造、精细个性化加工、销售、物流、售后服务平台等于一体的完整可持续发展视力健康产业生态圈，这些努力使广州成为完整、集中、先进且世界级的视力健康产业圈。尤其近几年，他大胆创新、锐意进取，成功将 170 多年历史的蔡司品牌，推广为广大中国消费者的口碑品牌，通过所有的市场接触点（Touch Points），让客户和消费者喜出望外（Delight Customer），成功创造了许多经典案例。

二、企业简介

第 61 期
卡尔蔡司：
用创新推动光学事业发展

◎ 关于卡尔蔡司集团

　　蔡司成立于 1846 年德国耶拿，作为全球光学和光电行业的优秀品牌，173 年来，蔡司始终秉持工匠精神，坚持全球科技创新，不断推动光学事业的发展并促进技术进步。公司共有四大业务部门：半导体制造技术、工业质量与研究、光学消费品市场和医疗技术。四大业务部门共享创新成果，在研发和制造镜片、仪器、测量设备以及制定消费性方案和提供技术服务方面，为光学领域建立了新标准。蔡司的脚步遍及世界各地，在 40 多个国家拥有 30 多座工厂、50 多个销售与服务机构以及约 25 个研发机构。

　　卡尔蔡司股份公司迄今并未上市，而是由卡尔蔡司基金会全额控股。因此，蔡司不以盈利作为企业发展的第一要务，而是以促进光学发展、为人类谋福祉为责任使命。蔡司每年将 10% 的销售收入用于技术研发。其在全球有近 3 万名员工。公司在全球约 10% 的员工从事研究和开发工作。

◎ 关于蔡司光学

　　蔡司视力保健事业部专注于视光学行业，其研发、生产涵盖了整个眼科光学价值链的产品：眼镜镜片和配件、视力检查和眼部测量仪器，并在全球以蔡司品牌进行销售，是优秀的精密光学元器件制造商。

　　"让人眼看不见的微观世界，看见看真；让人眼看得见的自然景观，看见看好；让人眼看不尽的宏观宇宙，看见看清。"蔡司光学致力于将技术专业知识和创新理念相结合，提供更专业的视觉解决方案——"在不同场景下的、充分个性化的功能型产品"，为消费者带来全新的视觉体验。

◎ 蔡司视觉体验整体解决方案

　　蔡司拥有多种镜片类型、镜片材质、镜片镀膜的搭配方式，充分满足客户的个性化需求，提供不同场景下的功能型镜片解决方案：专门针对驾驶人群的蔡司驾驶型镜片；根据移动数码设备使用者的用眼习惯而设计的蔡司数码型镜片；专为隐形眼镜佩戴者设计的蔡司菁悦镜片；为长时间在室内活动者设计的蔡司室内型镜片；充分个性化的蔡司新渐进镜片、蔡司睐光渐进镜片，以及针对青少年近视防控设计的蔡司青少年视力解决方案等。

◎ 蔡司青少年视力解决方案

　　蔡司光学一直以来主动积极地关注青少年近视防控问题，对于青少年视力防护，蔡司创新性地提出专为中国青少年设计的，结合积极预防、有效管理和精准矫治三阶段的"青少年视力解决方案"。蔡司光学大力投入青少年的产品研发，通过与科学界的紧密合作，提供不同的青少年视力解决方案，来延缓近视的低龄化发展趋势。蔡司光学不仅有为青少年特别设计的耐磨、易清洁的优质单光镜片蔡司小调皮镜片、蔡司爱动套餐，还有促进青少年近视发展的功能型镜片蔡司成长乐镜片、蔡司成长悦镜片。

◎ 蔡司个性化验配步骤

　　蔡司一直以来致力于探索技术与服务的新高度，不仅在专业光学产品领域推陈出新，在验配环节也一直锐意创新。蔡司所拥有的蔡司视觉体验解决方案通过专业配镜步骤，为消费者带来更精确、更舒适、更全面的配镜体验。

三、彭伟讲述品牌故事

◎ 卡尔蔡司经历中的重要节点

　　经过这么多年的实践，蔡司这个品牌在中国能成就口碑，是有一定根源的。我时时在想，蔡司有 170 多年历史，能够始终走在世界的前列，这中间到底是什么因素在起作用？在这中间出现过哪些人物？发生过哪些事件？

是怎样与时俱进的？只有了解了这些我们才能知道精髓是什么。从人物来讲，三个创始人，在光学领域里像是"三剑客"，同时，又是非常机缘巧合地融合在一起。从第一个创始人说起，卡尔蔡司，他最早是做精密机械的，我们第一台产品是显微镜，当时要求镜头、传动装置非常精密，将当时技术、精密加工融合在一起。但是当时在进行镜片光学加工时，还没有很好的科学办法，这个时候物理学家阿贝出现了，他是第一个用数学表达式去表现光学产品的。由于有了这个公式，之后的设计、加工更加准确、先进，为技术创新奠定了基础。虽然有了精密加工技术、工匠精神、科学方法和先进理论，但是质量可靠、产品耐用才是关键，在这中间就体现了原材料的重要性。当时的原材料是玻璃，肖特先生所研发的玻璃解决了原材料的问题。所以，工匠、科学家、原材料研发者组合在一起，卡尔蔡司、阿贝、肖特这三位为蔡司的品质奠定了非常好的基础。

　　谈到技术的不断创新，可以通过蔡司的产业发展来简单描述。蔡司最早是做显微镜，然后出现了矫正视力镜片，而后随着显微外科手术的发展，医疗这一块的光学研究便发展起来了，再后来，随着生活品质的提高，消费光学出现了。成果如打猎用的瞄准镜、望远镜，还有最著名的用来拍电影的蔡司镜头。其中蔡司镜头曾获得三次奥斯卡科技金像奖，用它拍了许多影片，如《指环王》《荒野猎人》等。在现代科技的进步下，集成电路这一领域发展起来。蔡司有一个半导体事业部，该部门专注于可视集成电路即集成电路的光路，这套光路相当于大镜头，而大镜头的制作配给于一家大公司，它在全球的市场占有率超过80%。有人会以为自己还未用过蔡司的产品，但实际上他很可能已经是蔡司的消费者了。因为很多人所使用的手机芯片，就是我们的产品。如何与时俱进？应该尤其关注消费者对产品的不断需求和工业发展的不断需求。比如我们现在所讲的工业4.0，在工业1.0、2.0、3.0时期，蔡司作出了非常多的贡献。

◎ 蔡司恪守德国所特有的严谨品质

第一，我们都知道每一个人的习惯、工作场景不一样，需求也不一样。理论上讲，没有一款产品适合所有人，但是怎样知道某一款产品适合哪些人，如何做到真正的精准呢？这是一个整合的过程，如镜片加工需要很精准，但是若配镜的人不精准，那结果也是不准确的。

第二，在制作眼镜的时候，需要很好地了解人的行为举止习惯。我们通常验光是处在一个正常、理想的状态下，戴眼镜时会产生一个倾斜角。蔡司为了讲究精准，将这个倾斜角计算出来，并在加工镜片时进行补差，使得佩戴出来的效果就是顾客所需要的。因为这一原因，当时蔡司的产品在进入中国时被技术监督部门所质疑，认为蔡司的镜片有问题。但事实上实际的度数与验光度数是不一样的，我们蔡司公司因为这一原因做了矫正、补差。从这一方面来说，真正的精准，实际上是在充分了解每一个体的需求情况下，在不同场景情况中，找到合适的镜片。

另外，为了讲究精准，我们还有一个工业测量，在进行产品加工时，我们要在一个直径不到 70 毫米的产品上测量几千个点，检查每一个过程。有的人佩戴的眼镜在局部上是合适的，但其他的地方度数却不一定合适。因为他的镜片球面不是按照一定的均匀要求设计的，所以我们必须了解每一个点。在加工时，我们使用的是自由成型技术，是一种 3D 加工的方法，这一方法保证了每一个点按照设计进行加工，使每一个点都做到极致。

◎ 蔡司的品牌内核

我们蔡司经过了 170 年的发展，为了能够将我们的里程碑、特色等形象生动清晰地表达出来，在几年前我们就将其整理成"品牌圆"，在全球都是按照这个圆来传播。为了帮助记忆，我们可以把这个圆想象成桃子肉，或者说是地球的内核。作为品牌来说，最外层是 5 个方面：引领、鼓舞、精准、责任和坦诚。如果外表好看但入口无味，那并不是一个好水果。同样，对于一个品牌来说，内核首先是创新，还有客户导向，这和痛点也是相关的。另外很重要的一点，作为产品要非常可靠，无论是耐用性、可靠性还是精准性，这些方面都要有。

我们"品牌圆"的中间层，即客户导向极为重要。在客户层面上，通常来说我们既是 B2B 也是 B2C，我们有一些直接客户是经销商、眼镜店，我们要把这些客户服务好。所以在消费者这块，如果产品只想到经销商的利益而没有想到实际消费者的需求，就不能说是客户导向。实际上我们要引领经销商去服务好他们的客户。这个"品牌圆"的核心就是我们的 DNA，也是最基础的东西，是我们不断传承的东西。最重要的着眼点是让我们的客户或者合作伙伴成功，简单来说就是帮助别人成功。

◎ 蔡司融入中国市场

蔡司作为一个有 170 多年历史的国外老品牌，最开始与中国的联系是几乎没有的，要扎根在中国需要结合中国人的消费习惯，使中国消费者对蔡司从认识到认知，从认知到认同，从认同到建立口碑。为促使这一过程的发生，我们从以下三个方面进行工作：

第一，有很强的企业文化。蔡司是一个源自德国的品牌，但要让中国员工形成这就是中国企业的想法，让员工产生归属感，既知道企业的来源地又能够明确自己的使命，从而努力推动企业的发展。

第二，转变营销模式。从传统的 4P 到 4C，再到 4E，最后到体验，从为了卖产品而卖产品到解决消费者的痛点，再到满足消费者需求。

第三，建立品牌口碑。蔡司利用数字媒体与消费者直接沟通，了解其真实需求。蔡司不断与时俱进、把握时代脉搏、满足消费者日益增长的需求、坚持贯彻品牌要求，就一定可以获得广大消费的口碑。

◎ 蔡司的品牌攻略

从市场上讲,男性只是消费者中的一部分。在看到广州电视塔的"小蛮腰"时,我就认为蔡司产品的结构上像是"小蛮腰"。我们要有入门的、中高端的产品,还要有个性化需求类型的产品,即所有人群都要覆盖到。

实际上,为解决白天佩戴隐形眼镜,而后晚上佩戴框架眼镜眼睛会产生不适应的感觉、视觉感发生差异的问题,我们专门为女性推出一款蔡司镜片。在欧洲,领带柜旁通常有一个眼镜柜子,根据领带来选择佩戴不同的眼镜。眼镜是具有功能性的,除了能解决我们的近视、远视问题外,还具有时尚性。

有些人认为矫正视力时才需要戴眼镜,其实佩戴平光眼镜在一定程度上能提升个人气质。佩戴眼镜并不只有防止人摔跤,起到让人看清的作用,还能使消费者看得自然、看得舒适。我们现在很多人是以眼睛来适应镜片,导致视力逐渐下降。

在日常生活中,很多东西都会与时俱进地进行更换,如小孩子长大后把鞋子捅穿,大人就会为他换一双鞋,这是因为我们能看到这种变化。但

是眼睛视力的变化是人们看不见的，但我们认为眼镜看得见。这是为什么18 个月要换眼镜的原因，尤其是青少年、40 多岁的人，他们的视力是一上一下的，视力是在变化的，而 20 多岁到 40 多岁这一阶段的人的视力处于相对稳定的阶段。所以经过春、夏、秋、冬、春这 5 个季度，便需要去检查视力，若是变化很大，就要及时进行更换眼镜，这样才能保证视觉的质量。

四、观众互动： 对话品牌领袖

◎ 蔡司为何出售激光手术设备，与其主营业务是否相矛盾？

消费者在不同场景下有不同的需求，有些消费者因种种因素佩戴眼镜会引起不便，希望通过激光手术矫正视力。蔡司销售激光手术设备，与主营业务是不相矛盾的。我们根据客户导向解决客户需求，以满足客户视力健康要求为使命，不只是镜片供应商，而是让消费者形成蔡司品牌为全面解决视力问题的供应商的这一认知。

◎ 蔡司的标准是否是不断更新的？

作为站在行业发展前列的企业，必须探索新的发展、新的技术、新的需求以淘汰不能够与时俱进的东西，这就需要制定一定的标准来完成自身所肩负的使命。

我们以解决消费者的视力健康为己任，满足消费者不断变化的需求，并加大对研发力度的支持。蔡司非常重视研发工作，目前将 10% 的利润投入到研发领域，有 11% 的员工是研发人员。

蔡司研发出的很多技术被许多诺贝尔奖获得者运用到研究当中，开发研究当中需要的设备，同时我们设立了蔡司基金以帮助研发人员解决在研发过程中遇到的技术、资金问题。而在上海我们也设立了一个创新中心，中国学者同样可以申请我们的资金。

在不断研发创新中创造出来的新技术，当它被社会所认可时，就需要制定新的标准来适应新的技术。

五、段淳林教授点评

第一，使命和责任。蔡司致力于解决人类有关健康和生活的问题，这是一种远大抱负。实际上它正是从这个使命感出发，不断发展壮大自身。

第二，蔡司有一个独特的运营模式，比如说有蔡司基金会，通过这个基金会来进行科技创新。

第三，蔡司在中国本土化的发展理念，能让大家感觉到它在不断地改变自己的一些运营模式，更加接地气，也更能适应中国的市场发展。

第四，也是非常重要的一点，它不仅能带来产品、带来技术、带来创新，还能带来一些品牌的理念，更重要的是能够改变中国消费者的一些习惯。例如 18 个月要更换眼镜，让消费者对蔡司有一个新的认识。希望中国的企业能够在蔡司身上学到经验，对走向世界有一定的启发。

六、品牌传播经典案例

在讲究用户体验与品牌形象人性化的今天，单纯出售产品早已无法满足互联网语境下需求多变的消费者。而面对消费者日益增长的个性化需求及对黑科技的兴趣，蔡司从"服务+技术"出发，推出"我的视觉档案"服务，帮助消费者更轻松地适配到真正贴合需求的光学产品。

(1)"我的视觉档案"在线测试服务

"我的视觉档案"是卡尔蔡司于 2017 年 12 月推出的基于消费者用眼行为习惯与生活方式而建立的在线测试服务。用户只需登陆蔡司官网，即可免费进行这项专业的个性化视力分析服务。

卡尔蔡司：
用创新推动光学事业发展

　　当用户进入官网后，蔡司会根据系统内该用户的基本信息，工作与生活方式，数码生活行为与休闲娱乐爱好等数据，精准分析用户特点与生活习惯，从而清晰地了解其视觉需求。比如：通过年龄、日常使用镜片类型及使用感受，该服务便能为使用者出具框架类型、隐形眼镜选择方面的参考指标。而通过对日常工作与活动类型的分析，还能进一步判断用眼频率。此外，报告中对数码设备的使用偏好的分析，更是让用户有效地了解眼睛在现代生活中所面临的挑战，反思生活状态之余更能匹配到合适的镜片类型。除此以外，驾驶习惯、户外活动频率这些往往容易被忽略的因素，也是造成视力波动的重要原因，"我的视觉档案"中也会一一展现。

　　通过"我的视觉档案"所产生的多维度分析指标，用户可以在前往配眼镜门店前对自身视力状态有一定的了解，从而为适配到真正符合用眼需求的镜片做充分准备。获得报告后，用户还可以通过生成的二维码，在蔡司线下门店里便利地将分析结果完整化地告知配镜师，从而有利于配镜师根据数据进行对比、分析和研究，为用户提出有效的、实用的、简便的配镜措施。

　　蔡司"我的视觉档案"推出之后，以生动简约的互动创意与充满亲和力的友好界面充分激发了使用者的参与意愿，该服务还获得了有设计界"奥斯卡"之称的 2017 年红点设计奖。

　　(2)传播亮点 1：个性化服务+大数据运用

　　"我的视觉档案"的成功与其精准的消费者洞察、个性化服务密切相关，而这两点都是基于其对大数据的融合运用。

　　在过去，人们选择光学镜片往往依据验光设备的标准化数据。但在实际生活中场景却是多变的，工作的习惯姿势、用眼场景的切换、数码设备的使用喜好等都在影响每个人的视力状态。在"我的视觉档案"中，蔡司正是察觉到现代生活中场景因素对消费者使用眼镜的不同影响，创新运用了大数据技术，通过对消费者数据进行整理与分析，洞察不同场景下消费者的个性化需求，并针对不同用户提供专属的场景化视力分析服务，从而充分满足个体的定制需要。

(3)传播亮点 2：最大化地便利设计

"我的视觉档案"中，无论是在报告的展现形式还是在数据使用上，都最大化地从便利消费者的角度来设计。在展现形式上，这份报告采用了一种贴近生活的互动形式，这种生活感能让原本相对艰深晦涩的用眼科学变得平易近人，从而更好地帮助消费者进行阅读，了解自身视力状况。而在数据使用方面，"我的视觉档案"利用二维码打通线上线下数据，可以进一步简化消费者在门店体验过程中调出数据的步骤，从而极大地节约用户的时间成本与精力成本，最终进一步拓展分析报告的附加价值并促进用户体验的提升。

【启示】

蔡司作为一个有上百年历史的老品牌，能保持如此持久的生命力，绝不仅仅是因其在技术上的持续研发与突破。优秀的技术纵然是企业生存立命的基础，但是想让企业获得更具竞争力的优势，更关键的往往是企业之间使命感与行动力的较量。可以发现，无论是产品还是服务，蔡司始终是以"致力于解决人类所有的有关健康和生活的问题"的远大使命为向导，并通过对消费者的洞察与技术创新，推动企业价值的实现与提升。

Dialogue
on
Branding

62

第 62 期

立白：不忘初心，
砥砺前行，引领日化行业发展

Dialogue on Branding ▶▶▶▶▶▶▶▶▶

立白：不忘初心，

砥砺前行，引领日化行业发展

【本期节目概述】

不忘初心，砥砺前行。立白集团专注打造产品品质，提升品牌质量，坚持绿色环保创新的道路，充满激情地引领中国日化品牌的坚实发展。在本期节目中立白集团党委书记、副总裁许晓东做客《淳林话品牌》，分享立白的品牌故事。

一、品牌领袖

许晓东，广州立白企业集团党委书记、副总裁兼首席新闻发言人，从 2002 年开始担任立白集团首席新闻发言人，全面负责集团的新闻传播和管理工作，拥有丰富的品牌传播和公关实战经验。广东省第十次党代会代表，广州市第十一次党代会代表，广州市私营企业协会常务副会长，当选北京

奥运会火炬手。

多年来，作为立白集团的岗位学雷锋标兵和公益领头人，许晓东组织立白集团开展了多项公益献爱心和岗位学雷锋活动，引导青年员工发扬"螺丝钉精神"，在立白集团内形成良好的"学雷锋"氛围。于 2012 年成立关爱留守儿童志愿者服务队，以偏远地区留守儿童为主要人群，组织开展公益关爱活动、倡导社会力量关注。为激发年轻员工参与公益的热情，许晓东还主持策划了包括公益夜跑嘉年华、"一步一爱"等多项符合年轻潮流的活动。许晓东表示，鼓励员工发扬雷锋精神、投身公益事业，不仅能够提升员工对企业的认同度和归属感，也能够提升企业的社会美誉度，使消费者增加对品牌的认可度。在他的带领下，立白集团党委先后获得"全国非公有制企业双强百佳党组织""全国非公有制企业思想政治工作先进单位"等几十项荣誉称号，被中组部选定为十大优秀非公党组织典型向全国宣传推广。他本人则被评为"全国岗位学雷锋标兵""广东省创先争优'南粤先锋'优秀共产党员"、广东省非公优秀共产党员标兵、"广州好人"等荣誉称号，并受到习近平、汪洋、李源潮等党和国家领导人的亲切接见。

许晓东认为，履行企业的社会责任，是企业公民应尽的义务。企业的成功离不开消费者和社会各界的支持。其表示，履行社会责任和企业发展是相辅相成、相得益彰的关系，一个企业只有积极地去履行它的社会责任，才能获得社会的认可，得到消费者的信赖，获得更好的发展。

二、企业简介

liby立白

健康幸福每一家

立白：不忘初心，
砥砺前行，引领日化行业发展

广州立白企业集团有限公司(简称"立白")是国内日化龙头企业，创建于 1994 年，总部位于广州市，主营日化产品，产品范围涵盖织物洗护、餐具洗涤、消杀、家居清洁、空气清新、口腔护理、身体清洁、头发护理、肌肤护理及化妆品九大类几百个品种，营销网络星罗棋布，遍布全国各省(区)、直辖市。

立白近年来保持较快增长速度，全集团年销售收入 100 多亿元，洗涤剂销量全国第一、世界第四，连年荣登"中国私营企业纳税百强"排行榜，先后荣获"中国优秀民营企业""全国守合同重信用企业""中国优秀诚信企业""中国最具市场竞争力品牌""中国工业先锋示范单位""中国绿效企业最佳典范奖""全国质量标杆企业"等各种世界级、国家级荣誉 100 余项。立白集团能有今天的成绩，得益于党和政府改革开放的好政策。立白集团饮水思源、心怀感恩，大力支持党建工作，突出集团党委的政治核心地位，以党建领航、党抓纪检、党带工团、党带妇建、党管武装、党促统战形成了各方协同、和谐共进的新局面。

立白自成立以来一直十分重视科技研发工作，过硬的产品品质赢得了消费者的信赖，强大的自主创新能力撑起了民族日化工业的脊梁。至今，立白拥有四个"中国名牌"产品、两个国家级"高新技术企业"、一个"博士后科研工作站"和一个"院士企业工作站"。此外，立白还广泛开展国际合作，与世界 500 强的德国巴斯夫公司、美国陶氏化学公司、美国杜邦公司等国际知名日化企业建立战略合作伙伴关系，同时与中国日化研究院、中山大学等科研院校进行校企合作，不断提升立白的科技研发水平和自主创新能力，促进产品结构调整、企业转型升级，实现企业科学发展。

三、许晓东分享品牌故事

◎ 立白打造行业领军优势

立白于 1994 年诞生在广州，至今已走过 23 个年头。经过这些年的发展，现在立白已成为中国日化行业的领军企业。立白的洗涤剂销量全国第一、世界第四，这些数据可以验证这一事实。

立白可以说是成功地走进了千家万户，在任何一个家庭中都能够看到，在市场上销售的洗衣粉平均每 4 袋就有一袋是立白的，全国每卖出 2.5 瓶洗洁精就有一瓶是立白的。

在一开始创立立白这个品牌的时候，我们的创始人就非常注重产品的质量。在当时作为一个全新的品牌，立白在市场上没有知名度、没有竞争力，要赢得消费者的青睐唯有靠产品的质量。

但是一个品牌光有产品质量是不够的，还需要注重产品研发、消费者体验等，才能使这个品牌历久弥新。正如我们之前提到的洗洁精，为什么立白的洗洁精能够脱颖而出，是因为我们在洗洁精领域率先进行产品细分、率先进行创新，改善了消费者的用户体验。在 2002 年之前，市面上的洗洁精就叫洗洁精，2002 年我们率先推出了立白生姜洗洁精，对产品进行了细分。我们之所以推出这样一款洗洁精是对消费者进行了考察，抓住了用户需求。中国的人口主要集中在东边，他们喜欢吃海鲜、河鲜，而生姜洗洁精能够有效去除海鲜、河鲜残留的异味，因此一经推出马上成为我们的明星产品。我们的竞争者在此之后纷纷模仿，推出自己品牌的生姜洗洁精。

在立白生姜洗洁精取得成功的基础上，我们又对产品进行了一系列的细分，包括目前市面出现的立白金桔洗洁精、木瓜洗洁精等。我们对洗洁精的产品进行细分，满足不同消费者的消费需求，也为企业带来销售额的迅猛增长。

◎ 立白对市面上的模仿与抄袭的应对之策

市场的模仿与跟进是很正常的现象，大家在此过程中一起把整个市场做大，而立白作为市场的领头人，市场越大获利也就越大。

同时模仿与抄袭鞭策着我们努力创新，当竞争对手在后面紧跟我们的

立白：不忘初心，
砥砺前行，引领日化行业发展

脚步之时，我们也需不断创新走在他们的前面，始终引领市场的发展。能够引领市场的发展的首要因素就是创新，当一个企业占据了一定的市场份额时，要想进一步扩大市场占有率，唯有不断创新。我们在这一方面非常有心得体会，这几年陆续在市场上推出了绿色健康的产品，在国内甚至国际上都是首创的。例如我们的加酶粒子皂即为国际首创解决了酶在固体皂中的技术难题，让我们始终走在行业前列。

◎ 立白的研发创新

立白，在研发领域投入巨大，被国家评为高新技术企业。在研发这一块，我们和世界 500 强中化工原料公司合作，例如德国的巴斯夫、美国的杜邦等，我们也和中国的一些高校达成合作，比如华南理工大学、中山大学。

我们目前有"博士后科研工作站"和中国日化行业第一家"院士专家企业工作站"。经过共同的研发创新，现在立白的研发专利数量是日化行业专利数量排名第二位至第五位的总和的 3 倍以上。同时我们还参与了 17 个国家和一些行业标准的制定，目前正在参与 21 个国家和行业标准的制定，这也说明了立白在整个行业里的领军地位。

◎ 立白实施的品牌策略

之前我们说到，一个品牌如果想历久弥新，除了之前说到的产品质量、产品创新、对消费者的深刻洞察要跟上时代的步伐之外，传播同样也要跟上时代的脚步。在 1997 年我们找陈佩斯拍了两条广告片，瞬间在全国打响了知名度。早期的明星代言是能够很快打响知名度，效果也是显著的，但随着时代的发展，消费者接触到的媒介越来越多，对这一形式的认同感逐渐变得不是那么强烈。这就要求我们跟着时代的改变而改变，我们在对消费者多年的研究中发现，传播手段随着消费者的变化而逐渐丰富，比如我们发现现在的消费者非常喜欢观看综艺节目，于是我们开始冠名这些节目，像《我是歌手》《中国好声音》。

我们在每次投入购买之前，都有第三方机构帮助我们进行分析，比如这个地方的消费者习惯使用什么样的媒体，我们在这个地方就根据消费者的收看习惯进行媒体投放。根据不同的地方采取不同的媒体投放形式，形成组合型的媒体策略。在投放电视剧、电视节目之后，我们会进行投放效果分析，再进一步采取或调整投放策略。

我们在对待出现的危机事件时，认为危机中蕴含了一定的机会，因而要把握尺度并善用这些机会。就拿《我是歌手》中羽凡的口播失误——"立白歌手，我是洗衣液"来讲，我们在这一事故出现之后，在微博中制造了话题，引起大众兴趣来提高立白在年轻消费群体的好感度。立白的心态是比较开放的，这也有利于赢得更多的年轻消费者。

目前中国的日化市场，大部分还是由国外大牌占据，唯独在洗涤领域国内品牌和外资品牌各有两家企业占领半壁江山，其中一家国内企业就是立白，所以我们身上也肩负着振兴民族品牌、振兴中国日化行业的使命。

在1994年进入市场时，我们并没有和外资品牌进行正面竞争，宝洁1988年进入中国市场时的定位是高端市场，中高端市场是国内的品牌在竞争，我们也是其中一员。正如之前所讲，我们一开始除了注重产品质量，对于产品营销也是非常关注的。用了3年的时间，我们的洗衣粉就做到了广东省销量第一。在此之后我们邀请陈佩斯拍了两条广告，目的是为了在全国市场打响知名度，到了2003年我们的洗衣粉就做到了全国前三强。

在这一过程中，市场竞争是非常激烈的。洗衣粉是价值比较低的产品，进入门槛不是特别高，市场上各种品牌互相竞争。当时最典型的策略就是价格战，而我们的企业实力不是很强大，我们面临两个选择——要么跟进要么不跟进，分析发现这两条道路都是死路一条，陷入了两难境地。这时我们的老板做出了一个非常大胆的决定，以品质战来应对价格战，我们反其道而行，不但不降价反而涨价，但重要前提是我们的产品质量要提升，与竞争对手之间形成质量差异。消费者在使用过程中，还是会选择质量好的产品。而这一着险棋，也为立白后面的快速发展奠定了基础。

◎ 立白的多品牌战略

开始的时候，立白的产品比较单一，主要集中在洗涤用品，而立白这两个字也很形象地反映出产品的功效，名字简单易记，因此很容易在消费者心目中建立相关的品牌印象和联想。而当企业做大并希望向洗涤用品以外的日化相关领域拓展业务时，我们就遇到了品牌难题。立白没有推出过立白洗发水，但是推出过立白牙膏，推到市场以后消费者都不认可，为什么呢？因为消费者会觉得在刷牙的时候像在用洗衣粉刷牙一样。

所以我们也意识到了品牌单一带来的局限性，在 2004 年的时候，立白明确了立白的发展战略，即走多品牌专业化的发展战略。在这个战略的指导下，我们在 2005 年年底并购重组了天津蓝天集团，在 2006 年收购了上海高姿化妆品。此外，在 2002 年到 2003 年的时候，立白开始自创品牌，创立了消杀类品牌超威。我们希望通过这种多品牌且专业化的发展向日化行业其他相关领域去拓展，也只有这样才能使立白产品和品牌在市场上得到消费者的认同。

在品牌并购、重组中，我们也经历了一些考验。原有的品牌定位、特点等嫁接过来之后，是否和我们立白的渠道、推广策略相匹配等，都是我们要考虑的。在一两年伊始，嫁接后的企业发展确实是没有那么好，经历了一段时间的磨合，这些收购过来的企业现在也发展得越来越好。

◎ 立白未来的发展策略

国际化发展肯定是立白未来发展的必经之路，但现阶段来讲，立白主要依靠人口消费。中国作为世界上人口最多的国家，依旧有着很大的市场空间。我们提出了"创世界名牌，做百年立白"的愿景，所以走国际化道路是我们的必由之路，只是这样的发展道路我们不可能一蹴而就。我们要做的就是巩固和不断提高在国内市场中的地位，比如在 2016 年 7 月份我们在水立方举办了"立白引领绿色健康"的发布会，推出了一系列的绿色产品。我们作为这个行业的领头人，有责任和义务去带领这个行业朝着绿色健康的方向发展。

我们只有不断满足消费者的需求，才能保证行业的健康发展。比如洗涤用品的原材料是石油后续衍生品，是不可再生的，对环境也会造成一定的污染。我们与世界 500 强化工企业合作，一同进行原材料可再生的开发工作。目前推出的绿色健康产品中 70% 的原材料都是可再生的材料，95% 是可以实现生物降解的。

我们目前的工作是不断引领行业向绿色健康的方向发展，只有企业自身不断做大做强，我们才能在国际化道路上越走越稳。

◎ 立白的社会责任与员工关怀

我们在公司设立了关爱基金，作为员工在"五险一金"之外的第二重保障。当员工遭受重大伤害时，除了医保能够报销 60%，剩余的 40% 可以向员工关爱基金申请报销，大大缓解了员工的经济压力，增加员工对企业的向心力和忠诚度。

我们的生产车间还安装了中央空调，这与我们去实地调研走访发生的一个故事有关。过去我们到洗衣粉的生产车间调研，整个车间中弥漫着洗衣粉颗粒，地上积着一层厚厚的白色洗衣粉，走访一圈出来之后，皮鞋上沾满了洗衣粉，这时我们就有一个朴素的愿望：将来我们建立了自己的工厂，能不能做到皮鞋干干净净地进去，干干净净地出来。于是，在建造番禺生产基地时，我们提出的第一个要求就是环保，不能以牺牲环境为代价来换取企业的发展，同时要让员工处于良好的工作环境中。

现在我们有了 13 个生产基地，每个生产基地的建设都是严格按照我们提出的高要求来践行的。

　　立白非常注重员工素质的培养，立白内部设立的十颗星中爱国星是排在首位的。我们认为有国才有家，国强才能民强。第一，感谢党，没有党出台改革开放的好政策，民营企业就不能够得到发展。第二，感谢政府为我们创造良好稳定的发展环境，使我们能够安心发展、安心创业。基于这两个原因，立白在发展起来之后始终感恩党、感恩国家、回报社会。

四、观众互动：　对话品牌领袖

◎　立白对东南亚市场是否有相应的推广计划？

　　早在 2002 年，立白就取得了进出口权，在国际市场拓展方面主要依靠的是自然销售，例如每年两季的广销会，通过展位接受海外订单。现在成立了海外事业部，对海外市场销售也会加大力度、加快进程。东南亚作为最靠近中国的市场、人口也相对密集，首当其冲地成为我们的重点发展区域。

国家提出了"一带一路"战略，也为我们开拓海外市场提供了契机。2015 年，我们与泰国的正大集团签订了战略协议，借助正大集团完善的销售网络，逐步推广我们的产品，我们也会找一些当地合适的经销商来推广我们的产品。

东南亚市场是立白走向海外市场最重要的一步。

◎ 立白如何与年轻群体对话？

立白已经有 20 多年的发展历史，如何与不断成长的年轻群体对话，是我们目前亟待解决的一个问题。我们不断研究现在年轻群体喜欢什么样的方式，并不断调整自己的传播策略，例如冠名《爸爸去哪儿》《我是歌手》等，在电视连续剧中进行广告插播。我们希望年轻消费群体在观看他们喜欢的内容时，也能接受到我们的产品信息。

五、段淳林教授点评

第一，中国大部分民营企业其实是置身在比较成熟的行业里面的，又面临着国际各大巨头激烈竞争的现状。立白走的是精品战略，注重产品的质量和技术的研发创新，对品牌的核心认知一直没有改变。

第二，在立白的整个发展过程中，从单一品牌到多品牌，品牌战略的发展是非常清晰的。立白本身是从单一的洗涤类产品品牌出发而发展为企业品牌的，当立白拥有了企业品牌的强大背书之后，开始向其他相关领域进行多品牌发展整合。可以说，整个系统的构建是非常清晰的。

第三，不管是民营企业还是国有企业，在中国的大环境里面，都必须与国家战略和国家发展保持一种同步性。任何企业的发展都无法离开国家的大背景，无论是个人、企业还是组织的发展，没有良好的发展氛围，一切都是没有保障的。我觉得立白在这一点上，能够成为民营企业学习的标杆和榜样。

六、品牌传播经典案例

趁着《中国有嘻哈》的热潮涌动，众多品牌也纷纷开始与嘻哈音乐行业进行合作，过了一把叛逆青春的瘾。2017 年 9 月，立白邀请成名已久的嘻哈江湖老大哥欧阳靖与初出茅庐的后起之秀卓卓在"Fake 嘻哈舞台"上来了场忘年"battle"。

在广告片中，欧阳靖和卓卓在立白自动售卖机前投币，无意之中进入了"Greenstyle"。立白绿色健康家为产品打 call，最后二人又在闪着硕大立白 logo 的嘻哈风舞台上对垒，从头至尾，立白的品牌信息都在持续曝光。

有一种生活我必须要给你介绍

就像嘻哈一样叫作 greenstyle

天然的养料畅快呼吸吐纳

用心打造一个绿色健康的家

greenstyle 的生活处处都可以

让屋子充满光合作用的氧气

给每天注入新鲜跳动的活力

别忘了低碳环保照顾整片大地

把嘻哈态度用来做家务

好像一个派对每次你洗你的衣服

盘堆叠在水池边有请立白 DJ

听它号令所有污渍统统 go away

113

我的 real 很锋利但是不会伤害你

就像立白皂粉不烫手只消灭污迹

我的 style 很张扬而且健康

看见食品用洗洁精清洗的苹果

我两眼放光(呀呀)

我的白衣从不添加荧光增白剂

做我自己散发光芒才是真美丽

不管你是赤橙黄还是青蓝绿

可我的 greenstyle 的确没人能够比

你想要飞翔那就装上你的翅膀

想要遨游那么就去寻找海浪

realman 把真实的事放在心上

过 reallife 再把真实的歌曲给演唱

年轻可以 crazy 但总不能 lazy

其他的方式不能比较

跟你一起分享什么是 greenstyle

做家务可以很嘻哈

生活原来很嘻哈

跟我来轻松搞定它

立白绿色健康家

My whole life's a freestyle

I been doin'it for a while

Put my status on hold just to show you my greenstyle

Meanwhile my flows seem to straight steam the microphone

You see the soul of a green and healthy home

Batman spiderman whatever man you are

第62期
立白：不忘初心，
砥砺前行，引领日化行业发展

You're a hero in the making be your own superstar

Put some color in your life like graffiti on the wall

Even when doin' chores make sure you have a ball aww!

脏盘子交给立白

脏衣服交给立白

洗水果交给立白

其他全都交给立白

做家务可以很嘻哈

生活原来很嘻哈

跟我来轻松搞定它

立白绿色健康家

立白利用正流行的嘻哈文化将立白绿色健康家的品牌核心理念用"Greenstyle"来进行演绎表达，从厨具到水果，再到衣物，立白的全系列产品都在营造一个健康自由的家的空间；同时，以嘻哈的流行文化表达方式进行品牌宣传，还能够在一定程度上吸引年轻消费者群体对于品牌的关注，培养品牌市场的新生力量，为实现品牌的年轻化而铺路。

【启示】

对于任何一个拥有悠久历史的老品牌来说，如何与年轻一代沟通，实现品牌的年轻化转型都是必然要思考的问题。而想要打破用户对老品牌形象的"刻板印象"，并贴上"年轻化"的标签，就必须要对年轻一代的需求与生活方式进行精准洞察，并在此基础之上利用创意将品牌对这种需求的满足表达出来。

从这一点来看，立白正是洞察到当下年轻一代对于嘻哈文化的热爱，并以此为切入点，利用一则富有创意的广告片将品牌"Greenstyle"的诉求点融合在内，使消费者在接受"洗脑"旋律的同时一并打破了对立白原有的古板印象，在轻松的氛围之中轻易地实现了促使年轻用户认可立白品牌价值观的目标。

Dialogue on Branding | 63

第 63 期

锐丰科技：

用心筑梦传播中国品牌好声音

Dialogue on Branding ▶▶▶▶▶▶▶▶▶

锐丰科技：
用心筑梦传播中国品牌好声音

【本期节目概述】

作为专业音响领域里最早的自主品牌，锐丰科技完成了包括亚运会、大运会、世锦赛等大型体育赛事的扩音系统工程，这是一个以创意文化为核心的声光电综合服务集成商。锐丰科技自成立以来，一直秉承"用声音响遍中国，以创新发展世界，为中国品牌事业发展而努力"的公司发展理念，致力于专业音响产品的研发、设计、生产、销售及相关服务，继续刷新业界传奇，着力传播"中国品牌好声音"。锐丰科技总经理凌子斌做客本期《淳林话品牌》，分享锐丰融合科技和艺术、实现品牌跨越式发展的品牌故事。

一、品牌领袖

凌子斌，2012 年 4 月至今，担任广州市锐丰音响科技股份有限公司董事、总经理。

1994 年 3 月至 1999 年 6 月，担任广东发展银行番禺易发支行行长。

1999 年，下海锻炼，进入锐丰创办工程公司。2002 年，开始自主创业，成立广州歌玛器材有限公司，转行从事灯光市场的运作，以电视台、剧院为主打市场。

其从金融、工程、营销到国外品牌代理，具有丰富的从业经验，凭借对灯光音响市场的敏锐触觉，以及对国际市场行情与动态的深入了解，推动行业的整体发展与壮大。怀着对行业的热爱，他于 2012 年重回锐丰，并将国外的先进经营模式与技术等优势资源带给锐丰，同时将声、光、电紧密结合，关注企业内科研成果的研发与转化，推动企业在剧院、广电与文化市场等领域的发展的同时，也为行业的创新与进步作出了巨大贡献。

二、企业简介

广州市锐丰音响科技股份有限公司成立于 2010 年，其前身是广州市锐丰灯光音响器材有限公司。自成立以来一直秉承"用声音响遍中国，以创新发展世界，为中国品牌事业发展而努力"的公司发展理念，致力于专业音响产品的研发、设计、生产、销售及相关服务。目前，锐丰科技已是集研发、制造、销售、工程、创意为一体的全产业链的集团化企业，并控股八家子公司。

凭借优质的整体解决方案和丰富的大型项目运作经验，锐丰不但参与了多个省(市)运动会，包括 2001 年以来的连续三届全运会及 2008 年奥运会的扩声系统服务，还先后成为 2010 年广州亚运会扩声系统产品及服务独家供应商、2011 年深圳世界大学生运动会扩声系统独家运营商、2012 年亚洲沙滩运动会扩声系统独家供应商、2013 年天津东亚运动会扩声系统独家供应商、2014 年南京青年奥林匹克运动会演艺扩声系统独家供应商和 2014 年亚太经济合作组织 APEC 文艺晚会扩声供应商。2015 年，锐丰先后承办了广东省第十四届运动会开闭幕式创意策划执行及主场地"一场三馆"扩声系统工程、第十届全国少数民族运动会主场地鄂尔多斯奥体中心体育场的扩声系统工程、世界田径锦标赛主场地"鸟巢"扩声系统维护改造工程，以及第一届全国青年运动会主场地福州海峡奥体中心"一场三馆"扩声系统工程，在全国各地体育场馆吹响体育赛事的号角。2017 年，锐丰中标成为 2017—2021 年广州国际灯光节的承办方，于未来 5 年继续承办广州国际灯光节。其大力进军文化创意领域，已成功完成珠江红船及船说粤剧文化传承项目、梦田·沙湾光影秀和鼎湖山音乐节等文化创意项目。

未来，锐丰作为以创意文化为核心的声光电综合服务集成商，着力提高整体解决方案服务水平，向各个业务领域进行深度拓展。

三、凌子斌讲述品牌故事

◎ 锐丰企业的诞生

锐丰科技成立于 1993 年，当时董事长年仅 20 岁，而锐丰是从当年的国际品牌代理商一路走到了今天。1995 年，锐丰在美国参加全球代理商大会，美国厂家认为当时锐丰提交的方案没有价值。因此，董事长在离开美国的时候，就做出大胆的决定，立下要创办中国自主品牌的决心。当时他看着洛杉矶机场外面挂着的"LAX"牌子，心想有一天他也要让锐丰的牌子发扬光大，重回美国，在美国的大街上挂满自己的自主品牌的广告。

◎ 锐丰企业的历史发展节点

对于锐丰的民族品牌发展历程来说，奥运会是一个里程碑式的项目。锐丰在 2006 年的时候参与了奥运会项目的投标，其实 2001 年北京申奥成功的时候锐丰就开始布局参与所有运动会的场馆建设。在 2001 年广州九运会举办时，我们就承接了一些体育馆的项目，比如广州体育馆和天河体育场的建设，让锐丰从批发商正式成长为一个工程商。得知北京申奥成功之后，锐丰开始在北京成立"北京锐丰公司"，也开始部署一些国家项目建设，比如故宫、高等法院、中南海里面的会议厅等政府项目。也是从那个时候开始，公司把"百年奥运梦"定为公司发展过程中的一个目标，这所有的工作部署就是为了准备奥运会鸟巢体育场的建设项目，可谓"十年磨一剑"。最终，锐丰中标北京奥运会鸟巢项目，也是唯一一家代表中国民族品牌与七家进口品牌进行竞争的企业。锐丰能在众多竞争对手当中脱颖而出，这当中也包含了很多故事。

◎ 锐丰企业的发展战略

锐丰的每一步战略都是有所成效的，同时，我们也要考虑保持品牌长青，锐丰希望能够参与每一年的国家与国际大型活动，持续锻炼自身团队能力。像 APEC 在北京鸟巢体育场户外广场举行的活动，要求和难度都很高，锐丰参与整体设计的模块，在这个过程当中出色地完成了任务。

◎ 锐丰的品牌传播策略

"广州灯光节"是锐丰在整体品牌传播战略当中的一个主要布局。当时很多人疑惑为什么一个做音响的公司会做灯光节，并且灯光节是全国首创的由政府主办、企业承办的活动模式，该模式不再是政府承担所有费用，而是企业在投入一定数量金额的基准上要自求平衡，这也慢慢锻炼了锐丰的运营能力。在运营过程中，我们很注重企业品牌的整体形象塑造和传播。

各类新闻媒体参与灯光节的报道，形成沉浸式的营销模式，能够高密度地在一个月内吸引几十万人共同参与，这给了锐丰作为企业与人民群众进行互动、激发创意想法的机会。"广州灯光节"已经是国际三大灯光节之一，另外两个分别是法国里昂和澳洲悉尼歌剧院。在广州市政府的大力支持下，灯光节每年 11 月会在"城市客厅"花城广场举办。

◎ 锐丰品牌构建所遇到的挑战

　　锐丰在参与"一带一路"的过程中遭遇了很多挑战。在参加哈萨克斯坦的世博会过程中，企业遇到的挑战是对当地法律的理解、与当地政府的沟通上的问题。作为民营企业，锐丰还缺乏对公共资源的掌握。政府应该作为牵头人将民营企业有机地组成在一起，辅助企业共同实现"一带一路"倡议的落地。目前，锐丰有幸参与哈萨克斯坦的阿拉木图歌剧院设计，这也是一个具有代表性的项目，锐丰作为民族品牌为歌剧院设计声光系统，获得了不错的效果。

◎ 锐丰将技术与艺术完美结合

　　在和外国的品牌厂家进行交流的时候，我们发现任何一个大的品牌厂家的创始人都必须具备艺术和技术两个特点，才能创造出有个性的声音。对于声音，每个人的感受都会不同，而每个风格都有自己的粉丝，外国的品牌通过多年的沉淀，已经形成自有粉丝。锐丰在形成民族品牌的过程中还未做到充分沉淀，原因就在于我们的教育，尤其是家庭教育。在改革开放的 40 多年间，中国经历了从农耕社会到商业社会，再到现在的市场经济，像我这一代人的爷爷辈基本上是农民，他们的家庭教育缺乏高雅艺术的熏陶，这与欧洲、美国不一样。现在很多欧洲的工程师，其家庭可能已经有很好的条件，懂得培养孩子从小就接触音乐、乐器的文化，因此他们成长之后对艺术自然有自己的理解。一些中国的产品推到国际市场上，工艺自然是无可挑剔的，但还是缺乏艺术的体现。

为了培养艺术与技术兼备的人才，锐丰与中国戏曲学院进行合作。我们在早期意识到中国教育与外国教育存在不同的时候，就已经与中国戏曲学院结缘，邀请他们前往意大利的艺术院校和英国皇家艺术学院进行交流学习，希望可以碰撞出新的教育理念。我在参与过程中，深深体会到国内与国外的教育理念是存在比较大的区别的。中国对声光系统工程师的教育基本上是进入大学后教授相关的技术。但在英国、意大利等地，他们对灯光工程师的培训模式是先学习舞蹈、行为艺术表演、导演、剧场管理等课程，工程师才能够从演员、导演的角度理解如何呈现更美好的灯光效果，增强与舞者情感的互动。因此，我们加强对国内工程师的艺术培养，在公司内成立了"艺术培训基地"，锐丰负责培训技术，中国戏曲学院负责培养艺术。

◎ 锐丰企业发展的战略布局

我们从 1995 年开始做"LAX"这个品牌之后，2010 年锐丰股份公司成立了"锐丰科技公司"，现在我们还成立了"锐丰文化公司"，做文化产业的项目。企业品牌的建设其实就是希望锐丰能够从一个传统制造业的厂家慢慢往上游，这是我们的一个战略。目前"LAX"是锐丰的核心品牌，也开始实施多品牌发展战略，锐丰现在有"KS"品牌、"RF"品牌，都是在细分领域内做专业产品的品牌。比如"LAX"慢慢定位为体育场馆声光系统，无论是整个品牌设计、宣传以及客户群体建设都是往这方面去引导，专注于细分市场。"KS"品牌是与德国深度合作，为锐丰提供技术研发，锐丰进行销售网络建设，这个品牌深耕高端剧院建设、录音棚和对音质要求很高的场所的领域。"RF"品牌是锐丰的缩写，是我们新成立的品牌，它专注于智能领域，每一个品牌都有其故事和背景。

锐丰科技:
用心筑梦传播中国品牌好声音

◎ 锐丰企业的愿景

　　从长远规划的角度, 锐丰有一个愿景, 就是"让世界听到我们的声音"。
这里包含两点: 一个是"世界", 另一个是"声音"。锐丰的企业价值观是八
个字: "创新、成长、共赢、感恩"。我们还在创新的成长过程中, 如何把
企业的规划、战略做好, 是企业长期发展的部署规划。20 年对于一个品牌
来说, 只是历史里面很短的时间, 希望下一代有更多的锐丰人实现企业愿
景。我们是全产业链的企业品牌, 从研发生产、销售工程到现在文创, 锐
丰希望能够通过市场导向、应用技术推动我们的研发技术创新, 因此各个
领域中应用技术的提升才能拉动品牌发展。锐丰将长期发展战略中的品牌
细分、内在价值观与效益等连接在一起, 让用户在使用过程中形成更好的
口碑传播。

四、观众互动： 对话品牌领袖

◎ 锐丰在中国发展得非常好，未来在捷克会有项目吗？

锐丰在欧洲也在进行战略部署，除了技术合作之外，艺术方面也有涉猎，与各大欧洲艺术院团进行交流合作。捷克是音乐之都，我们也会参与当地的活动，比如在布拉格有舞美论坛的展览，当然后续希望可以有机会参与捷克的项目。

◎ 锐丰在哈萨克斯坦有项目吗？能否介绍一下？

有的，哈萨克斯坦是习近平主席上任后出访的第一个国家，我们对政府的政策也是密切关心的。哈萨克斯坦是"一带一路"经济带中离中国最近的国家，我们也进行过许多市场调研，了解到当地有许多建设项目，我们也和中国土建总承包公司合作，进行阿拉木图歌剧院项目的总包建设。锐丰作为音频类的分包商，做出来的效果非常棒，也得到了很多当地人的认可，他们认为锐丰的产品效果可媲美欧洲品牌的效果。

第二个项目是三年前，锐丰想参与阿斯塔纳世博会的项目竞标。项目的前期洽谈是比较顺利的，当地主委会也邀请我们在那边成立公司，但在落地执行过程中，他们传了一份很厚的俄语版本的法律合同过来，我们在广州找遍所有的律师行都没有懂俄语的律师，这个合同落地起来可能会面临很多困难，因此就没有进行下去，其实这一点也十分遗憾。

五、段淳林教授点评

锐丰在 20 多年的发展里面，已经成为一个非常好的制造业品牌，在匠心、工艺、传承、研发、生产以及整个工程项目的落地方面，都达到了高品质的要求。我一直强调，中国品牌的发展其实不在于消费品，而在于未来更长一段时间内中国制造业品牌的崛起。

第二点就是产业升级的方向和路径相当清晰。整个锐丰的发展实际上是从制造业品牌上升到文化创意产业品牌的层面，甚至包括从研发、生产、工程、文化创意到用户需求的全产业链发展。从这个发展里面可以看到文化创意产业对锐丰从中国制造升级到中国创造的价值点。

第三点就是人才培养。锐丰和中国戏曲学院的合作可以看作是艺术和技术的整合。未来企业的需求就是要培养复合型的人才，不仅是专业领域的深耕，更是大跨度的学习。

第四点就是观念的转型。应用技术的领域用市场导向思维转向到技术研发上，由市场需求什么样的产品来决定进行什么样的研发生产。以往的经营方式是以企业为主的、由内向外的，现在要以市场、用户需求为导向，由外到内形成研发闭环。这一点也给了我们非常深刻的启示。

六、品牌传播经典案例

广州国际灯光节与法国灯光节、悉尼灯光节并列为世界三大灯光节，在每年年底举办，该节目采用"政府搭台、企业唱戏"的市场化模式，通过整合现有市场资源、引导企业参与，走市场化道路来举办年度公共文化盛事。2017 年 8 月 17 日，锐丰中标成为 2017—2021 年广州国际灯光节的承办方，于未来 5 年继续承办广州国际灯光节。而从 2017 年 10 月 27 日持续到 11 月 19 日的灯光节，则是锐丰承办的第一届灯光节。

第七届灯光节主会场花城广场共设置近 30 组创意灯光艺术作品，并以"城市互联"为主题串联了花城广场南北区域、海心沙亚运公园区域及广州塔区域的灯光作品；因展期恰逢世界城市日、《财富》全球论坛、国际时尚周以及广州首届国际设计论坛等大型活动，因此，作为灯光节承办企业的锐丰得到了高程度的品牌曝光和露出，成为广州的一张亮眼的名片。

以此为契机，锐丰还主办了国际灯光文化论坛，而在闭幕当天举办的2018年广州国际灯光节主题研讨会更是吸引了来自全球各地的灯光设计师、艺术家、灯光节代表、企业代表参与，除共同研讨2018年广州国际灯光节的创意主题外，锐丰还向全球发布2018年广州国际灯光节灯光作品征集计划，更携手法国Danny Rose灯光艺术工作室共同宣布"国际灯光人才培养计划"，为来自全世界的灯光艺术家提供艺术展示平台和商业合作模式。

【启示】

以广州国际灯光节为载体，将创意与自身的先进技术相结合，锐丰凭借一系列的营销动作逐渐从科技制造品牌转型升级成为文化创意产业品牌，不仅实现了品牌综合影响力的提升，还开拓了在国际上的知名度和美誉度，可谓收获颇丰。

Dialogue on Branding | 64

第 64 期

思哲设计：
用有思想的设计点亮东方

Dialogue on Branding ▶▶▶▶▶▶▶▶▶

【本期节目概述】

　　作为室内设计、景观设计、建筑及规划改造设计的综合品牌，思哲设计院设计项目类型涵盖酒店宾馆、餐饮娱乐、商业展示、商务办公、楼盘华宅、影视演艺等多个领域，设计工作涉足我国 29 个省、自治区、直辖市及特区，作品遍布 60 多个城市，并开辟了境外业务。20 多年来，"思哲人"秉持"思有道、哲无界，做有思想的设计"这一理念，因睿思而成哲者，坚持高水准的设计原则，建设更美好的城市生活，传承中华民族优秀传统文化。广东思哲设计有限公司的董事长兼总设计师罗思敏做客本期《淳林话品牌》，分享思哲的品牌故事。

一、品牌领袖

　　罗思敏，瑞士伯尔尼应用科技大学建筑与可持续发展硕士，高级环境艺术设计师。现任广东思哲设计有限公司的董事长兼总设计师、澳洲 SEER

DESIGN（AUSTRALIA）PTY LTD 董事、IDA 国际室内装饰设计协会华南区常务理事等职务。他曾获"中国室内设计卓越成就奖"，以及"中国室内设计二十年优秀设计师""广东省环境艺术设计行业协会杰出贡献者"等称号。其从1983 年开始从事室内设计行业，1988 年 3 月创办中国第一间民营室内设计事务所——"思哲设计"。20 多年来他率领"思哲设计"的设计精英，在国内外创造了数百件设计作品。他还十分重视对新人的培养，其弟子更是纵横于设计行业的领域中，其中不乏佼佼者，为推动行业发展不遗余力。

在设计风格上，罗思敏倡导"新东方主义"，提倡"岭南风格"，其中汕头广州酒家、荔湾唐荔苑、常州"淹城旺角渔村"等被各家专业杂志刊登并获好评。其不懈的努力和积极进取精神，使他与他创办的思哲设计院，作为室内设计、景观设计、建筑及规划改造设计的综合品牌在业内有较高的影响力。思哲设计院所出的《城市文化复兴》一书收录了设计院所做的城市改造的案例，对城市文化复兴的队伍建设影响深远。

二、企业简介

广州市思哲设计有限公司是广州市最大型的私营室内设计企业之一，其建筑装饰专项工程设计为甲级。其设计项目类型涵盖酒店宾馆、餐饮娱乐、商业展示、商务办公、楼盘华宅、影视演艺等多个领域，设计工作涉足我国 29 个省、自治区、直辖市及特区，作品遍布 60 多个城市，并开辟了境外业务。同时，思哲设计院在旧建筑物改造和城市环境园林美化工作中也写下了辉煌的一页。

1988 年 3 月 5 日，思哲设计院作为中国第一个私营专业室内设计机构正式成立。同年 10 月，思哲加入广东省建筑装饰集团公司，成立了广东省建筑装饰集团公司——思哲室内设计事务所。1992 年 8 月 3 日，公司注册为中国首家私营专业室内设计公司，后又成为广州首家直接为员工办理技术职称、获批招收大学本科毕业生并入籍广州市户口、成功注册品牌商标、成功申办设计专业资质的私营企业和拥有建筑装饰工程设计专项甲级的私营专业设计企业。2007 年 2 月，思哲作为广东省环境艺术行业协会的发起单位之一，任副会长单位。2010 年，思哲是广州亚运城市主干道建筑立面装饰项目中市建委推荐的九家设计单位中的唯一民营设计公司，其参与完成了荔枝湾、小洲村、中山七八路等 50 多个迎亚运改造项目。2011 年 9 月，思哲成为广东省首家研究生培训基地的民营设计企业，参与联合培养广州大学艺术硕士。2012 年，公司更名广州思哲设计院有限公司，并获得质量管理 ISO9001：2008（GB/T19001—2008）认证。2016 年，公司荣获 IEED 国际生态设计联盟颁发的"2016 年度十大最具商业竞争力设计机构"荣誉。2017 年，获得由广东省建筑业协会广州市建筑装饰行业协会颁发的"广东省最具影响力机构"奖。2019 年，公司正式更名为广东思哲设计院有限公司。

20 多年来，思哲人秉持"思有道、哲无界，做有思想的设计"这一理念，因睿思而成哲者，坚持高水准的设计原则，建设更美好的城市生活，传承中华民族优秀传统文化。

三、罗思敏分享品牌故事

◎ 思哲设计院的诞生及名字的由来

我在 1983 的时候就开始从事设计行业，中间经历了一些起落，有段时间恰好处于低潮，我打工的那家香港公司决定裁撤，于是一大批员工被剩下。为了解决生活问题，我们就集结起来，和社会上几个志同道合的朋友一起，于 1988 年 3 月 5 日那天开始创办"思哲"这个品牌。

说到"思哲"这个名字的由来，其实是个略显幽默的故事。因为我小时候的名字是罗思哲，但是由于我家里生了三个男孩，我妈妈就说三个男孩之中要有一个人做家务，于是就把第一个儿子，也就是我的名字改叫为女孩子的名字"罗思敏"，因此我不太服气，后来到我正式拥有话语权时，我就把"思哲"这个名字用作公司的名字。

◎ 思哲的设计理念

首先"思想"这个词大家都懂，但是思想分很多种，有"道"的思想就可能不为人所理解。有"道"我认为可以这么理解：第一是社会责任感；第二是有道义；第三是有传承。至于"哲无界"，"哲"是个方法论，"无界"就是各种方法都可以利用，为了达到我们有社会责任感、有历史文化传承的设计目的，我们就可以利用各种招数，所以我们的设计风格可以多样化，不一定要"千篇一律"。"有思想的设计"可以这样解释：有些人有思想，有些人就不那么有思想，比如有些人就是简单地复制，全盘抄袭，一模一样，无任何修改，甚至把各方面都不符合使用要求的设计全都照搬过来，那这就不叫创意了。

◎ 思哲的设计原则

举个例子，北欧的房顶是尖形的，尖形房顶有两个好处：一是下雪的时候屋顶两侧能够排雪下来；二是能够吸收更多的阳光，使室内更温暖。但如果把这种设计风格搬到岭南地区，屋顶暴晒就会导致室内高温，所以设计不能是简单的照搬。

第 64 期
思哲设计：
用有思想的设计点亮东方

◎ **思哲的企业纲领**

　　我们正式提出"思有道、哲无界，做有思想的设计"这句话是在思哲 25 周年庆的时候，此后思哲正式把这句话作为企业宗旨。之前思哲提出了很多想法，如"新东方文化""岭南文化"等，到了公司成立 25 周年时，思哲已经有了些许沉淀，所以我们觉得要做"有思想的设计"。思想也有很多种，只要它是进步的、是正能量的都可以用。而且并不是所有的建筑都适用于岭南文化设计，思哲还要做其他地域和国外的设计，所以"岭南文化"只是我们思想的一个开端，通过对这种思想的阐释我们可以研究徽派建筑、东北建筑等其他地域的设计思想，并且还可以理解其他国外文化的设计思想，我们从岭南文化里面发掘的一些建筑元素、生活方式等，都可以去创造更多的风格，与其他地方相适应。

◎ **思哲发展的侧重点**

　　思哲侧重两方面的设计。一方面是城市改造设计，或者叫城市设计。注重这一点是因为，这是建筑设计院不太愿意做、室内设计公司又不会做的东西，而社会确实很需要此方面的设计。一个城市的建筑、景观、园林等混搭起来变成一个综合体，在规划师规划完后，提供"让每一块土地都变成一个精品"的落地解决方式。所以思哲做的是对社会有益的事情。另一方面是室内设计，思哲一开始就是做室内设计的，后来才涉及其他领域，这是我们的根本，所以不能忘掉。

◎ **思哲如何服务于客户**

　　这就要回到思哲的"思有道"或者"岭南文化"的思想上去，因为"岭南文化"里有一个很重要的特点就是包容和开放，即中西交融、兼收并蓄。我们在做设计的时候也是这么理解的：首先，思哲先满足客户想要的东西；其次，在客户需求的基础上加入我们自己的东西，加入的核心点是在此前的基础上进行提升，我们做的比客户想要的更好，让他们更满意。

为了让客户对思哲感到满意，我们把自己当作一个服务人员，是服务于客户的，我们知道客户需要什么之后，提供好的服务是我们的使命，这种服务是带有文化性和艺术性的，做出来的设计要让顾客感到惊喜，我们是从这个角度来满足客户需求的。

另外，思哲在设计住房时也特别注意寓意。举个例子，我们家也收藏了许多古董，但我太太是绝对不会允许我把古董摆在睡房里的，偶有外国设计师在设计时把一幅清朝的山水画摆放在卧室里，这在我们中国是绝对不允许的。

◎ 思哲将环境科学与建筑相结合

我曾经在瑞士读过一年书，学习可持续建筑的知识，课程里面有很多跟我们中国传统的风水知识是相同的，比如，为什么房屋的设计要朝南向北，朝南是因为南风较温暖，北风较寒冷。如果房屋后面有座山，北风吹来时因被山遮挡，家里就相对温暖一点，冬天容易度过。如果常吹热风，房子前面最好有个水塘或湿地，风经过水塘、湿地，一过水就凉了，所以房子背山面水是有道理的。但还是有很多细节的说法，各有各的原因，基本的知识我们应该知道。

其实新一代设计师比我们幸福。第一是因为我们这一代设计师大部分没学习过专门的设计课程，我们从零基础开始，而新一代设计师有基础，有很多的机会，所以我们比他们更难；第二是当时我们是首批去领牌照的室内设计公司，工商局没有专门的牌照给我们，只能给你冠一个别的名，比如广告设计、装修设计等。所以我们当时面临着两方面的困境：一方面行业发展不成熟；另一方面专业设计的教育基础差。而现在的学生有很多的机会去学习，装修、园林的市场还很大，所以我觉得这一代的毕业生如果愿意从事这一行业的话，还是比较容易找到自己的位置的。

思哲设计：
用有思想的设计点亮东方

◎ 思哲的"新东方主义"设计理念

什么叫"新东方"？我是这么理解的：首先，东方不一定指中国，日本、泰国、南亚地区也是东方，东方的风格肯定跟西方不一样；其次，为什么叫"新"？以前的床大多是摆在角落里，现在的床多是两边开放的，以前没有卫生间、落地玻璃，现在有了，如果我们还用旧的方法来设计就是不合理的，所以我们要用新的。其实"新东方"跨界很大，大家都在做，我为什么要偏向于岭南风格呢？因为我生长在岭南，相比于其他风格，我更擅长岭南风格。而且我的客户大多是居住在广州附近，我用岭南风格帮他们做设计，他们也能接受，也适合广州这个地域。但是思哲如果用西北文化来帮客户做设计的话，他们就会不喜欢，各地的地域文化不一样，广州这里要的是遮阳、通风，别处需要的可能是保温、取暖，有很多难以协调的地方。我觉得使用"新东方"这个理念，用岭南风格来体现细节，是我很多设计里面用到的，但并一定是全部，因为社会是多元化的社会，还有很多东西值得我们去研究。

在细节中体现"新东方"理念。我举个例子，比如床，以前中国的床就是靠在墙边的，有框，有蚊帐，人从一边爬进去，现在的床则是两边开放的，蚊帐的搭建风格就不同了，但还是可以搭建得很有东方味儿。

思哲是多元化的，有各种风格，公司不只我一个设计师，主笔设计有三四个人以上，算上其他的设计师，公司有 200 多人的团队，不同的设计师也有不同的设计手法，每个人都做自己比较擅长的东西。我年龄稍大一点，新鲜的、时尚的设计懂得可能就少一点，做的多是比较精细化、有地域文化特点、有浓郁岭南文化色彩的设计。

◎ 思哲将自然和建筑相融合

以前的岭南建筑多有一个大的露台，因为天气热，人们都是在室外吃饭，所以房子一定要带有院子。让室外有室内的感觉是必需的，我们会做一个天井，天井里种上一些盆景，而且室内也要有室外的感觉。我们抓住了这两点，就把吃饭的位置变成一个大木头而不是一个大桌子，旁边放置一个鸟笼，人们吃饭时就能听到鸟鸣的声音。所以室内设计得像室外，室外像室内，跟自然完美地融合在了一起。

◎ 思哲将科技与建筑相融合

现在的房屋设计肯定跟过去不同，但是有一些优秀的传统设计方法还是可以用在现代建筑里，比如岭南建筑有几个特点：第一是天井，传统建筑中很常用的天井，现在很多建筑都是中间做一个中空，两边是通风的，可以做一个拔风井，把里面的空气往上提，变成一个排风系统；第二，以前房子之间很窄，我们做了一个冷巷，它有瓦顶，两边斜着，风容易进去，雨水不容易进去，风吹进去再出来就变得很清凉了，使室内变得凉爽。

我在瑞士读可持续发展建筑的课程时，我的老师在汶川做了一个案例：先在操场上铺上弯弯曲曲的管道，有一个风口是对着外面的，里面的那节是接在建筑的几个点上，这就是一条冷巷，第一它很长，第二它很窄，第三它是埋在地下的，上面种草，太阳晒不到。风从外面进去就迅速凉了下来，里面比外面至少清凉5度，就类似空调。这都来源于中国建筑的一些理念，是岭南建筑历史上有过的设计。

◎ 思哲的传播方式与理念

提到品牌，我们认为要让自己的公司出名，要有标志性项目，所以只要是广州标志性的项目，思哲都想办法去参与。比如要造第一条步行街——上下九步行街，思哲努力去参与，尽管项目方说设计费非常低，低到最后我们分摊起来一栋楼的设计费只有1200元，但我们亏本都得做，因为这是广州第一个标志性建筑；做荔枝湾设计的时候，我们也是一定要参与，从开始策划到完成设计，总包的单位省规划院觉得亏待了我们公司，拿出100万元奖励给我们；亚运场馆项目也是如此，我们做室内设计的，做完没人知道是谁做的，但是不管怎样我们也要参与，因为你只有对这个社会有所贡献，你做出的东西能在这个社会引起一定的反响，人家才认同你，只要把每一件事情都做得精彩，大家就会知道了你的存在，品牌也就有了它的魅力。

◎ 思哲的未来愿景

　　我希望把这个公司继续传承下去，尽管我可能年纪大了、做不动了，但是我还有其他员工，有其他团队，公司已经慢慢地在培养接班人了，下一代接班人有股份了，成为董事了，我们会改革，实行总经理制。但思哲不会上市，因为我们不想走经济和金融这条路，不想受资本的控制，还是想认真做事。人一辈子都在追求拥有很多财富，而我不需要很多财富也能活得很好，所以做好这件事就行了，要知足。

四、观众互动： 对话品牌领袖

◎ 岭南建筑和徽派建筑的区别是什么？

　　徽派建筑在中国是一种很有水平的建筑风格，而且名声很好，确实做得很不错，在历史文化中有一个很重要的位置，但它跟岭南建筑是不同的。第一，徽派建筑很好看，小桥流水、白墙黑瓦，设计时想得更多的是如何吸收更多的阳光。而岭南建筑很多都带给人"裹"起来的感觉，因为我们这里太热了。第二，徽派建筑很多是复杂的木式建筑，相对来说，地方也干燥，就比较容易着火，所以徽派建筑的马头墙实际上是防火墙。岭南建筑正好相反，由于地域内多雨多水，所以泄水很重要，建筑的顶部模仿芭蕉叶做成圆形，设计成虎耳状，两边是斜坡，泄水比较方便，而且建筑一般不是连排的，所以不需要马头墙。第三，岭南这边雨水多，所以特别容易长青苔，如果是白墙很快就会黑掉，所以岭南建筑很多是青砖墙；徽派建筑地区相对比较干燥，但又没有北方那么严重，所以它是中庸的，下半截是石头，上半截是白墙。可以说，各个地方有各个地方的特点。

◎ 在学校学习设计专业和实际工作有什么不同？作为设计专业的
　学生应该怎样提升自己才能应对以后的工作？

　　第一，学校的室内设计专业大部分被理解成文科，在文科里面又是偏艺术类的，事实上到了社会，学生往往并不缺艺术，但是缺技术，因为设计落地时会面临很多问题。第二，学生的心态问题，因为每一个建筑项目的设计都有一个比较长的周期，一个项目可能要做一年，三年过去可能也只能做三个项目，可能只是设计了两个宾馆、一个餐厅而已，但是博物馆、体育馆、豪宅等设计项目都没接触过，所以学生可能至少要花五六年的时间才能把这些项目全都过手一遍，还不一定能成为一个高手。所以从心态上要学会接受，如果沉不下心，那就不容易有成绩。第三，跟客户的沟通问题，我们跟客户共同成长，一件事没有完全的对错，大家都是通过沟通共同成长，要跟客户耐心地沟通，要做一个有水平、没脾气的设计师。总体来说，对于学生来说，一是培养一两种爱好，要跟客户有共同的沟通话题；二是多看书、多走走，见识多了，设计想法跟客户的需求就能吻合了。

五、段淳林教授点评

思哲的三个核心理念：

第一是睿思。思哲设计一直坚持睿智的、有思想的设计。

第二是匠心。"新东方主义"包括岭南文化，以及岭南文化和世界文化的融合，或者东方文化和西方文化的融合，在设计里面体现得更加的明晰。在"道"方面，思哲特别强调社会责任，强调从价值观、从对社会的贡献和责任这个层面上去做一些标志性项目。

第三是品牌的综合性。一般提到设计公司或者设计院，我们都觉得它要么是室内设计公司，要么是纯设计的公司，很少像思哲设计这样从园林设计到建筑设计整体地去做。思哲设计过的上千个作品里面，有室内设计，有政府项目，还包括电影院，甚至还有一些商场的设计，它是一个一体化的综合性的品牌。为什么思哲设计能成为行业的知名品牌，而且是综合性的知名品牌？这一点值得我们思考和学习。

六、品牌传播经典案例

思哲项目之恩平唐德影城：用设计讲述一个关于电影的故事

"唐德影视"是一家已经成立了 10 多年的内地影视公司，以电视剧制作起家，发展至今在电视剧、电影、综艺节目以及 IP 储备等各个领域全面开花，缔造出属于自己的影视王国，该公司近年又投资建设了自主品牌项目唐德影城。

唐德影城与思哲设计强强联手，在恩平这个著名的"中国温泉之乡"打造了一个"用设计讲述电影故事"的舒适观影空间。

在此次设计中，"思哲人"以电影的表现手法为主题，将"光影"与"虚实"的电影表现手法融入本次影城设计项目。

在影城里处处可见清新的软木墙体装饰，在柔和灯光的影射下仿佛置身于森林一般，设计师通过灯光与装饰线条的结合表达了"都市森林里，故事每一刻都在发生着"的意境。

电影来源于生活，而生活中的每一个故事都在都市森林里发生着，这里期待着你的故事发生。

而另一边的金属面凹凸装饰墙体，如电影镜头反映下的虚实片段一般，通过灯光反射到金属面板上，看上去又像由电影胶卷的每一格堆砌而成。设计师通过"虚实"的装饰手法，希望每一个观影者都能够放下生活的压力，更好地融入电影的虚拟世界，更好地享受观影时刻。

在本案的设计中，思哲秉承"思有道、哲无界，做有思想的设计"这一设计理念，用创新的设计视觉与概念进行本次设计，将电影的表达手法融入现实的设计，让客人进入电影院时，就仿佛在品味一部电影一样，思哲通过独特的设计来讲述电影的故事，希望每一个观影者进入电影院后都可以放松心情，感受到电影的魅力，并在这里感受自己的故事。

【启示】

在这个项目中，思哲一方面延续了自己一直坚持的睿智的、有思想的设计风格；另一方面借助创新的设计手段，打造了一个奇幻的光影王国。这一标志性建筑的完成不仅扩大了思哲在行业内的影响力，也在一定程度上通过吸引普通游客的注意提升了品牌的社会知名度。

Dialogue on Branding

65

第 65 期

香雪制药：

创新打造数字化中药黄金时代

Dialogue on Branding ▶▶▶▶▶▶▶▶▶▶

第 65 期
香雪制药：
创新打造数字化中药黄金时代

【本期节目概述】

香雪制药在 40 多年的发展中秉承"厚生、臻善、维新"的企业理念，坚持以"质量第一"和"用户满意"为经营宗旨，追求卓越，不断创新。在品质、技术、研发、品牌和规模等多方面成长为行业领先者，以优质产品服务于人类，促进人类健康事业发展，为推动中药数字化黄金时代发展而不懈奋斗。香雪制药董事长王永辉做客本期《淳林话品牌》，分享香雪制药发展中的品牌故事。

一、品牌领袖

王永辉，男，工商管理硕士，广州市香雪制药股份有限公司董事长兼总裁，荣获第一届"广东省优秀中国特色社会主义事业建设者"称号，2010年广东十大经济风云人物。1997 年成立香雪制药，之前从未接触过中药的

他却打造出闻名全国的"香雪抗病毒口服液"品牌。2014 年成为《福布斯》"中国上市公司 50 位最佳 CEO"之一。

王永辉用 20 年的时间，把香雪制药从一个单一的老型加工乡镇企业成功转型为总资产 75 亿元，集制药、生物医学工程为一体的现代化医药综合企业。王永辉始终坚持自主品牌、自主创新战略，并坚定地以质量为本、坚持创新之路。"十五"期间香雪制药共承担科技部"十五"科技攻关项目、"863"重大科技专项创新项目等国家省市技术攻关项目 25 项。其中，"抗病毒口服液指纹图谱质量控制技术研究项目"获得了广州市政府颁发的"科学技术进步奖二等奖"。

二、企业简介

广州市香雪制药股份有限公司总部位于广州经济技术开发区科学城，是一家以中成药制药和研发为主业，集西药制药、生物医学工程和药材规范种植于一体的现代化高新技术医药企业。

香雪制药是一个生机勃勃、充满活力的现代化医药企业。经过 40 多年的发展，现已成长为集制药、生物医学工程、药材种植于一体的高新技术企业。作为数字化中药引领者和药典标准制定者，香雪制药把发展中药和实现中药现代化作为长远发展战略，把产品研究和开发作为打造企业核心竞争力、推动公司持续发展的重要战略，先后成功研制抗病毒口服液、清肝利胆口服液、壮腰健肾口服液、小儿化食口服液、中风回春胶囊五种新药并取得国家新药证书。其中，香雪抗病毒口服液获评广东省名牌和广州市名牌产品。

香雪公司以"追求卓越，不断创新，以优质产品服务于人类，促进人类健康事业发展"作为经营理念和质量方针，坚持以"崇尚品质"和"关爱健康"为公司使命，在近几年激烈的市场竞争中取得了良好的经营业绩。相继获得"中国驰名商标""2003 年度最具竞争力制造业和高新技术企业 100 强""'2003 年度广东医药行业质量效益型'先进企业""制药行业信用 AAA 级""2004 年度广州最具诚信企业 130 强""《福布斯》潜力 100 榜第五名"等称号及证书。香雪制药还获评"中国医药行业百强企业"和"广州 2010 年亚运会药品唯一供应商"等。2010 年，香雪制药在深交所挂牌上市。2013 年，该企业完成香雪中药全产业链布局。2017 年，企业实施香雪智慧中医·精准医疗战略规划。

三、王永辉分享品牌故事

◎ 香雪制药的命名

萝岗制药改制的时候，可以说是一个经营非常困难的时期，它原来是一个典型的 OEM 代工企业，像珠三角的很多企业一样以贴牌代工为主，萝岗制药当时也代理了几个大的品牌，包括太阳神和老王经，因为是代加工，所以这两个品牌鼎盛的时候，萝岗制药的日子挺好过，但是当这两个牌子衰退的时候，整个公司就濒临破产，因此药厂实行改制。改制以后大家都觉得应该有自己的品牌，因为只有拥有自己的品牌，才能摆脱别人的约束。从今天来看香雪算是比较早转型的企业。

一开始有人提出中药应该做一个老字号，比如叫作什么堂什么斋，也有人说我们要现代一点、洋气一点，比如叫什么丘比特之类。经过深思，我们还是觉得中国的品牌应该有中国的特色，虽然中国当时并不强，中国的品牌可能未必是时尚，但是我们觉得迟早有一天中国的品牌会成为潮流，或者说贴上中国标签的品牌在世界上会有地位。既然我们是中药企业，就应该要有一种中国文化的基因、背景。

现在回想起来觉得建立品牌是非常正确的，而且中国品牌的发展，现在看来比想象中快了很多。品牌命名当然不单只看名字，还要看 logo 和英文。很多人说要贴近英语的习惯，我们也跟很多华人、专家请教，最后还是决定用中文的拼音，因为未来拼音一定是一个中国标签。品牌 logo 围绕梅花来设计，因为梅花是很传统的中国形象，也可以用 3D 抽象地表达。香雪最后或者说最新的设计是来自奥运奖牌"金镶玉"的设计师肖勇，他把中国的玉文化、梅花文化以及现代的感觉比较好地组合了起来。

◎ 香雪制药的传播事件

广东足球现在非常热门，恒大队应该是巷人皆知，但是恒大队的前身其实是香雪队，20 年前香雪制药就已经赞助了广州足球队。香雪转制以后实施品牌战略遇到的第一个问题就是如何实现品牌的快速成长与快速传播。传统的方法有很多，比如电视广告、媒体传播等，但首先我们觉得自己的产品跟健康有关，其次我们觉得事件营销、运动营销应该跟品牌高度结合，它会带来很多动态的用户或者黏性比较高的受众，因此虽然当时香雪的利润不多，一年就 1000 万元，但是我们还是拿 800 万元投在品牌上。当时不论是公司内部、朋友圈还是家里人都说足球是用来消遣的东西，而且很多国际 4A 公司也否决了这个赞助的想法，他们觉得不可理喻，但是我们还是坚信会有很大的机会。如我们想象，甚至超出了我们的预期，赞助足球队两年总共花费 1600 万元，而香雪当年的销售额翻了一番，利润翻了两番，带动效果非常明显，品牌的知名度不单是提升了，而且是大大提升了。此外，我们还有一个意外收获，广告谁都可以做，有钱就能购买电视广告，但是做一个足球队老板的就不多了，香雪品牌是与足球相关的品牌，于是大家的信任度就大大地提升，最后赢得了市场的认可。我觉得赞助足球队是非常关键的一战，现在来看，这也是非常值得的，性价比非常高；现在对球队十几个亿的投入，换来的也就是广告效应，但是香雪当时只花了800万元，对品牌的成长来说，这是一个关键的策略。一个品牌的成长需要很长的时间，没有人想到香雪两年就可以形成品牌，而且是凭借这样一个营销活动形成品牌。

◎ 非典时期香雪所体现的社会责任感

有时候品牌是由一系列的行动组成的，在冠名球队的基础上香雪有了一定知名度，有了客户的信赖度。2003年"非典"暴发，香雪的抗病毒口服液是当时对流行病比较有效的中药，在那个时候正好发挥了作用，因此市场的需求很大。

香雪在原来体育营销的基础上，继续在事件营销方面做更大胆的尝试。在市场紧缺、价格暴涨的情况下，我们选择做了一件非常有社会责任感的事情——坚决不涨价。可以这样说，以前的社会最缺的是资金，但是"非典"时期，那些平时3个月不结算的经销商，突然之间都带上一麻袋的钱在生产线旁边等着交货，他们说一袋钱放在这里，拿了货出了工厂门，它就能变成两袋钱。

但是我们觉得香雪不是只做一天的品牌，而是要持久性地发展，因此应该承担社会责任，所以坚决一分钱都不涨价；另外我们杜绝炒作，按照平时的正规比例来发货，把炒作的风气压下去了，而且在资源紧张的情况下，香雪还对有需要的幼儿园、孤寡老人以及一些缺医少药的地区进行捐赠，品牌的美誉度因此大大地提升了。可以这样说，抗"非典"是香雪抗病毒口服液的一个非常重要的标签，讲抗"非典"，肯定要讲香雪抗病毒口服液，而讲香雪抗病毒口服液，一定会讲抗"非典"。

很多企业做品牌广告，其中很重要的一点即落脚点，就是要有一个承载的东西，也就是产品。当然那么多的产品不可能全部去推广，因此就需要聚焦在核心产品上，或者说要打造一个明星产品。我们当时觉得抗病毒口服液是香雪品牌的一个承载体，也就以这个产品为核心来打造香雪品牌。

◎ 香雪明星产品"抗病毒口服液"

就这样香雪品牌的基础奠定了，尽管我们有很多药品，但还是主打抗病毒口服液，从现在的角度来讲，就是定位准确。香雪在产品上花的功夫不能说比别人多，但是可以说倾注了很多心血，我们是把一个很普通的产品当作一个新药去重新开发，重新制定很多技术标准，重新去认证临床的安全性，提升疗效。当然做这些事情都是需要投入的，如果没有一个品牌的观点或者说没有打造核心产品的战略的话，肯定是不会有持续投入的；我们的投入持续了十几年，在中国也创造了很好的成绩。

新药的核心是什么呢？它有知识产权，它有定价权，它有话语权，我们是通过引入指纹图谱质量控制技术来提高质量，这是国内中成药里面的首例。中医理念是先进的，方法也是很好的，但是手段还是较为落后。它的每个药材都有很多种成分，按照西方有效成分的控制来说，如果要把它控制在一个水平上，以目前中药的技术是控制不到的。这个时候香雪面临着要保证疗效稳定的问题，也就是成分稳定的问题，虽然指纹图谱质量控制技术不能很清楚地对每一种成分都进行识别，但是它能够知道这批药材的状态是怎么样的，再结合计算机的分析对比找出相似度。这有点像人的指纹或者面部识别，我们不清楚每个人的面部是多宽多窄，但是却能够识别，这也就是指纹图谱质量控制技术核心的特征认证。这种技术是美国FBA对天然药物认可的一个标准，为中成药走向世界打通了通道，同时也为质量的稳定、疗效的提高打造了很好的基础。

第 65 期

香雪制药：
创新打造数字化中药黄金时代

◎ 香雪制药技术研发创新策略

优点就是缺点，香雪的优势就是有拳头产品并且拳头产品的占比很重，但是这也可能会带出一个问题：企业靠一个产品，那么另外的产品呢？这个问题其实香雪也关注到了，首先我们还是认为核心产品非常重要，它的强大是好事而不是坏事，但是我们也觉得应该开始着手培养第二个核心产品，培养一系列的核心产品，这就是香雪急需要做的创新。现在这几年香雪已经有第二个产品了——橘红痰咳液成为一个与抗病毒口服液一样销售规模的产品了。经过几年的发展，香雪一系列的产品正在一个一个发展，到现在不只有中药了，香雪已经全面转型，开始生产生物药、生物工程药物了。

◎ 香雪制药的传播策略

第十六届亚运会在广州举行，广州是我们的主场，这是历史的机遇，不单是广州在世界的一个展示机会，也是香雪在全国、在世界的一个展示机会，所以香雪提前两年策划，把"亚运会唯一指定药品供应商"这个资格拿下来了。当时的竞争者应该说很多，并且整个筛选过程非常严格，因为是作为指定药品，它的安全性、供给保障程度等各方面都是按照国际标准来要求的；由于香雪准备比较充足，本身基础不错，因此最后获得了资格。

这次的传播效果很好，亚运会期间所有的电视直播就变得好像香雪的主场一样，对进一步提升品牌形象有非常大的帮助。我们更多地注重品牌的包装，通过赞助让全国的市场都能看到。此外在现场直播中，香雪还有一些特约的环节，可谓是一次立体的、全方位的品牌展示。这段时间里，我们塑造了品牌的牢固度以及聚焦的集中度。

◎ 香雪制药的上市之路

香雪的上市之路一点都不容易，但是我们觉得上市的机遇如果能把握到还是非常好的，因为正好赶上了国家的高速发展期，企业的发展动力大大加强。如果说我们没上市前是一个参与国内竞争的企业，那么上市以后就是一个参与国际竞争的企业。香雪上市以后有几个大的研发计划，都是在国际前沿技术层面上的，20 年前、30 年前中国的企业不敢想象能够在这些领域跟国际制药巨头竞争，但是现在因为有了上市，就有了非常好的一个机遇，这也是我们国家战略的一个成功。

◎ 中药迎来黄金时期

应该这样说，西方也好，东方也好，大家对中医的态度都是比较客观的，认为不管中药西药，能治好病就是好药。有很多西医不能解决的问题，在中医这个层面上能解决，并且现在中医的地位已经大大提升，比如屠呦呦拿到了诺贝尔奖。另外可以看到奥运会上，菲尔普斯也在拔火罐。我觉得现在应该是迎来了一个中医发展的黄金时期。

中医的理念是很先进的，它有个性化的诊断，个性化的用药方案，个性化的治疗方案，这都是很现代的医学理念。而且它还注重预防，这也是现代卫生健康的最高境界：最好不生病并且能够提前地干预和预防。中医的这些理念都是不错的，但是中医的手段目前还是比较模糊的，这与人的认知能力以及机器的能力有限有关。现在有了人工智能、大数据，这对中医来讲应该说是可以大大地补短，甚至使其反超其他医学，服务全人类。

◎ 香雪制药的品牌战略

香雪是在原来中成药的基础上做整个产业链的布局，从药材种植到药材加工、药物生产，香雪已经形成很好的产业链了。现在香雪可以借助智慧中医、人工智能、大数据延伸到服务端，从产业链形成一个产业闭环，形成一个健康的生态产业。我相信中医会被广泛地应用，并且会在医疗卫生方面发挥更大的作用。

◎ 香雪制药技术研发的历程

　　香雪对品牌的理解是这样的，很多人看到电视上的广告形象就认为这是品牌，但实际上品牌的核心还是产品，产品的功能和品质是核心的核心。如果没有好的功能和品质，做多少的广告都是没有意义的，因此要提高产品的品质和功能，这是最关键的地方。

　　手机品牌有很多，为什么苹果手机能取得领先地位，那就是因为它在产品层面上进行革命，在技术上把所有的老品牌都推翻了。香雪也是这样认为的，产品是品牌的基础，产品的品质和功能则靠技术支撑，这是必须要去研发的，所以企业的核心投资要投在这方面，特别是对于制药企业来说，这是毋庸置疑的。香雪之所以选择与剑桥大学进行合作，是因为研发必须要有一种国际视野和国际水平，借用现代成熟的技术和成果，可能比自己慢慢去做更快；实际上，尽管现在我们在引进国外技术，但是国内的发展比国际上更快，当然香雪这样的安排还是很好地推动了企业的发展。另外在研发投入方面，也有很多企业家经常会这样想：情愿花几亿、10亿元去投中央电视台的广告招标，也不愿意花几千万元去改造一个产品或者说是做产品的开发。这实际上有点像有人喜欢去澳门赌场赚钱，有人则希望通过自己每天的工作赚钱。我觉得其实做研发的风险比做广告的风险低很多，我们也看到原来的很多"标王"到现在都消失了。

◎ 香雪的国际化战略

　　香雪的观点是这样，如果是纯粹做普通的中药，做普通的普药，中国的药企永远跨不出国门，永远成为不了世界级的制药企业。只有在一些前沿技术上取得突破，企业才有机会成为国际一流的制药企业，这是我们努力的方向，也是香雪的梦想。

四、观众互动： 对话品牌领袖

◎ 香雪制药为什么要建广东凉茶博物馆？它与香雪品牌有什么
　　关系？

　　广东凉茶博物馆是省级博物馆，实实在在地展示了广东凉茶以及广东的养生文化。中医养生文化是一个很好的载体和平台，因为香雪本身也有国家非物质文化遗产品牌——上清饮凉茶，这是我们旗下的一个产品；香雪的初衷就是从消费者层面与其进行沟通和交流，通过博物馆把中医养生文化以及中医药理念传达出去。做广告是为了打动消费者，可是那种影响可能是一瞬间的，但是如果能够从很小的时候培养小朋友对中医的理解，那么这可能是他们一辈子都会记着的事情。

因此，香雪建了凉茶博物馆，小学生、中学生和其他游客，他们来参观博物馆，并且有了半个小时、一个小时的体验以后，对于品牌的信赖、理解，甚至是对中医的认知，都会有一个很好的提升，这种效果可能不是马上看得到的，但是这种影响是非常深远的。

◎ 如何平衡勇于创新和继承传统之间的关系？

应该这样说，创新和传统之间是没有矛盾的，可能在大家的印象中现代跟传统是有差别的，但是如果二者结合得好，很传统的东西可能是最现代的东西，最现代的东西可能是最传统的，当然这需要达到一个非常好的程度或者说境界。

香雪觉得这是一个定位的问题，即如何把两个东西结合起来，我们觉得这不是把传统和现代简单组合，而是通过产品传递到人的感官，其一是传统的感官，其二是现代的感官。如果希望产品既有传统要素又符合现代性，那么我们所做的工作都要基于这个定位来开展，这并不是说两者会有对立的情况。在操作层面上，传统跟现代往往是对立的，但是如何去实现，这就要求手段一定是现代的，基因和要素可以是很传统的，这样才能够很好地结合起来。

五、段淳林教授点评

刚才听了香雪的品牌故事，我有这么几个感受特别深。第一点，王董具有勇于创新的精神，香雪没有赚取短期利润，而是注重长期的发展。香雪开始做自主品牌，其关键点就是抓住了民族品牌自主创新的概念。这里面还有一个故事，2008 年习近平同志来到香雪，提出了"民族品牌，自主创新"。一直以来，香雪坚持基于创新的自主品牌发展道路，这成就了香雪今天的成功。

第二点，除了自身的价值追求之外，在企业内部文化上，我看到有这样几点——厚生、臻善、维新，厚生是尊重生命、爱护生命，是从健康的角度来说的，臻善也是一种价值观，是企业承担社会责任的一种体现，而维新则体现了创新，是品牌一直以来的追求。

第三点，在这个创新里我们看到香雪一直沿着一个中西结合的道路前进，用国际的视野来经营自主品牌，这一点能够给我们非常大的启发。

第四点，在香雪的故事里，我们可以看到企业应用了现代的技术，包括深蓝机器人、智慧中医、精准医疗，还包括现在的互联网、大数据，等等。香雪不仅仅是一个中医药的生产基地、研发基地，还在进行生命科学工程以及大健康生态环境的建设，这是生态闭环的发展，我觉得这一点也是非常重要的启示。

六、品牌传播经典案例

爱·咳不容缓：香雪制药助力"2017 青春中国·益跑深圳"

近年来，中国进入急速老龄化阶段，2015 年老年人口高达 2.1 亿人，广东 60 岁以上老年人口已达 1192 万，老年病成为社会各界关注的重大问题。而随着人们生活水平的提升，工业化提速，空气质量逐年下降，据数据统计，近九成老人受到支气管疾病的困扰，咳嗽、慢性支气管炎等疾病正严重威胁着他们的健康。而另一方面，身体机能的下降，用药知识的匮乏，老人群体在咳嗽这种常见性疾病面前常常出现用药泛滥、药不对症等情况。

为消费者提供更多的咳嗽疾病预防和治疗知识，帮助咳嗽群体和用嗓较多人群摆脱咽喉疾病的困扰，一直是香雪制药所履行的社会责任。香雪制药相关负责人表示："不仅是老年群体，很多人在出现感冒、咳嗽这类常见性疾病时，常常出现重视度不足、用药错误等情况，致使病情加重。希望通过本次活动，向社会传递更多咳嗽疾病预防和治疗的知识，同时呼吁市民关注自己和身边朋友及亲属的健康，在面对咳嗽这类常见疾病时帮助他们采取正确治疗措施及时用药，以尽早恢复健康体魄，让'爱·咳不容缓'。"

【活动介绍】

2017 年 12 月 10 日，"2017 青春中国·益跑深圳"城市绿色穿越公益活动在深圳湾体育中心启幕。广东知名医药企业香雪制药以"爱·咳不容缓"作为口号，组建"香雪橘红战队"，通过公益跑步和互动游戏等形式，传递"护肺养肺"的健康生活态度，表达香雪制药"爱，与你同在"的企业理念。

运动新形式：香雪制药踊跃参加公益活动

"2017 青春中国·益跑深圳"是由共青团深圳市委、湖南广播电视台指导，由中国社会福利基金会芒果微基金管理委员会、深圳市广电公益基金会、深圳市青少年发展基金会主办，为十三大公益项目募捐的城市绿色穿越活动。此次活动不同于传统马拉松赛和路跑赛事，参赛者通过步行、慢跑、地铁、公交四种"绿色出行"方式完成城市定向穿越，同时为社会公益项目募捐。

香雪制药事业部总经理陈炳华介绍，"香雪橘红战队"的成员们十分本次重视公益活动，他也为之准备了一个多月。这支由香雪制药企业代表、合作药房代表、线上征集的公益爱心网友组成的 50 人"香雪橘红战队"，体现了香雪制药踊跃参与公益活动、积极投身健康事业的社会责任感。以香雪橘红痰咳液的瓶身为创意主体，象征着香雪制药阳光温情的品牌形象的吉祥物"香雪宝宝"也出现在主会场和各个打卡点，可爱有趣的形象吸引了不少参与者拍照留念。

益跑趣味多：董超携手香雪传达健康理念

活动开始前，致力于推动公益的公益团长董超出现在香雪制药的爱心企业展位，向"香雪橘红战队"的队员表达了关心与鼓励，队员纷纷表示要与董超合影，纪念共同为爱行走的时刻。随后，队员们带着香雪宝宝齐喊"爱·咳不容缓"的益跑公益口号，并与其余的3000多名益跑参与者集合，出发前往"广电大厦""中心城""卓悦汇"等各个互动打卡点。

在主会场和香雪制药专属打卡点处，香雪制药设置了"指压板""肺动力测试H5""计时吹气球挑战"等互动小游戏。打卡过程中途经国大药房，药店店员还为参与者送上了香雪制药的橘红痰咳液，提醒市民注意冬季肺部保养的问题。"有许多人受到了支气管疾病的困扰，而咳嗽、慢性支气管炎等疾病用药泛滥、药不对症的情况也常出现，香雪橘红系列产品有利于缓解久咳、夜咳、痰咳等症状，希望借此机会向社会传递更多关于咳嗽疾病预防和治疗知识。"陈炳华说道。

益跑活动闭幕式上，陈炳华作为企业代表颁发了"最具爱心公益奖(个人)"。公益大使曾舜晞为香雪制药颁发了公益企业爱心牌匾，并在台上与陈炳华进行友好交流。"香雪希望用公益行动来传达健康理念，也希望市民能够关注自己和身边人的健康，一起为公益事业献力。"陈炳华说道。正如橘红战队的口号"爱·咳不容缓"，公益的推广刻不容缓，需要每个人从现在开始，一起为爱行动。

【启示】

从玉树地震爱心赈灾活动到祈福雅安活动，再到此前为广州教师赠送橘红痰咳液活动以及本次的益跑活动，香雪制药始终坚持不懈地从事公益事业活动。"爱·咳不容缓"是香雪制药本次公益活动的口号，可以说既表达了"关注健康，咳不容缓"的内涵，又体现了"关注家人，咳不容缓"的精神指引。一直以来，香雪制药通过身体力行、简单易懂的方式传播公益爱心及健康理念的行为得到了社会各界的肯定与好评，不仅体现出一个企业的社会责任感，更在行业内外树立了良好的品牌形象。

Dialogue on Branding | 66

第 66 期

比音勒芬：

打造中国高尔夫第一品牌

Dialogue on Branding ▶▶▶▶▶▶▶▶▶

第 66 期

比音勒芬：

打造中国高尔夫第一品牌

【本期节目概述】

比音勒芬以"生活高尔夫"为品牌风格，坚持高端定位，进行全渠道营销，创新传播策略，在不断的创新中，努力打造中国高尔夫服饰第一品牌。比音勒芬服饰股份有限公司常务副总经理申金冬做客本期《淳林话品牌》，分享比音勒芬的品牌故事。

一、品牌领袖

申金冬，1975 年出生，四川成都人，暨南大学 EMBA 在读，自 2003 年 3 月起担任比音勒芬服饰股份有限公司常务副总经理，现任比音勒芬服饰股份有限公司总经理、董事、股东。

申金冬服务于中高端服饰品牌 20 余年，专业从事中高端服装的市场营销和品牌建设，拥有丰富的实战经验和前瞻的战略思维，在营销战略布局和品牌策略传播方面有着独到的见解和较高的建树。

二、企业简介

　　比音勒芬服饰股份有限公司成立于 2003 年，是一家集设计、研发及营销于一体的国内领先高尔夫服饰企业。品牌定位于高尔夫运动与时尚休闲生活相结合的细分市场，目标群体为高尔夫爱好者以及认同高尔夫文化、着装倾向于高尔夫风格的中产收入以上消费人群。公司产品分为生活系列、时尚系列、高尔夫系列和度假旅游系列。2019 年，公司开启双品牌运营。除了比音勒芬外，推出首个度假旅游服饰品牌——CARNAVAL DE VENISE（威尼斯），以满足中产阶级出游的着装需求。

　　自设立以来，公司立志做"中国高尔夫服饰领军品牌"，经过多年发展，比音勒芬品牌在高尔夫服饰市场已具有一定的品牌影响力和知名度。现为中国驰名商标、广东省名牌产品、中国国家高尔夫球队合作伙伴。

　　公司采用轻资产的品牌运营模式，致力于附加值较高的业务链上游的设计、研发和业务链下游的品牌运营和销售渠道建设，将产品生产环节外包。比音勒芬的终端店铺覆盖了全国所有省会城市核心商圈，并且在机场、球场、购物中心、高铁站及奥特莱斯等渠道开设专卖店。2019 年，比音勒芬全新拓展电商渠道。

比音勒芬作为国内高端高尔夫服饰品牌，2019 年上半年利润总额为人民币 17142.57 万~19591.50 万元，比上年同期增长 40%~60%。今年 4 月，比音勒芬 T 恤及比音勒芬高尔夫服装双双荣获"2019 年度中国消费品市场高质量发展优选品牌"称号。

三、申金冬分享品牌故事

◎ 定位高尔夫服饰的缘由

中国高端男装发展起步时间较晚，开始时间大致是在 1988 年，皮尔·卡丹在北京举办了第一场时装秀，让国人意识到原来男装还可以这样做。20 世纪 90 年代初香港品牌占据中国男装高端市场，有梦特娇、鳄鱼，等等，但整个市场是处于供不应求的状态。在 1995 年之后，温州一些做西服的品牌逐渐起步。广州在 1998 年慢慢成为中国高端男装的发源地，当时的着装文化由西服向休闲服转型，所以一些广东男装品牌基于这一变化转而提出新的概念——"商务装"。

在当时，一些做商务装的品牌发展得比较成熟了，在这一市场环境下如果比音勒芬依旧沿着正装或是商务装的发展道路前进，那我们永远都是追随者，所以比音勒芬开始思考如何进行"弯道超车"，突破这一品类限制。

为了了解未来的穿着趋势，我们去了日本、韩国实地调研，发现它们也经历过这一发展阶段，原来的着装没有细分化领域，而随着经济的发展，消费者的着装文化一定是朝着细分化发展的。日本、韩国在商务装之后，兴起的都是高尔夫服饰，我们经过一系列的考察与探讨，认为韩国的高尔夫服饰的发展模式是比音勒芬未来可以发展的方向，高尔夫服饰是一种高端休闲服，可以满足各种场合的着装需求。

根据市场调研我们发现，20 世纪 90 年代真正的高尔夫球迷只有 300 多万人，如果完全围绕专业的高尔夫服饰去做，将会导致比音勒芬的市场过于狭小。为此，我们提出"生活高尔夫"的概念。我们学习、借鉴马球服饰品牌拉尔夫劳伦的 Polo 衫——把穿 Polo 衫打造为一种生活方式，提出一个差异化的概念，即高尔夫服饰不仅能在球场穿，在生活中同样可以穿，这样比音勒芬面对的受众就更为广泛了。

◎ 关键策略的调整让比音勒芬崛起

我们在刚开始的时候是充满信心的，但进入一个新生的细分领域，并没有可参考的东西，在进入市场两年之后，我们发现比音勒芬的发展并没有我们预期的那么顺利，于是我们开始对发展策略进行调整。从产品定位的调整到渠道的调整，慢慢摸索出适合比音勒芬的发展模式。

其中就有两个非常重要的策略，引领着比音勒芬品牌的崛起：一个是坚持，当时很多周边的朋友劝我们不要走这一条路了，改走商务装这条路，但是我们的董事长认为虽然我们这条路刚起步是比较困难的，但如果这条路最终通向光明，我们就应该坚持；另一个是不断调整自身以适应市场，我们积极和终端消费者沟通，寻找我们与消费者之间存在的差异，不断满足消费者需求。

◎ 与国家高尔夫球队合作，占据制高点

国家高尔夫球队之前的合作伙伴都是国际一线品牌，比如 Adidas、Tennis 等，我们认为品牌在发展过程中要有一个制高点，于是我们决定与中国高尔夫球队合作。但基于中国市场潜在的发展能力，这些一线大牌也不想放弃合作，在这中间我们不断与国家高尔夫球队沟通，最终达成了合作。

我们举办了"五星战袍"的发布仪式、国家高尔夫球队的出征仪式，这些活动为品牌了带来无形的资产。我们做这些传播时并没有过度关注当时的销量增长，品牌建设是一个长期过程，我们更看重的是如何在消费者心中占据一席之地。

◎ 比音模式助力品牌成功

　　比音勒芬的价格段的间距是比较大的，入门级的产品价格为 800～900 元，中间的价位段是 1300～1800 元，高价格商品为 2000 元左右。依靠入门级的产品培养新的消费群体，让这些新的消费群体来体验比音勒芬的产品。

　　价格是价值的一部分，我们坚持高端定位。坚持高端定位需要解决几个问题：第一品牌价值；第二商品品质；第三设备问题。为此，比音勒芬提出了"三高一新"概念，即高科技、高品质、高品位外加创新，以适应自己的高端定位。

　　品牌价值的竞争是常见的，我们从商品出发切入竞争，与许多国际一线的面料供应商合作。在市场上，比音勒芬立足于国内，但从产业链层面比如面料的选择、产品的制作，我们走国际化合作路线。

　　比音勒芬对产品质量是极度重视的。我们董事长重点关注的三个问题中，其中一个就是质量。在开质量会议的时候，生产部、设计部、销售部、质管中心都被要求参与，对于顾客反映有质量问题的产品，我们一件一件地检查、追问，看到底是面料、工艺还是消费者使用不当造成的。同时我们还有召回制度，之前我们有一款裤子卖了 4000 多条，但有几条出现了布裂问题被退了回来，于是我们就强制召回其余产品。

　　在营销模式中，比音勒芬采取了全渠道营销，渠道形式多样化，有高端百货模式、shopping mall 模式、机场店、高铁店、球场专卖店等。

◎ 压力之下，比音勒芬不断创新

　　在没有上市之前，比音勒芬思考的是如何上市，关注业绩，压力主要来源于内部。但在上市之后，比音勒芬成为一个公共企业，压力不只是来自内部，同样来自外部，比如股东、公众等，这时我们需要考虑企业未来可持续的成长点在哪里。比音勒芬度假系列的打造，就是我们对未来所做的布局。这种压力是无形的，但是威力却是鲜明的，这种压力促使比音勒芬不断创新。

因为你需要一些入门级的商品培养新的消费群体

四、观众互动： 对话品牌领袖

◎ 高尔夫运动逐渐低龄化、低门槛化，比音勒芬就年轻群体采取了什么策略？

    在产品方面，我们推出了时尚系列，针对 30 多岁的目标人群。目前，由于线上渠道是我们主要销售渠道之一，比音勒芬就目前中国消费者群体中存在的不会搭配、不太会进行自我形象塑造等问题，正在打造线上一对一的个人形象顾问模式，消费者进入线上商城，与搭配师沟通穿着的场合、预算，搭配师按照消费者提供的信息包括照片，把搭配好的衣服发给消费者，如果消费者满意就直接下单，试穿不满意可直接退货。

我们想通过打造个人形象顾问的模式，不做线上单纯的展示、销售渠道，为消费者提供更加深层次的服务，解决消费者不知道如何搭配、导购过于热情而产生的压迫式购买的问题。

◎ 在消费者关系维护方面，比音勒芬采取的策略是什么？

在为消费者服务方面，我们成立了 VIP 服务中心。所有的消费者在我们的终端门店消费后，其消费信息会汇总到 VIP 服务中心，VIP 服务中心会根据消费记录定期给消费者反馈，并且设立了热线投诉电话，假如消费者觉得门店处理的产品质量问题不合理，消费者可以拨打热线电话，VIP 服务中心根据所知情况采取相应行动。

五、段淳林教授点评

比音勒芬作为中国高尔夫服饰第一品牌，这一品类的突破为市场创造了"蓝海"。

第一，比音勒芬的整个产品线，是以高尔夫品牌为突破点，让消费者产生比音勒芬与高尔夫之间的联想。

比音勒芬并没有拘泥于窄众市场，而是拓展到大众市场。所谓的大众市场，就是在做专业高尔夫服饰，与国家高尔夫球队合作后，做生活高尔夫服饰，打造时尚系列，让运动变成时尚，让原本的运动服饰走进工作生活中，同时打造度假系列。虽然占据制高点是重要的，但是后续的塔基更为重要，比音勒芬只有走向大众、休闲，才能更好地支撑整个品牌的发展。

第二，比音勒芬作为一个高科技、高品质、高品位、重视创新的企业，在科技方面，对面料十分注重，与北京服装学院一道成立人体工程学研究基地；在品位方面，在休闲服饰系列里面，比音勒芬代表中国高品位的生活方式；在创新方面，比音勒芬的创新不仅体现在商业模式上的创新，还有营销、产品、品牌传播上的创新，比音勒芬始终在创新层面持续发力。

第三，可以从比音勒芬产品系列的延伸窥测未来中国民众的生活方式，比音勒芬正在朝着大众、大体育概念迈进，从运动到大体育产业，再从体育到时尚，再到健康，这是非常好的路线。

第四，比音勒芬是一个勇于承担社会责任、有责任感的企业。

在未来，希望能够在年轻化、电子商务渠道、国际化领域更多地看到比音勒芬的身影。

六、品牌传播经典案例

借势《恋爱先生》，比音勒芬夯实高尔夫服饰地位

比音勒芬是中国国家高尔夫球队的合作伙伴，拥有国际化的设计团队，以"三高一新"——高品质、高品位、高科技和创新为产品研发理念，通过研究高尔夫人体工程学，并辅以国际顶尖面料，在确保服装功能性的同时，注重服装的时尚度和舒适度，是高尔夫爱好者的不二之选，深受精英阶层的喜爱。

近年来，随着人们生活水平的提升，高尔夫运动越来越成为精英们的生活必备，作为一项极度讲究礼仪的高雅运动，高尔夫不仅要求球员在打球时自律、诚信、尊重他人，而且在着装方面既要满足功能性，还要优雅得体、端庄时尚。随着高尔夫运动逐渐出现在越来越多的影视剧中，在进一步推动高尔夫运动发展的同时，也给比音勒芬带来了新的商机。

比音勒芬：
打造中国高尔夫第一品牌

【活动介绍】

2018 年开年大戏《恋爱先生》自开播到结束，就创造了网播放量破 100 亿、收视率单集最高 2.218 的收视战绩。作为年度甜蜜大戏，剧情不拖沓、台词有文化、演技不尴尬，《恋爱先生》赢得无数网友疯狂"打 CALL"。

除了剧情、人设外，剧中的广告也是不可错过的精彩部分，每逢明星"大 IP"影视剧，各商家必定削尖了脑袋，要成为电视剧的一部分，《恋爱先生》也不例外。不过这一次，在众多的植入品牌中，中国知名高尔夫服饰比音勒芬的出现，确实惊艳四座，堪称服饰品牌植入的学习典范。

1. 紧贴定位人群，引领精英潮流

比音勒芬的目标消费客群是精英阶层，他们热衷于健康阳光的生活方式，注重舒适健康、品位精致的着装。

在《恋爱先生》剧中，斜杠青年——程皓（靳东饰）、诊所合伙人——张铭阳（李乃文饰）、IT 翘楚——邹北业（田雨饰）、酒店行政经理——罗玥（江疏影饰）、外企老总——宋宁宇（李宗翰饰）、时尚模特——乔依琳（宋妍霏饰）都是多金睿智的社会精英。他们与品牌的目标消费客群互相匹配，由他们演绎比音勒芬时尚，毫无违和感。

作为高尔夫服饰品牌企业，比音勒芬旗下产品有高尔夫、生活、时尚、度假旅游四大系列，能全方位满足顾客休闲、运动、商务、度假旅游等多场景的品位着装需求。作为《恋爱先生》的合作伙伴，比音勒芬助力剧组通过多样化的着装，更好地诠释每个角色的特性，引领精英时尚潮流。

2. 场景化传播，强化品牌定位

影视剧商业植入不是画蛇添足，单纯博得眼球，而是要锦上添花，进一步强化品牌定位和形象。

比音勒芬深耕高尔夫服饰细分领域 15 年，是中国国家高尔夫球队合作伙伴，是高尔夫服饰领域的领头羊。本次商业植入中，比音勒芬牢牢抓住"高尔夫服饰"的市场定位，实现场景化传播，在剧中，品牌反复出现在高尔夫球场上，角色身着比音勒芬服饰打球时，顺其自然地实现品牌露出，既不生硬又能强化品牌定位。

3. 线上线下联动，夯实第一联想品牌

一切不能给消费者留下印象的广告，都没有实质性意义。对于广告主而言，影视剧商业植入的弊端在于，有时候观众仅仅记住了剧中角色，却很难记住品牌本身。

而此次《恋爱先生》热播的同时，比音勒芬迅速结合剧中热点进行线上传播，通过微博制造话题与粉丝互动。同时，还在线下的600多家实体门店中推出《恋爱先生》系列服饰，并在终端进行大量传播，消费者可前往门店免费试穿，以此增强消费者的体验，强化消费者对"比音勒芬是高尔夫服饰的第一品牌"的联想。

【启示】

影视剧商业植入若能以"润物细无声"的方式登场，势必能为品牌知名度和美誉度的打造推波助澜。比音勒芬此次借势《恋爱先生》的精准植入，正是借助与品牌定位相一致的剧中人物来实现场景化传播，同时线上线下相互配合，延续影视剧热度，夯实品牌的高尔夫服饰市场地位。借势《恋爱先生》，比音勒芬赢得了亿万掌声，也为其他品牌提供了影视剧商业植入的新参考。

Dialogue on Branding | 67

第 67 期

马可波罗：

引领文化陶瓷的国际家装潮流

Dialogue on Branding ▶▶▶▶▶▶▶▶▶

第 67 期
马可波罗：
引领文化陶瓷的国际家装潮流

【本期节目概述】

马可波罗致力于将中国传统文化之精髓展示在瓷砖上，引导设计之风回归东方禅韵，并肩负着建设中国陶瓷博物馆的重大使命；且不断推陈出新，从功能设计逐步上升至社会责任层面，以"让世界喜欢中国陶瓷"为己任，强势引领国际家装潮流。广东唯美集团常务副总裁、广东家美陶瓷有限公司董事长、总经理谢悦增做客本期《淳林话品牌》，分享马可波罗的品牌故事。

一、品牌领袖

谢悦增，广东澄海人，中共党员。1992 年毕业于华南理工大学无机非金属专业，2015 年取得清华大学工商管理硕士学位，高级工程师。现任广

175

东唯美集团常务副总裁、马可波罗瓷砖总经理、广东家美陶瓷有限公司董事长、总经理。同时兼职中国陶瓷工业协会建筑卫生陶瓷专业委员会副会长，广东省装饰行业协会副会长，东莞市机械行业协会副会长，东莞市科学技术协会第六届委员会委员，清远市政协委员、清城区政协常委，广东清远海外联合会副会长，清远市陶瓷行业商会会长，清远市工商联总商会副主席。

他始终坚信做品牌就是做口碑，恪守原创设计、过硬产品品质、优质售后服务的原则，为广大用户打造舒适生活空间，把马可波罗打造成行业三甲、世界级品牌。他连续多年被省、市科研部门授予"科技创新标兵""优秀共产党员"称号，2005 年被评为新锐榜年度行业优秀 CEO，2012 年被选为第二届清远陶瓷行业商会理事会会长。

二、企业简介

马可波罗瓷砖诞生于 1996 年年底，是广东唯美陶瓷有限公司的主打产品，总部位于现代制造业名城——东莞市。作为国内建陶行业最早品牌化的企业之一，"马可波罗"品牌以"文化陶瓷"占领市场，目前产品涵盖亚光砖、抛光砖、抛釉砖、内墙瓷片、微晶石、手工雕刻砖等所有品类。企业现已申报专利 800 多项，其自主研发的原创设计——"中国印象"系列产品，将中国传统文化之精髓展现在瓷砖上，引导设计之风回归东方禅韵，受到

第67期

马可波罗：
引领文化陶瓷的国际家装潮流

国内外消费者和专家的广泛关注。

马可波罗先后在国内外建有 4500 多家专卖店，同时拥有工装、家装、超市和电子商务等立体营销网络，产品远销东南亚、欧美等国家和地区，是多家设计院战略合作品牌，奥运会、世博会主要建材供应品牌。

企业全面通过国家 3C 体系认证、欧盟 Intertek CE 认证、英国 BSI 公司 ISO9001：2000 国际质量管理体系认证、ISO14001 环境管理体系认证和 OHSAS18001 职业安全管理体系认证，为广东省高新技术企业和省民营科技企业。马可波罗先后荣获"广东省名牌产品""中国建筑陶瓷知名品牌"等称号。

2007 年，中国建筑陶瓷博物馆正式落户于马可波罗瓷砖企业总部。习近平、张德江、胡春华等党和国家领导人先后考察企业总部，对马可波罗瓷砖的技术创新和文化创新给予了高度评价。

自 2011 年开始，马可波罗慈善爱心基金成立，专注贫困地区儿童成长环境的改善。同时助力中国体育事业，冠名 CBA 深圳马可波罗队和 WCBA 广东马可波罗女篮，拥有 NBL 湖北马可波罗队。

2017 年，世界品牌实验室评定"马可波罗"品牌价值高达 315.89 亿元。

2018 年，马可波罗连续两年入选央视"国家品牌计划"。马可波罗瓷砖生产基地也被国家工信部认定为国家级"绿色工厂"，其江西产区检测中心作为行业首批通过 CNAS（国家实验室）认证的企业实验室，所出具的检验报告可获得全球 60 多个国家和地区的认可。

2019 年，国家建筑材料测试中心授予马可波罗瓷砖《绿色建筑选用产品证书》，产品入选 CTC（中国建材检验认证集团股份有限公司）《绿色建筑选用产品导向目录》。

2019 年，世界品牌实验室评定"马可波罗"品牌价值高达 487.86 亿元，连续八年位列建陶行业第一。

三、谢悦增分享品牌故事

◎ "马可波罗"品牌名称的由来

　　陶瓷的发源地本身就是中国，中国陶瓷在世界广享声誉，英文单词"China"的第二个含义就是陶瓷，所以从古代开始，陶瓷就成为中国的一个引申代表词。陶瓷发源于中国，但由于中国近代工业的落后，使得陶瓷的工业生产、艺术设计也较为落后。无论是从陶瓷工业技术还是从产品的花色、设计、应用上看，现在陶瓷业中最领先的国家是意大利。意大利自文艺复兴之后，在建筑、服饰、汽车等设计上，都是引领世界潮流的。

　　我们想让中国的陶瓷做好做强做大，而这些都离不开先进的设计、制作、技术。同时我们希望马可波罗能够成为把中国千年陶艺和意大利的先进设计很好结合的一个载体，把最好的装饰空间带给中国的消费者。基于这些原因，我们把"马可波罗"定为我们的商标名。

◎ 两个因素促使品牌意识的诞生

　　在 1998 年之前，陶瓷市场还处于一种供不应求的状态，我们不需要考虑生存问题，只要生产了就能够销售出去。

　　在 1998 年之后，有两个因素促使我们产生品牌意识，开始朝品牌化运营迈进。第一是市场上仿冒产品出现，陶瓷行业中供不应求的产品是有一定设计、产品质量能够保障的，而这些仿制品的价格远低于我们的产品，由于陶瓷产品从表面上看是很难判断出质量好坏的，消费者在对比之后自然会更倾向选择价格便宜的产品。因此我们努力让马可波罗瓷砖便于传播，同时让产品质量、蕴藏的文化等各个方面附加在产品的名称上，这就让竞争不仅仅体现为产品的竞争，更是品牌的竞争。第二是与一位在台湾地区做品牌顾问的人士进行沟通之后，我们感到疑惑：为什么中国饮料市场品类这么丰富，也出现过与可口可乐口感非常相似的产品，但却竞争不过可口可乐？这就是品牌与非品牌之间存在的差距。

我们从产品、终端、渠道、推广等整体的构思出发、发展，逐步把马可波罗这个品牌做起来了。

◎ 马可波罗"E 石代"

"E 石代"之前的釉面砖都是陶制胚底，其吸水率超过 10% 甚至 15%，其亮度、釉面花纹都很好，但是其缺点在于材质较软、不耐磨，适用于墙面。瓷质砖表面的纹理、花纹、色泽不能够做到很丰富，防滑性差。

2002 年，欧洲出现了瓷质釉面砖，结合了釉面砖与抛光砖的优点，以哑光形式出现，更能够营造出温馨、舒适之感。我们看到这种瓷砖后坚信，无论是在技术还是在装饰风格上都会引流潮流，于是我们就加以学习并研发出"E 石代"。

◎ 中国陶瓷博物馆

1996—2001 年、2002—2007 年这两段时间内，马可波罗把意大利乃至全世界的先进陶瓷产品带到了国内，国内同行也纷纷效仿，形成欧式产品流行之风。但是欧式的装修、产品设计，我们说到底只是在学习、模仿，跟随是永远无法超越别人的。我们在与设计机构、设计师交流的过程中，不断讨论得出我们不能一味追随人家，中国拥有着千年的陶艺技术，为何我们不能够形成我们自己独有的东西？

中国最好的、最繁盛的建筑装饰纹样是在古代，我们要从古建筑中寻找题材。基于这样的目的，我们筹建了唯美陶瓷博物馆。在西安、洛阳、开封等地，搜索带有纹样的古建筑陶瓷。当时有一个契机，辽宁博物馆馆长来东莞为东莞中级人民法院设计大堂，他想找一款文化产品做到大堂里面，于是找到了我们。他来参观的时候发现，陶瓷在烧制前期是可以创作的，于是他创作好之后由我们帮忙烧制。在聊天过程中，发现我们在寻找这些资源，他恰好有，于是我们开始进行合作，并邀请他成为我们第一任中国陶瓷博物馆馆长。

◎ 涉足体育领域，成立 CBA 马可波罗队

体育作为文化产业的一部分，自然体育营销也属于文化营销。随着经济的发展、生活水平的提高到一定阶段，大众将会注重体育锻炼。东莞这座篮球城市有两支 CBA 篮球队，它们在打甲级队时面临着新合作伙伴的选择，希望能够找到一家志同道合并且有持续投入能力的企业，于是就成立了东莞马可波罗俱乐部。

那时投资 CBA，马可波罗也面临着较大的压力。当时我们的整体规模不是很大，投资体育不仅非常耗钱，而且本身不能带来盈利，但能够在推广方面起到很大作用。

四、观众互动： 对话品牌领袖

◎ 未来五年，在品牌形象塑造方面有什么新的计划？

在中国市场，马可波罗在品牌知名度、影响力方面具有相当的基础，未来五年，我们更加看重国际市场，在品牌国际化推广方面，我们可以做很多事情。

国际化的品牌推广与国内的品牌推广存在一定的差别，品牌推广路径之一是各种类型的展会，这些展会是代表整个行业向大众推广新品、最新装饰概念的平台。我们希望在这些展会中能够出现我们的产品、展示我们的形象，让大家了解、接受甚至赞扬我们的品牌。国外一些设计机构比如室内装修设计联盟会举办年会，我们也积极参与，让外国机构了解并接受我们的品牌。

◎ 面对年轻消费者，马可波罗在营销方面有什么创新形式？

我们为了能与年轻消费者进行沟通，在两个方面进行创新。第一个是产品方面，不同消费者的喜好是不同的，我们会和消费者进行持续性沟通。消费者在终端门店消费后，我们会对消费者进行调查，特别是年轻人群，我们非常注重后续的跟进，调查消费者通过哪些渠道了解马可波罗，为什么会选择这个产品，喜欢什么样的风格，需要什么样的功能，等等。我们根据年轻人喜欢的产品，不断地开发。正如"E 石代+"，它的风格是偏轻奢、简约、现代的，颇受受年轻人的喜爱。

在产品展示推广方面，先前更加重视终端的体验式营销，而如今年轻群体更倾向使用移动媒体，我们为迎合他们的习性，加大在移动媒体的推广布局，方便他们通过网络进行购买。

五、段淳林教授点评

第一，马可波罗在市场、产品定位上，是一个独特的品类，在产品功能上有了突破但并不停留在此，从功能上升到情感，再到文化。在文化方面它有两个支撑点，一个是做陶瓷中的"世界名著"，另一个是中国陶瓷博物馆赋予它中国陶瓷文化、世界陶瓷文化内涵。这些文化支撑点让马可波罗成为世界知名品牌，让世界喜欢中国陶瓷，成为中国与世界的连接点。

第二，陶瓷属于低关注度的品类，为摆脱这一局限，马可波罗采取了一些措施，如：做体育营销，为 CBA 提供赞助；在终端展示层面，让消费者亲身体验到马可波罗品牌价值所在；加入国家品牌计划，提高国家层面的知名度。

第三，马可波罗是一个具有使命感的企业，专注坚持陶瓷行业，对使命的追求赋予它更大的愿景——成为中国陶瓷行业的代表企业，带领中国陶瓷走向世界。

六、品牌传播经典案例

（CCTV 国家品牌故事）马可波罗瓷砖：让中国陶瓷重返世界之巅

日益激烈的全球化竞争，促使世界进入品牌经济时代；由此中国迎来品牌引领经济转型的关键时期，品牌强则国家强。2017 年 4 月，国务院批复同意设立"中国品牌日"，自 2017 年起，将每年 5 月 10 日设立为"中国品牌日"，将品牌战略从企业层面上升至国家战略的高度。讲好中国品牌故事，提高品牌影响力和知名度，成为每一个优秀民族品牌义不容辞的责任和使命。

第 67 期

马可波罗:
引领文化陶瓷的国际家装潮流

作为国内最早品牌化的建陶品牌之一，马可波罗21年来扎根实体经济，始终不忘初心、砥砺前行，一步步成长为行业的领航者。2017年11月8日，继成功入选2017年中央电视台"国家品牌计划"后，马可波罗瓷砖再度入选2018年"国家品牌计划"，成为中国家居行业第一家也是唯一一家连续入选"国家品牌计划"的企业。随后，马可波罗瓷砖历时四个月所拍摄制作的国家品牌故事片，亦在11月19日正式登上央视。这个经历风雨、长大成材的品牌，为中国人展现了一个历史醇厚的品牌真故事。

【案例简介】

2017年11月19日，历时4个月拍摄的马可波罗瓷砖国家品牌故事片正式登陆CCTV-1、CCTV-2。该片凭借精致的画面、磅礴的气势和深远的意境，完美诠释了中国陶瓷的历史荣光与时代使命，彰显了马可波罗瓷砖立志成为国家品牌的胸怀与决心。

1. 贯通古今：全面展现中国陶瓷魅力

有别于以往的品牌故事片，此次马可波罗瓷砖并未从自身发展或产品特色的角度去讲述品牌的成长道路，而是选择更为宏大、深沉的历史视角为故事的切入点，以丝绸之路为线索串联古今时空，既重现了古籍中昌南陶瓷远赴欧洲时所发生的"美丽误会"，又传递了当代中国陶瓷人将文明之火代代相传的责任与担当，从而更为生动地向大众诠释了"china is China"(陶瓷代表中国)的历史溯源和时代内涵。

2. 文化创新：掌握品牌话语权的关键

作为中国陶瓷行业的领先品牌，马可波罗瓷砖始终相信，强大的民族品牌必然拥有强大的话语权，而文化创新为产品所赋予的文化附加值，正是掌握话语权的关键。立足于中国陶瓷深厚的历史沉淀，马可波罗瓷砖在企业文化创新的路上屡屡突破，为品牌注入了源源不断的发展动力：打造中国建陶博物馆，为中国瓷砖文化立传；研发极具东方神韵的"中国印象"

文化陶瓷，开启中国瓷砖原创元年；顺利投产美国生产基地，正式开启全球布局，以世界级的技术制造更优质的产品，向世界讲述中国陶瓷品牌的奋斗故事，为实现"中国造"的伟大复兴贡献力量。

3. 国品致敬：让世界再爱上中国陶瓷

如故事片中所说，21 年来，马可波罗瓷砖正是凭借深厚的历史沉淀和持之以恒的文化创新，为自己的品牌赢得话语权，铸就强大的品牌实力，成为中国家居行业第一家也是唯一一家连续两年入选央视"国家品牌计划"的企业。

借由此次拍摄全新品牌故事片的契机，马可波瓷砖通过 CCTV 国家平台的强势传播，向大众展现了中国陶瓷源远流长的文化底蕴，其目的是为引领行业的强势崛起，更是为中国陶瓷正名。

文化无疆，世界同享。茫茫大漠，驼铃轻响不断，中国陶瓷一直在路上。马可波罗瓷砖董事长黄建平曾这样说："在古代丝绸之路开启的时候，西方人就通过陶瓷认识中国。中国人在做陶瓷方面，特别是在做配方上，有它独到的技术，应该说有祖传秘方。我们有理由也有信心，重新让中国陶瓷站在世界舞台。"

【启示】

时光荏苒，岁月穿梭。如今，在"一带一路"倡议下，"新丝路精神"的时代强音高昂奏响，鼓舞着更多的"中国制造"走向世界。马可波罗作为中国陶瓷行业的佼佼者，自觉肩负起时代使命，为行业发声，为中国陶瓷正名，在激烈的全球化竞争中愈战愈勇，致力让中国陶瓷走向世界。这份企业责任和使命，值得所有行业企业学习！

Dialogue
on
Branding

68

第 68 期

励丰文化：
用科技演绎文化内涵

Dialogue on Branding ▶▶▶▶▶▶▶▶▶

第 68 期
励丰文化：
用科技演绎文化内涵

【本期节目概述】

作为利亚德旗下文化板块的核心企业，励丰文化创造性地运用了先进的声光电科技，营造了"地球""碗边""太极""画卷"等重要场景，向世界展示了中国文化科技的融合创新能力。励丰文化始终坚持用科技创造美好生活的理念，助力文化、科技、金融的融合。励丰文化副总裁李曲柳做客本期《淳林话品牌》，分享励丰文化如何借助科技的力量发展文化产业。

一、品牌领袖

李曲柳，女，1968 年 6 月出生于湖南省邵阳市，1998 年毕业于湖南省衡阳师专艺术系，先后就读于中山大学 EMBA 工商管理和广州美术学院艺术管理短训班。20 余年间先后在知名 4A 广告公司、品牌咨询策划公司、地

产开发企业等行业提供营销策划、品牌管理、企业咨询等方面的工作；通过丰富的案例积累建立了一套有关品牌的系统作业模式和方法，尤其在城市项目（文化综合体/旅游景区提升/老城改造）的战略课题研究、概念规划、核心项目创意管理等方面具备了扎实的专业能力。

2011 年，参与和主导励丰文化企业品牌战略规划与整合传播，助推励丰文化企业的转型升级发展和品牌市场影响力的扩大。2015 年 1 月，加入广州励丰文化科技股份有限公司，担任副总裁，主管公司品牌建设与市场营销。在励丰文化企业品牌战略规划与整合传播、星河湾集团品牌管理、北大资源集团品牌战略规划与整合传播等项目中，获得了瞩目成绩。

2017 年 11 月，广州—奥克兰—洛杉矶三城经济联盟 2017 广州年会——数字创意分论坛在广州举行，李曲柳发表主题演讲，探讨城市文化和数字产业发展新态势。

二、企业简介

广州励丰文化科技股份有限公司是利亚德集团旗下文化板块核心企业，创立于 1997 年，聚焦文化旅游产业、数字创意产业和公共文化产业，致力于文化体验方式与文化消费新业态的跨界融合。在公共文化设施、数字文化体验、文化旅游展演三大领域，为客户提供创新的解决方案与全产业链的服务。励丰文化是一家集投资、创意策划、制作实施、运营管理于一体的全产业链服务平台公司，致力于成为文化体验与文化消费新业态的创领者。

励丰文化科技产业园位于广州经济发展重地广州科学城内，于 2011 年 8 月正式投入使用，是集产品研发、生产制造、声光体验、培训营销和运营管理五位一体的产业示范基地。

2008 年北京奥运会，励丰文化创造性地应用了先进的声光电科技，营造了"地球""碗边""太极""画卷"等重要场景，向全世界展示了中国的文化科技融合创新能力。在上海世博会、广州亚运会、深圳大运会，励丰文化再次成为核心创意与制作单位之一。

2013 年励丰文化正式推出高端数字音频系统自主品牌 lemuse。至今，公司共申报知识产权 394 项，其中申请发明专利 243 项；累计获得授权 109 项，其中包括发明专利 52 项、实用新型专利 39 项、外观设计专利 18 项，另有计算机软件著作权 32 项。

2014 年，以换股形式成为利亚德光电股份（股票代码：300296）的大股东，成功对接资本市场。在体验经济的时代背景下，励丰文化走出了一条创新的发展道路，打通了从产品到应用的全链条：在产品端，自主研发了高端数字音频系统品牌 lemuse 与智能化分布式灯光供电系统；在应用端，通过文化科技融合带动商业模式创新，从而打通服务链条。

2017 年 5 月 9 日，国内首个文化上市公司产业联盟——广州文化上市公司产业联盟成立，励丰文化当选联盟理事单位，致力于促进联盟成员和广州文化产业整体的快速发展。

在文化旅游产业方面，励丰文化构建起新型城镇化背景下的区域文化资源优势向文化产业优势转换的创新模式。在创意设计驱动的商业模式创新下，励丰文化通过文化科技融合驱动文旅产业创新，并落地实施一大批项目——南宁博物馆、佛山文华公园水舞灯光秀、银川文化城文旅智慧互动体验项目、茅台镇·大型新媒体空间体验秀《天酿》、四川成都江安河都市文化休闲街区，为各地加强旧城改造和城市更新，实现景区提升和产业升级作出了积极贡献。

在数字创意产业方面，励丰文化通过业态创新、数字多媒体互动研发、主题动线定制及创意声光电设计，打造展演融合、互动体验、休闲娱乐的文化艺术消费新业态，如通过打造建筑外墙秀、水舞声光秀、空间声光秀、艺术装置秀与数字景观等引爆业态、吸引人流，随之打造全息剧院、餐饮CLUB、主题夜游、亲子社交、主题迷宫、球幕剧院等支撑业态以满足消费刚需，从而提升区域商业价值，驱动投资。

在公共文化产业方面，近 10 年来，励丰文化完成了近 100 座大剧院的视听工程，包括国家大剧院、中国艺术节主会场杭州大剧院、武汉琴台大剧院和广州大剧院、延安大剧院，以及新近完成的北京天桥文化艺术中心、江苏大剧院等。励丰文化在科技与文化融合创新方面取得了国家、省市领导的关注和认可。励丰文化科技产业园自 2012 年开园以来，已陆续接待了李长春、李岚清、贾庆林等一批党和国家领导人。

励丰文化致力于推动文化、科技、金融的融合，希望在"文化引领城市转型发展"浪潮中，实现"科技演绎文化内涵，文化创造美好生活"蓝图。

三、李曲柳分享品牌故事

◎ 创新基因根植于励丰的血液中

基因是什么？基因是与生俱来的，它一直存在于我们的骨髓和言行当中。这个在励丰的发展历程中可以体现，励丰的定位是依托声光电来为专业场馆提供解决方案，这个是我们在引进阶段中主要提供的服务。从声光电的代理到为专业场馆提供解决方案，对励丰来说是第二次创业，在这一过程中，2008 年北京奥运会为我们提供了一个良好契机。2008 年北京奥运会中，李宁点燃圣火的长卷、刘欢唱歌时的地球仪、春夏秋冬的光影等都是励丰利用声光电技术做出的宏大场景。

北京奥运会上励丰在声光电集成的技术运用上，突破了当时很多项纪录。就奥运会而言，励丰参与这一重大项目受益匪浅，对励丰的发展有较大的启发。励丰始终认为科技将成为文化表达的重要手段，于是我们开始思考科技和文化之间的关系。2008 年我们重新定义了励丰：励丰是一家 OEM 企业，是一家依托声光电做场景实施的企业。科技可以演绎文化的内涵，但最终文化要创造美好的生活。考虑到这样的企业发展目标，励丰开始考虑从下游发展，从原先声光电设备的集成这一硬性层面，发展为依托文化内容的策划创意来形成价值输出这一软性层面。我们想要成为文化消费和文化体验新业态的引领者，从吸收引进到再创新，我们开始考虑励丰一定要有自己的自主品牌。后来的乐美声，是励丰的音频产品，在乐美声公司，你可以体验到 64.4 全场景、全声道的音效感受，和传统的杜比声声道相比，64.4 声道看电影会有截然不同的感觉。

◎ 自主知识产权对品牌的重要

在技术集成的创新方面，我们认为科技只是文化支撑的手段，在集成上我们有很多的输出模块，比如我们有儿童寓教于乐的互动产品；另外，对城市空间，例如广州的小蛮腰每年新年期间的音乐灯光节等。

在商业模式的创新上，我们通过顶层的产业研究来形成对项目的研判。项目的可持续发展取决于商业模式，商业模式和商业业态、逻辑等有很大关联。在不同综合地块应用不同商业模式，反推过来这种商业模式业态的布局应该适合什么样的空间设计、布局和建筑景观的设计。

励丰在做项目时有一个业态的基本逻辑，即认为引爆业态就是吸引人流，用互联网的话语来说，就是风口。比如城市空间依托声光电技术做的城市秀和旅游剧目就是导流的项目，利用人流和现金流实现未来产业可持续发展。励丰利用这样三级业态的过程，去审视我们的项目是否可以按照这样的方向去发展。

◎ 对当下文化现象的思考

泛娱乐更多的是追求感官的刺激，而泛文化代表着价值观和思维方式的输出和认同，即文化要有内涵。一个好的故事是从视觉震撼到故事情节的感动，再到对人生形成共鸣与感悟。从商业发展模式来说，企业也要更多地挖掘品牌故事，除了通过科技手段表达，还要讲述品牌的文化故事。

◎《天酿》的出发点和创造契机

鉴于贵州省提出的三大概念，旅游、大数据和大健康，励丰考虑到贵州有茅台酒这张名片，以及贵州在"十二五"期间做的很多关于城市基础设施的配套升级，旨在让人们去体验贵州的人文情怀。但是有一个现实问题，就是每年有很多的商务客去买茅台酒，却很难留在当地消费。于是励丰和当地政府就在思考什么样的项目可以成为人们前去和逗留的理由。毫无疑问，作为核心引爆事件，这个活动一定要和当地文化相结合，国酒文化这张牌如何打，有几个层面上的思考，我们"这台大戏"除了商务客之外，未来还会有年轻人来吗？游客会来吗？鉴于这些问题，励丰打造的这场文化盛宴一定要足够创新，我们也把它称为旅游时代的4.0产品。

"1.0时代"的产品是剧目剧场，"2.0时代"则把剧目从室内搬到了室外，比如张艺谋导演的大型山水实景秀《印象刘三姐》《印象西湖》等。"3.0时代"就是潮歌导演的《又见平遥》，《又见平遥》改变了传统的观影关系，它是一种边走边看的观影模式。

"4.0时代"的特色在于，《天酿》虽然由30几人组成，但是它顷刻间可以营造出天崩地裂或者是天地人和的场景，大量使用了科技的手段，利用虚拟现实、增强现实、全息影像等技术，营造出沉浸式的观演场景，大大降低了演出成本。因此，这台剧目也被称为"大型新媒体空间秀"。

励丰文化：
用科技演绎文化内涵

　　除了观影形式和技术之外，还有一个特色是《天酿》这个故事本身。《天酿》主要讲述的是一位酿酒师在追寻酿酒历程中的心路变化。故事以爱情为主线，贯穿孤独、失望、悲壮等情绪，通过这些情绪来打动观众，最终主人公酿造出了美酒也收获了爱情。在剧目中，天人合一是最高的境界。剧目通过这个故事与更多年轻人进行碰撞，希望人们在当下浮躁的社会中能有所取舍、坚定信念。这几年励丰已经完全形成了一个跨界融合的平台，我们在文学编创、空间规划、技术支撑、商业运营这四个维度，形成了平台化的运营体系，可以为政府在老城改造、景区提升、文化场馆产业化提升等方面提供更多的价值服务。

◎ 老城改造中过去和现在的区别

　　成都是一个非常宜居的城市，也是很有城市魅力的地方。它的建筑是这座城市的文化符号，是这座城市的肌理。每个地方的美食和民风民俗也是一个地方的魅力之一，在老城改造时我们会特别关注这一点。成都是一个市井文化比较浓郁的地方，要做得有品质，让当下的年轻人喜欢，就要有格调。

◎ 励丰的上市是励丰发展的大跨步

　　2008 年北京奥运会对励丰来说是一个选择契机，或是继续在原有的领域去发展，或是跳出这个"红海市场"去做"蓝海市场"，走到产业链的上游去发展。励丰的创始人一直有一种情怀，而 2008、2009 年是 IPO 上市的好时机，其实当时在奥运会时，励丰已经和利亚德结缘了，2012、2013 年和利亚德也有过谈判，2014 年我们通过并购的方式上市，这使励丰真正成为文化金融加上科技的创新融合公司，在同政府的合作上也有了更多深入的机会。

　　励丰在之前更多的是一家科技企业。科技其实就是创造生活，让生活变得更加的温暖，因此我们把 logo 从原来的冷色调变得更加的温暖一些。科技要以人为本，所以我们现在的 logo 是一张笑脸，这样更加能够传递人文关怀和品牌属性。励丰的理念是：科技演绎文化内涵，文化创造美好生活。科技是我们的手段，通过这种手段不管我们输出的是文化项目还是旅游项目，都是为了让我们的生活变得更加有品质。

四、观众互动：对话品牌领袖

◎ 励丰进入文化产业的契机是什么？在"2B"的过程中如何打造励丰的品牌？

　　励丰一直以来都坚持看大势、做大事，我们很关注国家的一些宏观战略，尤其是一些产业政策，如国家在"十三五"期间明确提出要把文化产业作为国民支柱性产业来发展。十七大、十八大也提出了文化产业化的实施路径，即文化和科技的融合。随着文化刚需时代的到来，我们消费市场在不断升级。"十三五"期间有 16 万亿元的文旅消费市场，这也是一个契机。我们觉得，励丰在发展当中，要具备在"蓝海市场"中的核心竞争力。如我们的旅游演绎剧目，源于我们的创始人一直在做关于旅游演绎工程的实施和落地，所以现在我们希望可以打造自己的剧目。我们很清楚旅游演绎剧目的规律和痛点在哪里，从痛点出发去做，应该能够获得更多的市场支撑。

励丰是一家"2B""2G"和"2C"的公司，"2G"主要是针对政府，"2B"是针对行业，"2C"是鉴于我们是一家上市公司，应该承担更多的社会责任、树立良好的社会公众形象。在政府和行业方面，我们主要的传播手段，一是通过我们自己的国际产业示范基地的平台；二是同行业同仁展开技术交流；三是我们走出去，参加很多的行业展会，主要有文博会和旅游景区的展会等。我们也注重在论坛发声，如励丰的高管经常会去政府的党组授课，也越来越重视新媒体传播。

◎ 励丰对 IP 的建立有什么看法和观点？

IP 是我们未来发展的增值部分，我们会和很多国内外的机构建立合作代理的关系，比如我们做的全息体验馆、同韩国天团的演出。中国文化底蕴深厚，因此励丰也会有一些细分市场的布局，比如针对儿童寓教于乐方面，我们现在也在跟出版社谈合作方式。另外还有自主内容的创作。

五、段淳林教授点评

从励丰文化的品牌故事中，我们看到了这家中国企业三年的发展历程，企业从最开始的 OEM 到后来的 OBM，到最后形成一个平台，这一发展过程给我们的启示就是中国企业要通过技术创新手段来传达品牌的核心价值理念。如今，文化产业和旅游产业正在成为国家的支柱产业，乘着"十三五"

文旅产业的东风，励丰文化在新型城镇化背景下，构建起区域文化资源优势向文化产业优势转换的创新模式，以此来推动文化、科技、金融的融合。励丰在这个过程中经历了三个阶段：

第一阶段是"技术+文化"，通过技术手段将文化的内容表现出来。如果仅有技术，没有文化内涵，那么技术也是空洞的。励丰文化在科技与文化融合创新方面取得了国家、省市领导的关注和认可。第二阶段是"技术+艺术"，励丰从硬件到软件的植入，其中就涉及很多创意。第三阶段是"技术+金融"，励丰在 2014 年上市以后"技术+金融"的这种发展趋势也是其未来的发展战略之一。

正如德鲁克所说，创新是企业家最重要的精神。如何构建以创新为核心的企业家社会，是未来中国经济发展的一个重要支撑点。类似于励丰文化这类的品牌始终坚持基于创新的不断进步，这也是值得其他中国企业好好学习的地方。

六、品牌传播经典案例

广州迎春花市灯光音乐会

2017 年是励丰文化第 5 次与迎春花市结缘，再一次从策划到实施地为广州迎春花市灯光音乐会提供全流程的创意解决方案。

2017 年的灯光音乐会阵容空前，各种新技术、新产品悉数登场，堪称超媒体声光秀，把广州一江两岸装扮得美轮美奂，颠覆了现场市民的视觉和听觉想象。亮灯仪式选用励丰文化高端数字音频系统自主品牌 lemuse 的技术和设备，将现场仪式隆重大气、简单热烈但又严谨的氛围渲染得淋漓尽致，为现场带来了专业演出级的室外扩声效果。同时，也丰富了灯光变换的效果，提升了灯光的亮度和质感，再配合十足动感、独具特色的音乐励丰文化：
用科技演绎文化内涵

韵律，为广大市民和游客带来了耳目一新的视听盛宴。

灯光音乐会以广州塔为中心，以珠江两岸和新中轴线夜景为背景，联动花城广场现场音乐，总时长 8 分钟，分为 5 个篇章，分别为：序曲、活力广州、乡愁恋曲、中轴夜色、花城未来。"序曲"采用的是 New Age（新世纪）曲风，以欢快的节奏配合广州塔灯光变幻，拉开花城辞旧迎新的序幕。"活力广州"以节奏感强烈的音乐配合丰富绚烂的灯光变幻，让游客感受热血沸腾、充满活力的城市魅力。"乡愁恋曲"节奏舒缓，融入广东民乐《步步高》的旋律，撩拨游客心弦，也蕴含着高瞻远瞩绘新篇的积极态度。"中轴夜色"节奏明快强烈，音乐富有动力，配合绚丽的激光表演；灯光之下，视觉变幻，营造出欢乐祥和的节日氛围。"花城未来"则以恢宏交响乐为主，以新年元素与烟火类特效收尾，寓意花城走向美好未来。

【启示】

励丰文化以走在行业前沿的创新技术赋予了艺术更广阔的想象空间，实现了内容传播的升华与拓展。灯光音乐会是助推广州城市品牌形象传播的重要组成部分，也是品牌传播的宝贵窗口。励丰用丰富的视觉体验、激昂的音乐篇章传达给广大市民和游客积极向上、朝气蓬勃的情感体验，不仅出色地完成了助推城市品牌形象传播的任务，也有效推进了自身品牌影响力的扩大，完成了对外情感力的加持。

同时，励丰文化在灯光音乐会大平台上精良的技术展示、出色的演出效果，也充分体现其"诚信如山的品格，服务如水的性情；技术是产品的灵魂；卓越是永续的追求"的企业理念。

Dialogue
on
Branding

69

第 69 期

有米科技：

用科技创新实现 "品效共振"

Dialogue on Branding ▶▶▶▶▶▶▶▶▶

第 69 期
有米科技：
用科技创新实现"品效共振"

【本期节目概述】

【本期节目推荐】

作为国内首家综合性移动广告新三板挂牌上市的企业，连续两年获得工信部的中国移动互联网百强品牌，有米科技始终秉承推进业界生态规范与创新的理念，成为数字营销领域富有进取精神和行业影响的科技公司。有米科技董事长兼 CEO 陈第做客本期《淳林话品牌》，分享有米科技如何抓住时代发展潮流成为行业前沿公司的品牌故事。

一、品牌领袖

陈第，广东汕头人，2010 年毕业于华南理工大学计算机科学与技术专业，中国移动互联网的早期创业者，于 2010 年率领团队成立中国第一家独立移动广告平台，创立有米科技股份有限公司，现任董事长兼 CEO，先后入选科技部创新人才推进计划科技创新创业人才、广东省高层次人才特殊支持计划科技创业领军人才、广州市杰出产业人才和珠江科技新星等国家省市人才计划。2017 年，当选广州市第十五届人大代表，荣获广东青年五四奖章。目前，兼任广东青年创新创业大赛评委、广州市工商联常委、广州市互联网协会副理事长和广州市青年创业大赛评委等社会职务。

怀着"让开发者有饭吃"的初心，2010 年 4 月，大学四年级的陈第带领团队创建了中国首个移动广告平台。2015 年公司挂牌新三板并进入创新层，2016 年实现新三板 2.5 亿元的定增融资，当年营业收入超 10 亿元，2016—2017 年有米科技连续两年入选工信部中国互联网百强企业。公司自成立以来，先后带动了超过 10 万名移动应用开发者和内容创业者实现创新创业，累计纳税近 1 亿元。

二、企业简介

有米科技，最具效果穿透力的全球化移动广告与效果营销平台，专注大数据和人工智能驱动的新营销服务，覆盖移动 App 与社交媒体两大生态，拥有有米云、效果广告、海外广告和新媒体业务，布局国内与国外两大市场，是广告主与流量主之间的"价值连接器"。凭借强大的广告投放平台、

第 69 期

有米科技：
用科技创新实现"品效共振"

创新的广告产品、领先的大数据及 AI 技术、精细化的广告优化与运营经验，有米科技成功连接了超过 10000 家广告主与 60 万个流量主（App 及社交 KOL 等媒介资源），形成了国内效果广告、海外效果广告、社媒与整合营销、自媒体与内容服务等完整业务矩阵，能够实现移动端全媒体覆盖，打造移动营销闭环，帮助广告主实现品牌营销与效果营销的"品效共振"，帮助流量主实现变现与媒介格调的"品位相符"。

有米科技旗下的有米广告，成立于 2010 年 4 月，总部位于广州，在北京、上海、香港设有分支机构及客户服务团队。有米广告致力于运用精准投放技术，通过海量媒体的人群细分覆盖，为广告主提供优质的品牌营销与产品推广服务，同时助力开发者获得丰富稳定的广告收益。基于突破性的双驱动 DSP+Ad Network 体系，有米广告深入对接移动端全景流量，专注技术创新与数据积累，推出以程序化购买为基础、精准人群定向为核心的专业营销解决方案。依托成长式的智能机器学习算法，有米广告将大数据挖掘与人工专家的优化调控相结合，从而保障广告投放精准直击目标受众。借助深度聚合的优质社媒资源，有米广告打造出立体触达的跨维营销新模式，帮助广告主实现移动整合营销的品效兼具。秉承推进业界生态规范与创新的理念，有米广告已成为数字营销领域富有进取精神和行业影响的科技公司。

2017 年 7 月，由有米科技联合 Morketing 共同发起的主题为"寡头时代下的手游推广求生之路"的 Y&M 手游推广交流会在上海成功举办；同月，有米科技荣获"北京广告产业发展 30 周年杰出贡献单位奖"。凭借稳步增长的业绩、卓越的技术实力以及持续引领移动营销行业创新发展的出色表现，截至 2017 年 8 月，有米科技连续两年入选中国互联网百强企业榜单，名列70 位。

三、陈第分享品牌故事

◎ 有米科技创始的最初动机

　　我认为人的一生应该能够创造一些价值，当今时代，商业是社会主流的主流架构形态，是推动社会进步的推动力。我本科就读于华南理工大学，学校整体氛围很务实，有很多的创新创业团队，我在这些团队中学到了很多，这些都加速了我创业的进程。随着移动手机和互联网的兴起，我们开始研发手机应用，这些是我们最初的业务模式，也促使了我们后来的发展。我们的团队属于中国最早的一批智能手机应用的开发者。在安卓和苹果都没有正式进入中国的时候，我们就买来二手手机来进行研发，那个时候苹果还没有推出运营商合作优惠版本，需要正价购买，那时谷歌也才推出第一款安卓手机。

◎ 智能手机广告平台建立的原因

　　最初我们做了很多的应用，但是没有客户愿意付费。后来我在同海外交流和留学的同学交流中，看到了智能手机和移动互联网在欧美的发展已经相当普及，因此我们认为智能手机和移动互联网在中国也一定会兴起。我们那时做的应用没有盈利可言，因此那时我们就在思考，有没有一种商业模式一方面使得用户可以免费的使用这些应用的同时，同时开发应用的技术人员也可以从中受益。我们想到了企业和广告主，这就类似于电视台的模式，观众可以免费观看，而电视台通过企业主和广告主的赞助去盈利。由于开发商没有盈利，所以最初我们开发这个平台时，在开发商方面进行得非常顺利，但是那时广告主还是喜欢投放在大的平台上，所以我们在开发广告主的阶段撬动得慢一些。后来淘宝加入我们的平台，淘宝在 2010 年同我们合作时，就已经是投放在我们平台上百万的客户，2011 年之后我们的运营也就变得越来越好。

◎ 创业者在创业的过程中消除内心焦虑的方法

作为一名创业者，我也会有焦虑的时候，我消除内心焦虑的方法就是买一些流传上千年的书来看。我认为流传的经典是不变的，虽然时代在变，但是人生的哲学是不会变的，这些经典会让人内心平静。人之所以压力很大，是因为着眼在眼前，喜怒哀乐是一种无常的状态，我们要问问自己想要的是什么、想要什么的人生状态、想要把公司经营成什么样。这些初衷会让我们看清未来的发展，而不是着眼于眼前的利益。我认为这不仅是短期生存的问题，更是长期发展的问题。我在经营公司的过程中发现，做企业其实就是做人，每个企业都是企业家的人格化表现，因此如何把自己做好很重要。我们公司的愿景是希望能够传播优秀的文化和内容，提升人们的幸福感，我们认为自己有什么才能给别人什么。你传播出去的都是正能量，那么感染别人的也会是一种正能量。

◎ 管理年轻群体的策略

我认为管理年轻的员工，应当尽可能地去启发他们。我会分享以前的经历给他们，其中我认为对基层价值观的把握是最关键的。领导者应该多一些细心和耐心，还应正确地看待个性化员工，因材施教。每个人都有优缺点，个性化有利有弊，年轻人很多特质我们是无法识别的，我们不能根据别人的表象去学习，要学习别人内在的优点。企业家或管理团队，要学会透过现象看本质。我们希望做一家"根企业"，即企业不仅要枝叶看起来繁茂，其中的"根"我们也要坚持和努力扎稳。"根"永远是越扎越深的，不一定是大家看得见的，但是若干年之后，大家可能会发现当初这家公司的坚持是对的。

◎ 有米科技未来市场的架构和发展方向

我们的愿景和阶段性的战略如何结合起来是我一直在思考的问题。大家去查"有米"这个词，会发现是"比较富裕"的意思。在古代，广东人理解"富裕"就是"有饭吃"。未来我们希望可以升级有米，我们希望不仅可以表示物质上的充裕，同时也可以表示精神上的富有。对于当下"北上广深"的人来说，必需品其实不多，但是我们却想要的往往很多。"90后"对于钱没有前面几代人那么敏感，所以现在精神富裕就会变得更加重要。我们不应当太空虚，沉迷于游戏，而是要充盈自己的内心世界。这是有米未来希望做到的。

在广告上，我们希望可以构建一个全球性网络。我们先把传播网络构建起来，同时也需要商业化的基础。广告说到底还是偏商业，是传播网络。当我们在全球可以触达越来越多的用户，除了可以传播广告的商业性的内容，等到未来我们有能力的时候，还可以创造一些比较优秀的内容。我们一直有一个想法，即如何把这些优秀的文化用现代有趣生动的方式去呈献给年轻的观众来看，让大家的精神生活比较富足。这是我们长远的想法，但是在短期时间内，广告还是我们的主营业务。在这里，我们还要不断地进行技术创新，要和每一个"小风口"和"小时代"相结合。

比如说，如何用AI的技术让广告变得更加有效；在现代多屏和物联网的时代，我们如何让多屏来进行展现？如今一线城市比较饱满，那么我们如何深入二三线或四五线城市？另外，我们也触及海外市场，比如一些比中国落后的国家，这些国家的互联网正在经历中国过去的风口期，那么我们如何把握住这样的风口和机会？这些是短期内我们要做的事情。

时代变化发展太快，有时候我觉得困难的是周边的环境，比如对于同事的影响，对于投资人的影响，我们自己的定力够不够，我们看到了远方，但是我们能不能够坚持，以及我们是否相信，这些在我看来是最难的。

◎ 原创内容平台和内容整合平台之间的抉择

　　只要有能力，我们希望并且愿意去做一个传播正能量的平台，这个平台不是任何内容都可以进行传播。在这里有很大的挑战，比如你想要做一个正能量的平台，那你的平台是否有用户，是否有粉丝，如果没有正能量的内容，那么低俗有趣的内容能不能够规模化，你能不能够盈利。这些是至关重要的。

四、观众互动：对话品牌领袖

◎ 作为移动广告的引领者，从零到一的过程是很艰难的，您是如何发现这片蓝海的？以及有米现在面临的问题是什么？

　　我们在 2011 年的时候，面临着行业竞争激烈、价格战响起的状况，那个时候我们在思考创新。我们比较幸运，当时一家外国公司也在做这样一个广告积分墙公司，国内也有企业在学习和借鉴这种模式。当时这种创新也像是早期在互联网上所说的 C2C、Copy to China，所以我们只能开始微创新，把美国的产品借鉴到中国，做一些本地化的改变，包括把它的名字叫作积分墙。这确实不算是一个很大的创新，只能算是一个微创新。到今天，不管是我们行业，还是企业，很多产品上的创新还是会向美国看齐，这确实是因为美国的创新在全球还是处于引领地位。我们希望未来我们也可以做这些本土化的创新。为什么我们会提到我们中国优秀的文化内容，因为这是我们不输于美国的地方，这是我们的优势，我们可以利用中国文化进行内容的创造。

回到您刚刚所说的积分墙现在面临什么样的挑战这个问题。积分墙现在来说是一个相对没落的产品了，像短视频、原生广告、信息流广告这些新的形式已经出现。我认为利润的获取有两种方式：一是通过创新；二是通过降低底线。降低底线是比较简单的、短平快的方式，你可以作假或者做一些灰色地带的事情，而创新是要付出时间和风险的；当你要做创新的时候，你面临着种种竞争环境，或者说面临着诱惑。如何去坚守是件有挑战的事情。

◎ 作为一个企业负责人应如何做到有情怀地赚钱？

我比较喜欢看一些经典典籍尤其是历史典籍，发现在当代社会中我们很多人是在重复历史。历史上很多人为了赚钱会贪污腐败，但是结果不一定是好的，这个可能不叫作情怀，我希望我们大部分中国人、大部分中国企业能够做到有情怀，这样就不会出现一些食品安全问题和空气污染问题。再比如说是内容创作，现在很多的内容存在各式各样的问题。一些利用了人性恶的特点，因为这些问题内容是最容易让人去看的。

今天我觉得中国人没有到缺钱就不能生活的地步，大家的衣食住行都是能够得到基本满足的，然而大家为什么老是要去"PK"谁赚的钱多、谁更加有名,所有的企业所有的人如果都是在名利中去选择,那么到企业和人的生命周期结束的时候,你到底给这个社会创造了什么、留下了什么,后辈的年轻人如何看待前辈企业和人呢?有时候我想到这些问题都觉得很纠结,中华民族如果真正复兴起来,光靠经济上的富足是不行的。有句话叫:人民有信仰,民族有希望,国家有力量。咱们的信仰是什么,我们中国人的信仰是什么,大家有没有在做,还是大家都在随波逐流,祖先教训我们要止于至善。

五、段淳林教授点评

有米的成功有以下几个特点:

一是技术创新与广告创意的整合。广告创意、技术与最终效果的整合,是有米的一个重要成功点。

二是快速解决实效性的问题,做实效营销的广告。这一内容成功解决了学界、业界特别是广告主关注的不知道广告投入的效果的问题。

三是勇于肩负使命与责任。有米的领导人从社会责任甚至是修平治齐的层面带领企业向前发展。

六、品牌传播经典案例

移动大数据助苏宁易购发烧节收获高 ROI 新客

有米国内效果广告借助 WeChat、QQ 等深厚的社交流量储备,利用广点通、微信 MP 广告平台强覆盖力、高精准度的两大特性,在有米广告资深的运营经验支持下,苏宁易购通过微信朋友圈、QQ 空间、应用宝等原生信息流广告形式吸引用户关注并下载 App,为"818 发烧节"活动强化社交网络的传播覆盖，促进广告受众的下单与购买，并借此培养对苏宁易购具有认可度的新鲜用户。

四城网红联动直播，米汇携屈臣氏玩转夏日护肤

屈臣氏与有米社媒广告米汇平台合作，邀请 29 位时尚、美妆类人气网红，分布北京、上海、广州、成都四大城市进行线上线下的营销活动。通过微博、微信朋友圈向粉丝发布直播活动预告，随后在屈臣氏连锁店通过美拍、映客、淘宝直播、一直播四大视频互动软件进行直播互动，赠送优惠券。最后通过微信公众号，回顾直播以及屈臣氏促销活动信息，引导粉丝线下购买。多维度的社媒营销提高了屈臣氏夏日护肤旺季促销活动关注度，从而引导受众人群进行消费，提高产品销量。

浪奇"一手了洁"社媒营销活动

广州市浪奇实业股份有限公司在原来的洗涤产品基础上，开发了新产品高浓度洗衣珠，并同期创作了《一手了洁》歌曲为产品进行造势。此次浪奇公司希望就新产品高浓度洗衣珠进行社媒推广，结合原创歌曲进行传播，以达到有效转化和产品曝光传播。有米社媒针对浪奇的需求制定了定制化的营销方案：立足于秒拍平台，分不同时间段进行原创视频传播，形成了一定的推广影响力。

【启示】

除了传统的节日营销，造节也愈来愈成为品牌追捧的营销方式。如天猫的"双十一"、京东的"618"等，造节营销能营造热烈的购物氛围，在短时期内快速实现品牌销售的转化。有米科技有效利用了具强覆盖力、高精准

有米科技：
用科技创新实现"品效共振"

度的广点通、微信 MP 广告平台，帮助苏宁完成了微信朋友圈、QQ 空间、应用宝等多入口的活动传播，做到了精准的营销洞察，不仅关注到了原有目标客户群的需求，还扩大了品牌吸引力、延伸了潜在客户群。

有米社媒广告米汇平台与屈臣氏展开合作，通过网红达人等 KOL 有效带动了其粉丝群加入营销互动，促进销售转化。同时，直播、短视频等方式能调动用户的参与积极性，这类强互动形式能迅速吸引年轻消费群体的目光，增强品牌影响力。除了在线上利用社交媒体进行营销，米汇还在大型城市开展线下营销活动，助推屈臣氏品牌形成线上线下立体化传播矩阵，提高了品牌声量。

有米社媒针对浪奇的需求制定了定制化的营销方案，为其拓展年轻消费群体打造了《一手了洁》歌曲，用生动化、趣味化的方式促进了品牌形象的更新。同时，有米利用秒拍等社会化媒体对浪奇营销歌曲进行传播，使得社交平台的年轻用户群与品牌拓展的目标人群相契合，从而取得了良好的传播效果。

Dialogue
on
Branding

70

第 70 期

白云山制药：
专注生命健康事业

Dialogue on Branding ▶▶▶▶▶▶▶▶▶

第 70 期
白云山制药：
专注生命健康事业

【本期节目概述】

40 多年来，白云山制药总厂一直坚持"爱心满人间"的经营理念，不断追求创新与蜕变，致力于打造中国最具美誉度和诚信度的医药企业。这份成功，既蕴含着白云山人服务于社会的崇高精神，又承载着品牌对创新发展的执着追求。白云山制药总厂厂长裴泽建做客本期《淳林话品牌》，分享他和白云山制药专注生命健康事业的品牌故事。

一、品牌领袖

裴泽建，湖南临澧人，1982 年 7 月参加工作，1988 年 1 月加入中国共产党，硕士学位，制药工程师职称。现任广药集团大南药板块副总监、广州白云山医药销售有限公司董事长、广州白云山医药集团股份有限公司白云山制药总厂厂长、广州白云山明兴制药有限公司总经理。

多年来，先后担任过白云山矿泉水厂厂长、白云山宝得药厂副厂长、广州白云山制药股份有限公司五分厂副厂长、白云山企业集团公司经营四部部长，曾任白云山侨光制药、白云山制药总厂、白云山何济公制药厂、白云山星群(药业)营销部门负责人，以及广西盈康药业有限责任公司董事长等职务，是中国医药行业创新变革的见证者、参与者。

2017 年 6 月，广州白云山医药销售有限公司喜获 2016 年度中国医药行业最具影响力榜单"2016 年度中国医药商业 50 强""2016 年度中国医药成长 50 强""2016 年度中国医药行业守法诚信企业"三大奖项。2017 年 8 月，广州白云山医药销售有限公司经营的金戈、抗之霸、白云山小柴胡登上 2017 健康中国·品牌榜。

二、品牌简介

白云山制药总厂创立于 1973 年，2018 年中国 500 强企业排名 165 位，连续多年位居中国工业制药百强榜首企业，全国著名的抗生素专业化生产企业和全国制药工业百强企业，全国知识产权优势企业、全国首批知识产权贯标企业，也是广药集团旗下最大的制药工业企业和国内最大的单体制药工业企业，现有职工 1300 余人。企业集科研、生产、销售于一体，开发研制的药品达 200 多种，拥有多个有自主知识产权的新药，年销售规模超过

第 70 期

白云山制药：
专注生命健康事业

20 亿元，且销售收入、利润连续多年稳定增长。拳头产品仙力素(注射用头孢硫脒)填补了我国自行研制、开发头孢类抗生素的空白，年销售额数亿元。拥有"白云山""抗之霸"两个中国驰名商标以及 11 个剂型超过 300 个品规的产品，抗生素产品群声势浩大，几乎涵盖了所有抗菌消炎常用品种；首个中国"伟哥"金戈突破重围，于 2014 年 9 月 3 日获批生产，彻底终结了外资药企在中国抗 ED 市场长达 13 年的垄断，白云山金戈成为国内首个上市的国产"伟哥"，而且凭借过硬品质、确切疗效、实惠价格，上市第一年即创造了销售 7 亿元的奇迹，上市第二年销售突破 12 亿元，销售数量远超同类产品。

近年来，白云山制药总厂投入大量资金开展产业升级工作。先后投资超亿元打造了具有国际化先进生产水平的粉针大楼，2014 年 4 月 1 日，时任广东省委书记胡春华曾到此调研并给予高度地评价。投资 1.8 亿元打造了占地 170 亩的广药白云山揭西生产基地，年产值可达 10 亿元，实现了技术先进、绿色低碳、高效率、低成本，是国内最大的口服青霉素生产基地、国内最大的感冒镇咳类中成药生产基地。2017 年 7 月，广州市委书记任学锋调研广药白云山揭西生产基地并给予充分肯定。同时，总厂还积极推进两化融合工作，2015 年入选全国 100 家互联网与工业融合创新试点企业。

白云山制药坚持诚信经营，践行"爱心永恒，质量至上"的工作方针，坚持五级质量管理体系与全员质量管理，全面保障产品质量。企业先后获得了中国优秀诚信企业、全国守合同重信用企业、全国用户满意企业、广东省医药企业信用等级评价 AAA 级、广东省知识产权示范企业、广东省清洁生产型企业、广东省节水型企业、广东省企业管理现代化创新成果一等奖等多项荣誉，"白云山"商标被认定为中国驰名商标，品牌价值达 283 亿元。经过不断地突破和蜕变，白云山制药总厂俨然已经占据中国抗生素南方版图霸主的地位，成为口服抗生素第一品牌领军企业，抗生素每年销售额达 20 亿元，口服抗菌消炎药统一品牌——抗之霸品牌价值超过 50 亿元。

白云山制药还坚持"低碳、环保"的发展理念，首倡并践行"联合打造中国医药绿色产业链"，率先采购国际先进的绿色酶法工艺用于制剂生产，有效促进了医药产业链的绿色发展，为保护环境作出了贡献。

三、裴泽建分享品牌故事

◎ 关于广药白云山的品牌故事

广州白云山制药总厂是白云山药业的发源地，白云山药业坐落在白云山风景区。白云山制药厂成立于1973年，通过几代人的奋斗，已经成为国内知名企业。药厂从大锅产药做到了用人工智能进行生产运作。白云山制药总厂是国内口服抗生素的第一品牌，一年销售有20多亿元，在行业遥遥领先。另外，我们也拓展了其他的领域，如治疗ED类产品——拳头产品金戈，通过不到三年的拓展，年销售额就达到了18亿元，这是来之不易的。

◎ 广药集团和白云山制药厂的关系

广药集团以前分为两个上市公司，一个是白云山，一个是广州药业。通过公司重组、一体化，我们将两个上市公司合并，现在更名为广药白云山，其为跨深圳、上海、香港三地的上市企业。公司在2012年整合前的市值为175亿元，现在的市值达440多亿元。广药集团旗下有很多的制药企业，其中白云山制药总厂就是骨干企业之一。现在公司的基本框架和思路是国内药品市场以白云山品牌为核心，大健康行业以王老吉作为统一品牌，以后开拓国际化市场以广药品牌进行推进，所以基本上形成了三个品牌。

◎ 白云山制药成为行业领先的关键节点

品牌是我们的核心要素之一。白云山的品类——抗生素类、处方药类是不能进行大众宣传的，所以我们品牌的打造经过了非常曲折艰难的过程。

其中有一个品牌叫"抗之霸"，我们从 2003 年开始对其进行筹划，当时只有个别抗生素用这个品牌。而到 2005 年，我们认为越来越多的抗生素需要一个统一的品牌，于是我们开创了一个品类品牌，所有的口服抗生素共用"抗之霸"品牌。经过七年左右的打造，"抗之霸"品牌已经深入人心了。在 2012 年，其评估价值达 50 亿元，被认定为中国驰名商标。白云山制药总厂目前拥有两个驰名商标：一个是"白云山"这个大品牌，2008 年其市场评估价值为 283 亿元；另一个是"抗之霸"品牌。现在，我们又新增抗 ED 类品牌"金戈"，虽然目前还未评估，但我相信其价值不低。而西地那非产品本身是治疗心血管疾病的药物，后来被发现有副作用，即能够治疗 ED，最后 ED 反而成为其主要适应证，其心血管类的治疗作用往往被大家淡忘。现在我们在开发的抗 ED 类药物，除了所说到的金戈、西地那非外，我们还在研发他达那非，以后还会有更广泛的研究方向。

◎ 品牌打造过程中的小插曲

在药店看到白云山的产品大多是处方药，许多消费者在小区药店等地买同类型产品时，会认准白云山品牌。品牌认知度高，有信誉。金戈在短时间内，就创造了品类奇迹。金戈成功的背后是白云山人辛勤的付出，我们 16 年磨一剑，在 1998 年就开始谋划西地拉非的开发和上市，在中国进入 WTO 后，国外品牌在中国申请了一个专利，当时碍于专利保护，我们的产品无法上市。直到 2014 年国外品牌专利到期，我们马上就进行上市。上市之后，产品之所以能快速占领市场，是因为我们懂得如何满足病人的核心需求，这是我们考虑的重要因素。企业品牌最终是要靠消费者认知和认可的，我们首先考虑到的就是品质保证、疗效确切，我们产品的疗效和质量完全是等效的，副作用也非常小，所以产品一上市就获得了消费者的强烈认可。通过一系列的品牌宣传，联合中国男科协会进行相关科普，赞助"男性健康中国行"活动，让原先消费者对其为隐私产品的认知转变，发现 ED

和感冒发烧同理，也应是依病用药。其次，产品满足了中国消费者的普遍诉求。金戈产品的性价比比原有产品好得多。我们对美国 FDA 和中国 SFDA 的推荐使用剂量进行分析，考虑到中国人使用 50 毫克的剂量就已足够，而原有的市场产品在中国销售的是 100 毫克，而 100 毫克和 50 毫克剂量的差异不大，但副作用、购买成本却比 50 毫克大得多。所以我们提出了一个理念，即国产"伟哥"一次的用药费用可降低 60%，因而得到了消费者的认可。

◎ 白云山品牌的差异化品牌优势

我一直都在思考两个问题：一个是怎么让消费者愿意购买我们产品，这也是我思考的核心问题。广告宣传等方式都是在传播产品的知名度和美誉度，我们要通过"指名购买"让消费者主动购买产品。另一个则是整个渠道价值链的打造问题。消费者愿意购买产品也要买得到才行，所以我们也非常注重渠道价值链的打造。

由此，我预见到未来医药市场的几个明确的趋势：

第一，药店连锁化，我们几乎和所有的百强连锁达成了战略合作。

第二，连锁品牌化，连锁必须和品牌企业合作才行，做生意也要打造品牌。原先有些企业走了弯路，其连锁做到一定规模后，就想通过兼并小药厂并打贴牌的方式提升毛利率，最终并未得到市场的认可，导致品牌价值下降。连锁一定要和品牌企业合作，打造名企名店名优产品。比如我们所熟悉的大森林、健民药店等，从渠道的角度来看就是品牌店。品牌店必须有品牌产品支撑形象，而且医药产品很特殊，消费者首先考虑的是安全放心，还会顾及疗效。白云山的产品在一些药店可买，而在一些药店是买不到的，这就是终端销售的区别，我们希望拓展终端以提高销量。在消费升级时代，品牌之间的强强联合将为企业助力。产品是有生命周期的，但企业却可以有的不竭动力，那便是创新。所以在内部，品质是企业的生命，创新是企业发展的原动力。广药集团 2017 年预计有望实现千亿级销售，力白云山制药：
专注生命健康事业

争到 2020 年冲刺世界 500 强，作为广药集团"大南药"板块的主力军，尽管白云山制药总厂现在有"抗之霸"系列、西地那非、金戈等明星产品支撑公司的发展和繁荣，但我们一定要考虑未来。科学管理、创新驱动、风险控制是我们的企业三大战略。企业发展一定要做好风险控制，白云山制药总厂也在进行谋划，首先要做到创新药品。我们的制药团队在行业中是非常超前的，企业拥有博士后工作站，总厂单一企业就拥有 6 名博士，最近又准备引进一名海归人员，积极加强人才队伍建设。在战略方向上，我们也有长远考虑。针对类似于金戈这样的产品，在其专利到期时，我们会把握契机在国内上市；另外，我们也在做高端制剂。有一些产品药物虽好，但给药方法未必最先进，比如抗高血压的药物，其选药浓度要求极其关键，因此我们可以做一些缓释制剂、控释制剂，乃至于"生物导弹"，进行定向治疗。这样做既能提升企业品牌，又能延长产品的生命周期，也将有利于消费者。

第三，在制造方面，引进人工智能。按照广州"IAB 计划"，其中之一就是发展人工智能。广药集团李楚源董事长未雨绸缪、高瞻远瞩，带领广药集团与美的、京东、科大讯飞等知名企业开展跨界合作，打响"广药智造"品牌，所以白云山制药总厂也准备向这个方面发展，在生产过程中由机器人运作以实现完全的标准化，避免人工操作上的主观性失误。

◎ 同种药物的不同产品之间的区别

在药物效果方面，国家都有一个法定标准，即药点标准。很多企业往往还有一个内控标准。品牌越好的产品的内控标准就越比国家标准严。例如白云山制药总厂的头孢硫脒，它是国内相关产品中唯一拥有自主知识产权的。我们对于自身的内控标准比国家标准高得多。其中，有一个项目叫可见异物，国家规定是五个可见异物，现在我们的内控则是两个。

◎ 医药领域的药物知识通俗方式科普类传播方式

以白云山金戈为例，我们与中国男科协会携手开展科普计划。我们打算长期赞助男科协会，使中国的 ED 患者正视疾病而不耽误治疗。这类科普知识的宣传也是一种品牌宣传。因为处方药往往难以通过大众媒体广告进行宣传，只能在专业杂志上进行宣传。但是，专业杂志宣传面有限，所以我们通过医生或赞助科普项目，来进行大众化的科普宣传。白云山的文化理念是"广药白云山，爱心满人间"，企业除了盈利，也会回馈社会。所以，我们和钟南山院士联手开展"蓝唇新生计划"，进行免费赠药。肺部的血管疾病会导致肺动脉高压，由于缺氧则引起疾病后患者嘴唇发乌。这个疾病原来主要依靠进口药物西地拉非，高昂的费用导致许多人放弃了治疗。我们和爱心基金组织合作，赞助了 126 万元资助新生计划，联合钟南山院士以及爱心社会人士，共同关爱这类疾病患者。活动合作效果很好，许多媒体进行了报道，后续我们将继续加强投入。

◎ 白云山制药的公益性项目赞助

广药白云山的理念就是"爱心满人间"，我们在每年的 8 月 13 日都会办一个家庭药品回收活动。迄今为止，已经坚持了 9 年，总共回收了几千万元的药品。很多消费者会闲置一些药品，而药品是具有效期的，通常为两年，过期药品是有毒性的，因此非常危险。药品必须进行专业的无公害化处理。消费者拿过期药品到指定药店，即可换新，而过期药品我们将统一销毁。每个家庭都会有许多过期药品，将其当垃圾处理不仅污染环境，还会有危害其他人群的威胁。所以，为了方便大家换药，我们的回收药品活动也进行了升级，已经和京东联合，在线上进行药品回收。企业一直坚持这项行动，还获评吉尼斯世界纪录，这个项目也是世界首创。

第 70 期
白云山制药：
专注生命健康事业

◎ **白云山品牌文化建设故事**

　　白云山品牌内涵丰富，涉及十几个工业、几个商业企业。每一个企业的文化都有所不同，但总体的文化理念是"广药白云山，爱心满人间"，也就是一定要服务于广大消费者。对企业来说，盈利无可厚非，但盈利之上应是回馈社会。白云山的产品成本可能比其他企业要高一点，是因为从原材料的采购到生产过程的控制都是力求最优的。广药旗下有许多中药企业，我们的药材都是定点种植的。所以，白云山的核心理念就是永怀爱心。其作为品牌精神的传播内核，是至关重要的。

◎ **增强员工凝聚力的建设工作**

　　企业员工的忠诚度也是很高的。白云山非常推崇人才计划、给员工提供成长的优质平台。每年我们所招的应届毕业生很少跳槽，我本人在广药就已经待了 20 多年。尽管很多猎头公司想以高薪挖走我们的人才，但我们公司内部的文化、建设的平台相对于其他竞争者，更利于员工的成长。一直以来，白云山坚守核心价值观，集团内部职工也按照企业要求服务于广大消费者，在每一个环节上严格把关。

◎ **驻守于白云山品牌的原因**

　　白云山是一个温暖的大家庭，广药高层对员工无微不至。再者，白云山为员工提供了非常公平的竞争环境，我自身也是纯粹靠辛勤奋斗打拼至此，所以，在白云山可以感受到"越努力，越幸福；越拼搏，越成功"。

◎ **白云山人的内在特质**

　　白云山制药总厂自 1973 年成立以后，给人的印象就是敢为天下先。虽然用现在的观念看，许多思潮已不太先进，但在当时都是非常超前的。在

20 世纪 80 年代，白云山就开始搞承包制、提成制。白云山对内、对外都强调爱心的内核，只要国家有难，一定就能看到白云山的身影。如汶川地震后，我们就在当地投资 5 亿元建立了王老吉生产基地，开展造血式扶贫。这种扶贫是点对点的扶贫，不仅是输血，更是出于可持续发展的考虑。

◎ 白云山在长远投入上的规划

广药非常重视长远投入方向的规划，成立了研究总院，聘请了两个诺贝尔奖获得者担任我们的研发科学家，并拥有 9 名国内院士成员，在人才队伍建设上处在战略高地。广药在机制上包容错误、倡导改革，提出了"为干事者撑腰，为担当者担当，为负责者负责"的理念。新药的研发具有很高的风险性，但作为大型国企，这是必须予以承担的。譬如肿瘤、心血管疾病这类疑难杂症，我们也在积极投入，研究靶向治疗这类针对肿瘤的药物。我们把产品研发方向分为几类，在慢病杂症上都会投入一定的资源。白云山制药总厂本身效益可观，每年会拿出 10% 左右的收入作为研发费用，这在国内企业中是较高的，这种投入就是企业可持续发展的动力。广药白云山属下的企业基本属于国家高新技术企业的认定范围。高新技术企业的评定标准之一就是研发投入要达到一定比例，我们每年都会超过此比例。企业发展最关键要靠创新驱动，所以集团也以此为定调，在未来几年，将从以营销为导向转变成创新驱动发展。

◎ 白云山品牌的发展愿景

目前来看，白云山的定位是口服抗生素第一品牌，成为抗 ED 类的领导品牌。未来，白云山将持续巩固口服抗生素类品牌地位，把主要方向放在抗 ED 类、治疗慢病类上，成为社会公认的、美誉度高的上市公司。按照集团的短期目标，广药集团计划在 2020 年打造成一家市值过 1500 亿元的企业，入围世界 500 强。目前，我们处在中国 500 强的第 171 位，在四年内已经向前推进了 106 位。

四、观众互动： 对话品牌领袖

◎ 作为一个中国品牌，白云山是如何通过自身优势走向国际、迎来崭新的时代的？

广药集团把国际化定位目标之一。国际化首先要打造品牌，广药集团的战略定位非常清晰，在国内市场我们统一用白云山品牌，在国际市场用广药品牌。目前来看，我们的国际拓展业务较为顺利，如何济公的皮康霜在国外销量可观。现在，公司有专门的国际部来处理相关业务，同时，我们也积极在印尼、美国等国家进行国际认证。

◎ 企业的发展与国家政策息息相关，目前，中国经济已经进入新的阶段，请问应如何面对未来五年的机遇与挑战呢？

未来的发展是机遇与风险并存的。对医药行业来说，总体而言，是机遇大于风险的。最近一段时间，国家正在进行医改政策和药监政策的评估，企业应顺应发展，做到稳中求进、顺势而为。我们将尽可能适应有益政策，避开不利因素，追求企业的快速发展。

五、段淳林教授点评

白云山制药总厂今天的成功与发展，首先得益于它的创新驱动。创新驱动非常符合当今国家战略，而白云山制药无论在产品、管理还是社会责任等方面，都走在前沿。

同时，其拳头产品进入的契机非常好，而且它们找到了适合中国消费者的心理需求，在知道人们想要什么产品的同时又知道人们的心理期望值是什么。

此外，白云山制药总厂能够解决社会期望承担的社会责任。不仅仅是关注快速的市场目标，同时还承担长远的社会责任，比如进行心脏病、肿瘤等疾病的长期性研发投入。

白云山制药总厂也坚持通过医药来推动人类的健康和进步，将其作为更长远的愿景和使命。

六、品牌传播经典案例

太子妃金戈

【营销背景】

2014 年，广药白云山宣布国产"伟哥"金戈正式上市，正式杀入抗 ED

(男性性功能障碍症)市场。网络剧《太子妃升职记》由热门"搞笑 IP"改编，讲述男儿心女儿身的"太子妃"升职为"太后"的故事，金戈将产品软性植入其中，并结合剧情内容开展娱乐营销。

【营销目标】

通过软性内容植入和社会化媒体炒作，使金戈的品牌产品随着《太子妃升职记》的热播获得广泛关注及热烈讨论，进而提升品牌知名度及影响力。

【策略与创意】

摆脱了古装剧的题材限制，与穿越题材自制剧内容巧妙结合，并借助互联网化的表达方式将产品卖点及品牌诉求融入其中，使金戈以轻松娱乐的方式呈现给受众，强化植入印象。

围绕剧情的话题持续发酵。以微博微信为主阵地的社会化媒体平台不断发掘品牌传播价值，吸引更多网友关注讨论。《太子妃升职记》"男穿女"的剧情设定十分新颖，剧中的服装造型、演员等相关话题均引发了网友的热烈讨论，网友观看的同时还可发送弹幕实时互动，使得品牌传播更加接地气。

【执行过程/媒体表现】

执行方案：乐视网(PC+Pad+Phone+TV)四屏推送《太子妃升职记》，提高关注度；社会化传播(微博、微信、论坛)等话题发掘，强化网剧植入效果。

结合互联网的表达方式和金戈品牌特点将"搞笑剧情"分布到整个剧集当中，提升品牌的持续曝光率，体现出三大植入特色：

(1)植入产品成为内容卖点。在剧中，"金戈"是上至皇上、下至百姓趋之若鹜的神药。金戈是中国版"伟哥"，在情节设计方面，包括男人抢购一空、当晚旅馆全部满员、皇太后为皇帝多生子嗣等，准备了一系列非常合理的情节，强化品牌信息。

(2)观众追"广告"成为一大现象。

（3）乐视首创"双彩蛋"内容营销新招，"一鱼双吃"，"NG"也能放大招。

乐视四屏推广，金戈捆绑露出。在广告植入的具体措施方面：宣传期，角色海报捆绑金戈品牌元素，引发关注；热映期，围绕用户观影路径，在乐视首页、电视剧频道、自制剧频道等全面推广，金戈捆绑露出在午间自制剧场，金戈品牌全面露出，全面强化网友印象。

【营销效果与市场反馈】

该剧网络播放量惊人，成为 2015 年度网剧最大黑马，播出仅 5 日，创造了移动端突破 3000 万播放量的神话，开播 15 天，网络播放量已达 2.4 亿，乐视网评论数达 3.2 万；截至 2018 年 1 月 14 日，网络播放量已接近 20 亿，乐视网评论数达 33.5 万，网络热度呈几何级倍数增长。

社会化传播效果突出：截至 2018 年 1 月 14 日，微博话题阅读量已达 22.3 亿，评论数 205.8 万，豆瓣评分高达 8.0 分，甚至超过《芈月传》（5.0 分）；艺人新媒体指数排行榜上，女主角张天爱排名第一，力压众多一线明星，"九王"和"太子"也进入榜单前十。

品牌知名度及好感度大幅提升：随着《太子妃升职记》的热播，白云山金戈官微的评论数明显提升，金戈的百度指数 7 天整体上涨 1000%，"太子妃金戈"一度飙升至微博实时热搜榜第 5 位，金戈赞助合作获得众多网友关注及好评。

【启示】

白云山制药总厂凭借与娱乐化网剧之间的合作，获得了极大的产品曝光和品牌露出，取得了较好的营销传播效果。白云山制药总厂摒弃了以往的传统媒体渠道传播，而选择依附于新媒体及网络平台进行营销，这是白云山制药在品牌传播中一大突破。鉴于产品的特殊性，将其在网剧中采用娱乐化剧情植入方式进行传播，一方面能够在网剧的轻松氛围中一定程度上实现有效的产品知识普及，另一方面又能够在自然而然的剧情发展中获得观众对于产品和品牌的好感度而不产生对于广告的反感心理。此外，由于网剧的受众以年轻群体为主，因此，此次营销行为也可以说是白云山制药在产品年轻化道路上的一次重要试水。不得不说，这次试水取得了成功。

Dialogue
on
Branding | 71

第 71 期

维意定制：
用技术改变家居

Dialogue on Branding ▶▶▶▶▶▶▶▶▶

第 71 期
维意定制：
用技术改变家居

【本期节目概述】

维意定制是定制家居行业的推动者，也是传统家居行业的搅局者。其立足于新设计、新制造、新零售，依托创新科技技术，最大限度地满足终端消费者的个性化需求，为追求"成就你我家居梦想"的企业愿景而不懈努力。维意定制总经理欧阳熙做客本期《淳林话品牌》，分享维意定制用创新科技服务家居行业的故事。

一、品牌领袖

欧阳熙，维尚集团副总裁，维意定制总经理，心意行动联合发起人。2003 年至今，欧阳熙带领维意定制从零开始，一路奋斗，取得了优秀的成

绩。2004 年，他与圆方软件的几位合伙人创办了维意衣柜。2006 年，他带领团队率先打通维意定制的前端设计与后端生产机制，首创定制家具行业中的"柔性化生产"形式，成为定制家居行业发展历史上的一个重要转折点。目前维意定制已经成为全屋定制的行业标杆，并树立了免费全屋设计的服务模式和 C2B 与 O2O+SM 商业模式结合的新标准。

欧阳熙认为，除了极致打造坚信品质与口碑外，还必须适应市场需求变化，不断革新，自我思维。市场格局的变化总是逼迫着企业不断探索出路，要么作茧自缚，要么破茧成蝶。在这样的背景下，欧阳熙表示维意定制一直立足于新设计、新制造与新零售的理念，专注于实现"把少数人的定制，变成多数人的生活"的愿景。

除了工作之外，欧阳熙对生活与家庭也充满热情，据其所言，"上山下海、运动玩乐、周游世界"是其爱好。

二、企业简介

WAYES
维意定制

维意定制（WAYES）创立于 2003 年，是一家集设计、制造、服务于一体的家具企业，专注于全屋家具的设计及个性化定制生产、配套家居产品的销售，并向家居行业企业提供软件及整体解决的信息化方案设计、研发和技术服务。

自成立以来，维意定制一贯注重用创新科技服务家具行业，在国内创新性提出"数字化定制概念"，解决了个性化定制与标准化生产的难题。本着为消费者提供个性化家具的理念，公司以圆方软件的信息化技术、云计算、大数据应用为驱动，依托新居网的 O2O 互联网营销服务平台，以及佛山维尚大规模定制的柔性化生产工艺，实现了全屋板式家具个性化设计、规模化生产的"C2B+O2O"商业模式。一直以来，维意定制都以信息化为手段，践行"三全理念"，即全屋家私定制、全程数字化服务、全心顾客体验，最大限度地满足终端消费者的个性化需求，为追求"成就你我家居梦想"的企业愿景不懈努力。

除此之外，维意定制还热心于社会公益，举办了名为"心意行动·爱读书"的公益活动；发起一人一书，为山区小学捐赠"快乐书吧"倡议；并率先为广东罗定市分界镇金河小学等 5 所山区学校的教室量身定制书柜式讲台，以改善其教学条件。

三、欧阳熙分享品牌故事

◎ "双十一"活动的准备工作

"双十一"现今已成为中国互联网界的大日子。虽然对定制家居行业来说，我们的历史发展较短，但我们对此也极为重视。2019 年 9 月，我们就对此开始了筹备。在 2019 年"双十一"中，维意定制有几个亮点：第一，我们在整个行业是为数不多的半小时内销售额突破 5000 万元的；第二，我们也是定制家居行业内的几家企业中，当日线上突破 1 亿元销量的一员；第三，不仅在线上，"双十一"期间线下销量也喜人，甚至超过了线上销量。当日，公司高层也在线下门店进行签售活动，活动现场异常火爆，销售数据非常可观。现今，企业营销不仅需要深耕互联网，还需要注重线上、线下的双向融合。

◎ 关于维意定制诞生的故事

维意定制的诞生有三个偏执狂的故事。第一个"偏执狂"是维意定制的柱子哥，他是苛求细节的人。他原先是华南理工大学的老师，专攻机械制图领域，后下海经商。所以，他把对机械制图方面的严谨要求放在家居制造上。第二个"偏执狂"是维意定制的周董，他偏执于软件开发方面。有的人解决问题习惯于从组织方面着手，有的人专注于研发方面，而周总遇到问题往往钟爱于从 IT 方向入手。第三位则是付建平董事，他原先一直在家居行业发展，非常热爱生活，是设计方面的偏执狂。维意定制走到今天，他们三个方面的偏执影响都是不可或缺的。其中，付建平先生对家居生活特别关注。以前他都专注于成品家具，但有一次，他在自己搬新家的过程中，发现人们因为用同款家居品而缺乏个性，所以萌发出自己设计的念头。他发现，即使他是家居行业的从业者，也很难完成个性化定制。在那时，该细分市场正处于空白，他在洞察到此需求后，欲带领其所在企业往此方向发展。然而，在经过企业的多次尝试后，仍以失败告终。后来，他碰到了柱子哥、周董，三人思考能否用软件的方式解决。众所周知，维意定制的前身是圆方软件，一家为家装公司提供设计系统小软件的小微 IT 企业。软件所解决的问题是帮助让设计师用更快、更便捷的方式将效果图呈现给客户。

在这时，三个"偏执狂"刚好碰到了一起，他们决定自己开专卖店。起初，公司做的是定制衣柜。那时正值 2003 年，在房地产行业第二波浪潮火热的背景之下，普通老百姓的购房成本越来越高，消费者也越来越在意对空间的利用率，所以衣柜也需要提高收纳空间的使用程度。这虽然只是一个较为纯粹的想法，没有触及个性化定制的层面，但空间问题在市场上确实是一个难题。所以，他们想通过设计一款软件来为每一位顾客提供设计方案，为顾客进行需求的量身定制，甚至为他们提供颜色的搭配选择。2003年，维意定制应运而生。坦白讲，我对维意定制的第一批客户仍心存内疚，因为觉得第一代产品做得不够理想，毕竟我们是做软件起家的。虽然团队中也有付总这样的做家居产品出身的人，但全新产品在工艺上还是有所不足的。因此，李总作为细节偏执狂，对此是比较恼火的。但另一方面，他们也觉得比较欣慰，因为他们发现软件应用的思维是广受欢迎的。消费者虽然知道我们衣柜的细节有缺陷，无法与成品家具的细节感相比拟，但却能满足消费者的尺寸与颜色等要求；同时，消费者还能获得免费的彩色效果图、预算清单。2003 年，公司便已拥有渲染、虚拟现实等方面的核心技术，能够实现快速导出效果图的服务。现在，这项服务技术，已在国内几十个地区、国家进行销售，这是中国软件人的骄傲。

◎ 维意定制代言人策略

维意定制的代言人都是国内一线的明星，身价很高，我觉得代言人的选择和维意定制的三位"偏执狂"领导人是有关系的。我们坚持与合作伙伴一起成长；除了代言人，维意的很多合作伙伴也是从企业创业开始就一直在合作，不论是维意定制的经销商、代理商还是加盟商，我们在对合作伙伴的选择上变化相对很小。到现在维意定制仍然有一大批十几年资历的老加盟商，一直与我们进行长期合作，所以这也算是维意定制的一种潜移默化的企业文化。

一方面，要讲究持续性合作的代言；另一方面，要邀请有实力的代言人。维意定制的形象代言人使大家对品牌有很好的联想，起到了理想的聚焦效果。形象代言人应符号化，要和品牌建立良好关联，维意定制显然做到了这一点。而且，维意定制选择代言人不偏重"流量小生"，而是注重一定的地位高度。如果市场环境没有特别大的变化，我们都会以沿用代言人的策略为主，这也是讲究品质感的原因。

◎ 缺乏阅历的年轻设计师满足设计工艺要求的历练

维意定制靠设计起家，也一直将设计作为核心。最近，我们的广告词也回归设计，重定为"维意定制，好设计"。如果要做好设计，光靠软件是不够的。设计师是整个团队中的核心的力量，所以在设计师打造方面，我们下足了功夫。可以说，我们是行业中拥有设计师数量最多、水平最高的企业。我们基于云平台建立了专门的"设计岛"，所有的设计师都聚集在此。针对这个"设计岛"，也有一句标语，即"维意设计岛，设计师的桃花岛"。在"设计岛"上的设计师会经过积分、升段等过程。随着不断为客户服务，设计师会积累越来越多的经验。从消费者的角度来看，设计师从专业角度、美学角度，给予客户基于其意见之上更高层次的建议。同时，"设计岛"也能使设计师清楚自身究竟得到了多大程度的提升。如何让设计师对工作上瘾，这是值得我们关注的话题。

◎ 关于维意定制的主要设计团队

我们的团队里，有一些设计师是从 2003 年驻守到现在的。但随着时代发展，越来越多"80 后""90 后""95 后"涌入职场。年轻人往往在创意思维上更有优势，他们的能力是不可小觑的。未来，他们将成为定制家装行业的中流砥柱。

◎ 企业激活年轻人热情的管理方式

企业文化对企业来说是顶层建筑。以前，有人提倡在追求共同理想的前提下顺便赚点钱，现在的年轻人却不这么想。所以，现在我们倡导的理念是在追求个人价值实现的同时，也可为企业做点事。以前的企业往往强调精益化、标准化的管理，但今天已大有不同。现今，企业追求"轻管理、重经营"的运营思维，维意定制则是追求"轻管理、重设计"的理念。真正的企业制度应该是在企业发展中潜移默化的规则，而不是成文的制度。

◎ 维意定制的新零售创新

我们自嘲企业是奇葩转型的 IT 公司，这些年发展取得的成绩，是不断革新换来的。当初，我们不被看好，但当我们把免费效果图服务向所有消费者开放时，就受到了同行的质疑，成为"行业公敌"。许多人认为不收费意味着没有价值，但我们不这样觉得，因为我们的设计已成为服务的一部分。后来，我们试图向宜家学习，发展轻运营模式，找中国大型企业帮我们进行生产。但在尝试一段时间后，我们发现这难以达成。

我们也想学习宜家，输出品牌、输出设计、提供订单。虽然中国的家居制造业很发达，许多企业所用的是国际最先进的设备，但我们发现自身已进入了个性化定制的全新领域，这与标准化的大规模生产模式是矛盾的。所以，我们决定以柔性化、大规模的生产模式自己着手生产产品。我们用IT技术改变生产模式，向大型流水线生产个性化产品发展，每一个流水线的工作人员也只需按照机器发出的指令来进行相应操作。这一模式诞生后，维意定制、尚品宅配全屋定制品牌也就应运而生了。直到 2015 年，这个行业才完全接受了全屋定制，这时，以前做定制橱柜、衣柜的企业纷纷改名，强调全屋定制概念。

当定制模发展到 O2O 阶段，引领了渠道方面的"大革命"。每一个企业在此方面都有不同做法，比如宜家就是从直邮模式下手，逐渐发展到现在在中国开办大型体验店的形式来扩展市场；与此同时，传统的家具企业则是在专业卖场进行销售。在我们刚入行时，由于做的是小众化、不成熟的个性化定制，所以不被专业卖场所接纳，因此根本没有开店机会。被逼无奈之下，我们把店开进了购物中心、商业街，甚至成为它们的主力店，这也是非常大的"渠道革命"。后来，我们向 O2O 发展，跳过了 PC 直接进入了移动互联端。从 2013 年开始筹备到 2014 年上线，维意定制开启了微信商城的服务。但企业并不通过微信商城卖货收钱而是通过线上引流，线下在写字楼开办大型体验店的形式进行推广。因为许多消费者更注重家居的体验感，注重与设计师的沟通。

它是一个口碑很难做起来的行业

四、观众互动：对话品牌领袖

◎ 维意定制能够完全满足个性化定制吗？

　　维意定制将个性化和适度标准化进行了融合，找到了较好的平衡点。未来，标准化会无限接近个性化。

◎ 维意定制的国际化战略布局是怎样的？

　　在未来十年，甚至二十年，中国仍是全球最大的市场，但这不代表我们不走出去。目前我们正处于探索阶段。在早期，企业采用过一些简单的输出模式，比如在国外开办专卖店。但实践后我们发现，这并不是最合适的。从2016年下半年开始，我们逐渐尝试了一些新的模式，采取技术输出的方法。最近，我们已经和泰国最大的成品家居企业达成了技术合作战略，他们沿用自己的品牌、设备，但输入我们的设计理念、工具、店面形象等，其订单也能进行在线的自动拆解生成。在这过程中，虽然我们在拆解订单的环节收取了相应的服务费，但他们的收益也是非常可观的。通过这种新型合作模式，我们向国外输出技术及知识产权。

五、段淳林教授点评

第一，维意定制是传统产业升级的一个典范，它是用互联网技术与互联网思维对传统实体经济与制造业进行升级改造与深度融合的标杆。

第二，我联想到我们正在进行的一个项目，一个推动互联网、大数据和人工智能对实体经济的深度融合研究，我们能够在维意定制的成功里能够得到一些启发。

第三，维意定制推动的是一种时尚的、以设计为导向的生活方式，而这种生活方式的价值理念不仅是能够被我们这一代人接受，更能为年轻人接受，受到他们的喜好。

六、品牌传播经典案例

一个好的品牌，需要一个积极向上的品牌代言人。在 2013 年，基于在品牌调性和"三观"上近乎完美的契合度，维意定制携手著名国际影星李冰冰开启大品牌传播。在户外媒体的投放选择上，维意定制择优将广告投放在重大城市的机场、高铁站等客流量大的交通要点，辐射全国核心经济圈；此外，紧跟着消费者的核心生活轨迹，维意定制品牌广告穿插在城市主流人群商务休闲、餐饮购物、工作外出等重要场所中，占领了各大城市人流密集的地标建筑、中心商圈、交通干道、社区等人流车流集中地段的户外广告媒体，在媒体辐射区域内持续展现品牌信息，强化了消费者对维意定制品牌的印象。

现代人的生活离不开娱乐，因此，一个成功的品牌传播，离不开对社会娱乐的融入。但是，不仅全国卫视这么多，单单一个卫视也有不少档节目，再加上网络影视平台的数量，可谓数不胜数。所以，对于品牌商来说，想要抓住绝大部分观众的眼球，最大化实现品牌曝光，就要抓住流量最大的核心栏目。比如热播剧集、经常占据热搜榜上的节目以及满座的电影等，从而对其进行精准投放。在这方面，维意定制从 2012 年就开始着手将品牌传播融入重大娱乐节目。

在投放渠道上，维意定制合作的有央视二套、央视三套等国内大流量卫星电视，此外还与爱奇艺、搜狐视频等一线网络影视平台进行合作。在投放对象上，维意定制选择优质制作的节目进行广告投放，其中以《中国好声音》《来自星星的你》《舌尖上的中国 2》等为代表。另外，还与分众传媒、万达影院合作投放《变形金刚 4》映前广告等，实现了维意定制品牌形象传播的高到达率与高覆盖率。

【总结】

维意定制的营销活动较为零散，多以常规线下平面广告投放、线上节目广告投放为主，在新媒体营销方面刚开始涉足，还未形成规模效应。从 2013 年开始，维意定制与演员李冰冰携手进行品牌营销传播。在李冰冰人物个性与维意定制品牌调性完美契合的基础上，维意开始借助于李冰冰所带来的巨大市场能量进行新一步的品牌建设。可以发现，无论是在线下各种航空港平面媒体的广告中，还是在线上的各种互联网传播活动中，李冰冰的代言人形象随处可见。可以说，在品牌代言人的策略实践中，维意定制获得了较大的成功；基于李冰冰的国际影星身份，其代言的维意定制高标准、高水平的定位体现得淋漓尽致，两者相辅相成，共同获利。而在新媒体的营销上，维意定制以平面海报传播为主，还未形成体系，因此在这个领域中仍可进一步探索。

Dialogue on Branding | 72

第 72 期

联邦家私：
宣扬中国家具文化

Dialogue on Branding ▶▶▶▶▶▶▶▶▶

第 72 期
联邦家私：
宣扬中国家具文化

【本期节目概述】

联邦家私有 30 多年的历史，具有丰富齐全的品类、品质卓越的产品、完善的家居整体配套服务，通过 1000 多家品牌店为全球消费者带来高素质的家居生活享受，肩负让世界看到中国家具奕奕光彩的伟大使命。联邦家私董事、副总裁李虹瑶做客本期《淳林话品牌》，分享联邦家私坚持自主创新，让世界感受中国家具文化的品牌故事。

一、品牌领袖

李虹瑶，联邦家私集团董事、副总裁，兼任中国家具协会副理事长、阿拉善 SEE 生态协会会员、佛山市民营女企业家商会执行会长、中国人民大学佛山校友会副会长、广东省友好协会理事等。长期专注公益环保事业，

主张创新驱动企业发展，推动联邦家私在全品类家私品质生活定制及数字化领域长足发展。

在全屋定制和数字化浪潮席卷而来的当下，李虹瑶一直在思考未来家居消费市场的作业形态，并结合联邦家私的优势提出了"全品类家私，品质生活定制"模式，摆脱了全屋板式家具定制的局限。

联邦家私"全品类家私品质生活定制"综合运用各种科技手段和深度服务，为未来定制家居行业提供了"联邦解决方案"。通过各种论坛、展会的思想碰撞和交流，联邦家私"全品类家私品质生活定制模式"得到越来越多同行和消费者的认可，为引领家居定制风潮打下了良好的市场基础。

二、企业简介

联邦家私集团成立于 1984 年，自第一套原木家具推出以来，一直站在中国家居消费潮流的前列，推动企业与行业的发展进步。联邦家私为人们提供"高素质生活"的使命从未改变，坚守原创设计，追寻现代家居生活最前沿的创造，集未来生活型态研究与产品研发、创意设计、匠心质造于一身，推出一代又一代具国际范儿又有东方特色的产品，以匠心产品和贴心服务引领现代家居消费潮流。联邦家私拥有 4 个品牌的子品牌，以其丰富齐全的产品、匠心雕琢的品质，定制属于客户的完美方案。以"专一领域、专心服务、专精细作"的品牌经营之道，为国人乃至全球消费者带来高素质生活艺术享受。

联邦家私原创设计的 9218 全实木"联邦椅"，被誉为"中国现代家具的里程碑"。联邦家私拥有国家认定企业技术中心、CNAS 国家认可实验室，建立了博士后科研工作站，荣膺"全国轻工行业先进集体"等。

联邦家私以科技创新带来的卓越品质、完善的家居整体配套，竭诚服务主流消费人群；在中华大地，联邦家私品牌店覆盖国内 400 多个城市，海外市场遍及上百个国家和地区。

联邦家私是行业内公认的最早坚持原创家具设计，走自主设计开发路线的少数企业之一。集团专门成立设计公司，吸纳中国大陆、中国台湾及法国等地优秀设计师加盟，建立起一支近百人的设计师团队，投入巨额研发经费进行家具产品的开发，使联邦家私保持着强大的产品竞争力。联邦家私的设计追求之路，一直在自觉求解本土企业品牌和价值链的成长之道，全力打造"中国制造"的价值链。

联邦家私坚信，每一个家都有自己的性格，家里的每一个元素都在讲述用户关于家的故事。联邦家私敬畏天地、热爱生活，以亲近自然的理念、更舒适的设计、更环保的用材、更匠心质造的产品与服务，融东方人文智慧和国际前沿时尚，为用户提供量身定制、满足用户品位需求的整体家居生活空间解决方案。

三、李虹瑶分享品牌故事

◎ 联邦家私品牌的诞生故事

许多消费者有一段珍贵的关于联邦家私的个人记忆。从 1984 年至今，联邦家私和祖国的改革开放同行，一个时代造就了一批同类型的企业。在家居行业，联邦被誉为"常青树"。虽然是老品牌，但形象并未老化，联邦家私也希望通过自身的时尚感，把品牌的新鲜度传递给消费者。

联邦家私的创始人从小就生活在有两个非常有名的藤厂的南海，从小就接触到家居产业。创始人之一的杜泽桦来到广州时接触到了很多现代管理理念，比如日本、苏联、美国的管理理念，这些管理理念使杜总萌生了对企业的构想。后来他与其他几个创始人一起在南海成立了联邦家私，也是从擅长的藤家具开始创业。

◎ 联邦"通古今·中西合璧"设计理念的贯彻历程

"通古今·中西合璧"设计理念是联邦家私构建核心竞争力的重要组成部分。做产品需要有用户思维，需要解决用户痛点。

一开始，我们做藤椅，就会考虑到舒适性、美观性，定位于高品质的生活。我们做了两年的藤椅，生意很好。我们为了提高家具的呈现力，用的不是本地的土藤，而是印尼的粗藤。这种藤的质量、色泽等各方面都很好，但印尼政府为鼓励本地企业的发展限制了粗藤的出口，这就让我们意识到不解决供应链问题，企业很难得到发展。

就在这时，杜总的姑姑从北欧考察回来，跟我们说那边的木沙发好看。但我们并没有直接仿制，因为我们始终相信中国人生活在一个具有深厚文化传统的国家里，应该保持自己的生活习惯和审美情趣。所以在这个基础上，我们结合了明式家具极简、符合人体工程学的特点，根据现代人的生活状态，提出了新中式的概念。我们结合中国传统生活理念和当代生活方式的变化，进行了设计变革。例如风靡中国的"联邦椅"，就是号称有两亿人坐过的椅子。很多人不知道为什么它被称为"联邦椅"，其实是因为联邦推出了这种椅子。无论是在供应链上，还是在消费通道上，联邦都为行业的资源整合作出了非常多有益的贡献。在联邦椅热销之时，杜总最关心的仍是销售，他那时就在思考未来的商品形态。

第一代联邦原木沙发是在 1986 年推出的，当时第一版的设计是非常硬朗的。而联邦椅是在 1992 年才推出，这和原木沙发的推出时间相隔了六年。

◎ 从藤到木的发展的经营风险

　　品牌的设计很重要，但设计不仅止于外观上，还在于材料等方面。从土藤到印尼藤，只是材料属性的区别。在木材方面，我们一开始做的是松木，因为它利于体现北欧元素。但松木比较脆，当我们需要加工制造更为精细、复杂的造型时，其承受力就显得不足。这时，我们便考虑应用更多可循环使用的木材。在20世纪80年代末期，我们开始和海南省林业科学研究院合作。当时海南橡胶木的种植量很大，但很多没有被利用，他们也想践行可持续发展的理念，所以我们想要把这些木材利用好。联邦家私和该院进行了深入合作，通过一系列的加工处理，把橡胶木变成了可使用的家居材料，成功将其商业化。由于橡胶木的来源可保障、可以大量生产，这为后续的产品扩量打下了基础。

◎ 在品牌国际化的过程中的关键节点

　　1993年，我们开始引进进口家具，当时在内部遭到了许多人的反对。但我们意识到，加入国际经济大循环是不可逆转的趋势，自己不迎接挑战，就会受到别人的挑战。当时，国内产品非常匮乏，我们把意大利、德国等国家的产品情况整理成幻灯片给来自高校、行业等各方企业顾问看，大家都被国际产品惊艳到了。在此基础上，我们又布局一站式购物的模式，从产品销售回归到消费者服务上，引进了家居设计顾问的概念，在广州时代广场购置了几千平方米的商场地段。在国内，我们没有参照对象；但在国外，我们看到了许多类似的模式，所以我们意识到这可能是未来发展的重要方向。我们聘请了韩国设计师设计卖场内容。虽然在这个过程中，我们走了许多弯路，但最终摸索出清晰化的理念，最终也成为行业观摩的对象。

　　在那时，我们就建立了联邦创新的业态。虽然这纯粹是线下的，但是服务理念、内容，包括品类的构建已经逐步展开了。

◎ 联邦集团化的开端

进入 21 世纪，我们着手开始集团的构建，进行高数字平台上的多形态发展。那时，联邦的子品牌开始出现。

◎ 联邦子品牌的设置差异性

任何商业模式都要考虑到市场上是否有足够的空间和容量。我们是按照产品类型进行划分的，联邦是母品牌，母品牌下包括六个子品牌。其中，第一个叫联邦家居，做的是整体家具，这是从早期的原木家具一直延续下来的。第二个是联邦米尼沙发，第三个是联邦高登定制。我们从 2003 年就开始做定制，是国内第一批做定制家居的企业。联邦和新加坡的高登公司进行合资，外方开展经营，他们早前已有 20 多年的定制家居经验。所以，就现在来说，联邦高登在定制方面的品质感都是极其突出的。此外，还有联邦孟菲斯床垫，这是基于对中国人生活方式的理解所打造的硬床垫。在装饰品类方面，我们还有联邦宝达品牌。在 2015 年前，我们又推出了联邦定制家，打造全品类的定制服务空间。

◎ 新时代联邦家私面对的机遇和挑战

联邦家私一直认为面对跟随、面对抄仿，最好的解决方法就是持续创新。一些专家评论指出，联邦是转型最成功的企业。我们的转型，是联邦家私注重创新的基因本身。家居行业非常喜欢跟风，但联邦往往会更早为下一步打算。联邦的产品创新是非常成功的，我们引进进口家具扩充品类。集团在股权和经营权的相对分离、信息技术的应用方面都付出了很大的努力，但若业务模式没有踩准点，它们将是肩上的负担。然而，在踩准点后，它们又会成为宝贵的资源。

这两年，我们围绕的核心创新是围绕整体的家居解决方案。联邦在 2017 年推出了一个"四新"战略，这个战略不是凭空想象出来的。早在 2014

年，联邦成立 30 周年，我们就提出了"大联邦　心启航"的战略概念。随后我们依托数字化营销生态系统，推出了联邦全品类家私品质生活定制模式，让消费者能够"所见即所想"：第一，我们希望消费者来到联邦家私，能够为他们呈现出他们内心所想；第二，我们最后确定的方案就是消费者享受到的方案，将虚拟的想法和现实实际很好地结合。对此，我们成立了专门的创新部门。虽然许多企业在向一站式发展，但我们有差异化的产品线，能够有效对接客户需求。

四、观众互动：　对话品牌领袖

◎ 联邦家私在线上的发展情况如何？

　　我们在线上的运作较为保守，并未进行大力推广。建立线上店的初因是市场上有大量仿冒产品。联邦家私拥有全渠道的创新，不仅拥有天猫、京东等通道，还建立了自营网站等。我们在线上销售的产品分为两种，一种是线上线下同价产品，另一种是线上专供产品。因为现在各个渠道的反应速度极快，所以我们针对线上开发了约 200 个"SKU"。①

◎ 如果有意愿加入联邦家私，企业会有哪些员工福利？

联邦家私一直强调给员工更多的成长空间，让员工在内部创造自身价值，这也是一种企业文化诚信。文化诚信还体现在为消费者提供良好服务上，而不仅是提供单纯的产品。

五、段淳林教授点评

第一，联邦家私具有大格局。联邦家私是一个非常有使命感的品牌，其使命感就是创中国自己的世界名牌。这是非常符合现今自主品牌创建发展趋势的。

第二，联邦家私非常注重传承。联邦家私的一大核心竞争力就是始终坚持把中国文化植入整个产品、品牌的设计理念。

第三，联邦家私持续强调创新。联邦家私看到新时代环境下年轻群体的力量所在，不断调整策略跟上时代发展进程。在坚持创新的道路上，它是最有持续竞争力的品牌。

六、品牌传播经典案例

新品牌标识：以"创新"打动用户

37 岁的联邦，正从"头"开始！简洁的全新标识，将带出一个更年轻、

---

① 指存货单位。

更时尚的"青春联邦"。

此次为联邦家私设计新标识的是一位国际大师,被誉为"华人平面设计之父"的靳埭强。靳埭强对中国文化有着深刻理解,又擅长运用国际化设计语言传达品牌寓意。联邦家私大手笔邀请大师操刀品牌标识可谓用心良苦。

新商业模式:想在消费者之前

联邦家私与香港知名设计师梁景华联手推出的新店面空间设计,也正以年轻化的姿态吸引着新的主流消费群体。梁景华在店面的整体设计及情景式空间打造上狠下功夫,打造了两种主流的生活方式:一种是年轻人的生活方式;另一种是成熟人士的生活方式。

很快,在联邦的体验店内,一个个崭新的展示空间将刷新消费者对家居生活的认知,消费者所看到的空间将是他们想象中的家。为配合这一模式,在未来,联邦家私每一个体验店将会覆盖周围三公里的楼盘,并根据楼盘户型进行空间的设计和布置。每一个展示空间将会根据家的形态还原每一个细节,例如一进门就有鞋柜、换鞋的座椅,小空间次卧的床就可以在体验空间中还原靠墙摆放的现实情境。此外,消费者不仅可以在线下触摸到真实家的感受,还可以根据自己的喜好,通过线上系统挑选替换合适家具,再戴上 VR 眼镜,感受"未来的家"。

新产品格局:组合出"新空间生活"

在现代社会,空间利用是一门学问,也是一门艺术。如何合理充分地利用室内空间,逐渐成为每一个追求生活品质的人最关心的问题。

为空间做产品,向空间要品质。2017 年联邦的新产品有两条主线:一条是经典产品线;另一条是新产品线。在 3 月亮相的"新勋爵"系列家居产品,聚焦简美风格,糅合中式元素,让消费者畅享随心所欲的平墅生活。

时下,"80 后""90 后"后甚至"00 后"将成为联邦的中坚消费力量,要靠近这些群体,产品必须向年轻化、时尚化、国际化发展。因此,补充一些能够灵活组合的产品,能更好地适应一线城市以中小户型为主的房型。

新营销服务：每一颗螺丝钉都"刻上"名字

联邦家私将围绕终端消费者，在售前、售中、售后的全过程进行针对性的服务质量提升，如售前线上线下体验式服务、售后"邦管家"的免费上门保养服务，等等。

购买前是顾客，购买后是用户。即使小到流水线上的一颗螺丝钉，都会"刻上"客户的名字，当工人知道螺丝钉将会安装在某个客户的家具上，无形中就加强了两者间的情感联系。

【启示】

联邦家私顺应时代潮流，紧紧抓住战略机遇期，将新零售的发展优势迅速地揽入怀中，可以说战略眼光非常独到。为了替联邦的新格局发布造势，其线上的微博等新媒体平台以及线下的展区互动等都成为品牌营销的强势工具。营造微博热门话题，线上线下互动，这是联邦集团的多媒体营销传播方式之一。而通过整合营销传播，联邦家私能够以新格局发布会为机遇在新媒体渠道中塑造全新的、青春的、有活力的联邦家私品牌形象，并让更多的消费者走近联邦家私、接受以互联网为依托的全新消费模式。在这样的关键时刻所传达出的信息，代表了未来的发展方向。我们可以预测，联邦家私的品牌将以新零售为突破点，打通线上线下双渠道，使消费者实现线上线下全闭环体验。在刻化品牌形象和内涵的基础上，推动整个家居行业的转型，并引领互联网时代消费方式和生活方式的升级。

Dialogue on Branding | 73

第 73 期

远正智能：

承担社会责任，创造无限价值

Dialogue on Branding ▶▶▶▶▶▶▶▶▶

远正智能：
承担社会责任，创造无限价值

【本期节目概述】

秉承"节能彰显智慧，科技创造低碳未来"的发展理念，远正智能自成立以来，一直坚持走原始创新和集成创新相结合的发展道路。经过十余年的发展，远正智能已成为空调节能领域的领跑者，自主研发的系列专利技术产品已在政府机构、高等院校、商业建筑、医院建筑、文化建筑等各行各业超 800 万平方米城市级示范工程中成功应用，社会及经济效益显著。远正智能董事长闫军威做客本期《淳林话品牌》，分享远正智能用智能科技承担社会责任的品牌故事。

一、品牌领袖

闫军威，1968 年生，山西太原人，博士，教授。现任华南理工大学节

能技术研究院副院长、华南理工大学首家新三板上市企业广州远正智能科技股份有限公司董事长、广东省城市空调节能与控制工程技术研究开发中心主任、中国绿色大学联盟绿色校园建筑智能化专业委员会主任，兼任中国建筑节能协会副会长。

自 1997 年开始，闫军威带领科研团队开展能源监管和暖通空调节能控制技术研究、产品开发及产业化研究，是国内最早将互联网+技术引入暖通空调节能控制领域的节能专家。2004 年，其响应国家科技成果产业化号召，成立华南理工大学科技成果产业化企业——广州市远正智能科技有限公司。

20 年来，其带领团队将互联网、物联网、自动化、计算机和暖通空调技术有机融合，在能源监管与暖通空调节能控制领域取得了一系列创新性成果：作为项目负责人，承担国家、省部级各类科技创新项目数十项，主导研发覆盖城市→区域(集团)→建筑→末端能源监管与多级递阶空调节能的 20 多项创新性科研成果，其中授权发明专利 12 项、实用新型专利 2 项、软件著作权 3 项、省级科技鉴定成果 2 项、主编省级地方标准 2 项。

二、品牌简介

广州远正智能科技股份有限公司成立于 2004 年，前身是华南理工大学工业与民用空调节能研究团队。远正智能自成立以来一直秉承"节能彰显智慧，科技创造低碳未来"的发展理念，坚持走原始创新和集成创新相结合的

发展道路，承担国家、省部级各类科技创新项目数十项，拥有覆盖城市→区域(集团)→建筑→末端的多级递阶能源监管和空调节能控制领域 17 项专利技术和软件著作权，其中城市级空调节能核心专利技术获得第十五届中国专利优秀奖和 2013 年度广东省专利金奖(广东省同行业仅 1 家获此殊荣)，为其他企业开展相关领域业务设置了技术标准，研发及技术创新实力居于业内领先地位。

2005—2009 年，由于技术优势明显，获评"国家高新技术企业"、全国节约型校园建设的引领者与先行者，建成全国首家通过住建部、教育部验收的"华南理工大学节约型校园能源监管和空调节能控制体系"示范工程。2010—2013 年，公司技术优势持续增强，初步形成品牌效应，先后获得"广东省节能技术服务单位""国家发改委节能服务备案企业"资质，核心专利技术获得"中国专利优秀奖""广东省专利金奖"。2014—2016 年，基于前期品牌效应，在多个细分市场领域建成标杆性示范工程，指导创建的多家公共机构排名广东前三，并高分通过"国家节约型公共机构示范单位"验收，同时 2 家公共机构入选"第一批国家公共机构能效领跑者"(广东省仅 6 家获评)。2016 年，公司登陆新三板，挂牌上市。2017—2018 年，公司进行全国品牌推广，力争建成国内知名品牌，入选"教育部能效领跑者示范建设试点项目企业库""广州市发改委节能环保入库企业"，荣获"节能服务产业最具成长性企业""广州品牌百强企业"称号，并获评"节能服务公司综合能力(建筑领域)AAAA 等级"；核心技术产品入选国家公共机构节能节水技术产品目录以及广东省、北京市、海南省节能减排技术及成果推广目录，被评为广东省高新技术产品，等等。

未来，远正智能将借助政策东风，顺应国家和地方政府针对新能源与节能环保项目的支持号召以及长远品牌发展规划，采取"集中化、差异化"的品牌战略扩大市场份额、形成优势品牌效应，力争 3~5 年内发展成为互联网+城市空调节能的行业龙头企业。

三、闫军威分享品牌故事

◎ 远正智能企业的发展历程

　　远正智能企业是基于研究建立，在暖通空调这个领域已经研究了 20 年。公司自 2004 年成立，至今已有十余年。虽然消费者对暖通空调比较熟悉，但是对其节能与能耗相关知识还不是很了解。暖通空调的能耗占总体建筑行业能耗的一半，而建筑能耗则占总能耗的 30%，因此它的能耗对于国家绿色发展来说十分重要。远正智能早在 2000 年就将互联网技术和暖通空调结合，虽然当时网络并未普及广泛，但远正智能很早就着手思考如何在城市范围内促进空调的节能，其中既包括家用空调，也包括楼宇空调，但远正智能主要针对中央空调。

　　远正智能很早就开始研究互联网+空调，但在应用与推广方面也遇到了很多困难。一方面，消费者对空调节能的认知不够，另一方面，技术条件仍未突破，再加上国家对空调节能的重视度还不够，所以远正智能的前期推广比较困难。但随着国家"十二五""十三五"规划对节能减排的推动，对绿色发展的逐渐重视，节能引起了全社会的重视，也为远正智能的发展减少了障碍。

◎ 碳排放、热岛效应与空调节能的关系

　　碳排放最主要就是由能源消耗所引起的，如果能节约能源，提高利用效率，就会最直接地实现减排。

　　远正智能在暖通空调的应用领域，可以节能 30%，这个节能技术提升是一步步实现的。最初，远正智能的空调仅限于控制冷源，但这只能提升10% ~ 15%的能效。后来转而使用侧去节能，降低不必要的能源浪费，加之和冷源系统的优化相结合，能效就能提升到 30%左右。

第 73 期

远正智能：
承担社会责任，创造无限价值

◎ **长期说服商场使用节能空调**

从国家层面上来说，改变消费者的使用习惯是顺应国家以及社会的需求；从商场层面上来说，节能空调产品可以省电省成本，这是企业非常欢迎的。除去以上两点，节能空调还能提高舒适性，这与消费者的生活息息相关。比如远正智能在广百百货投放的中央空调，除了节能效果能够达到30%以外，还能解决其冷热不均的问题，提升用户的舒适度。而这一点却是传统的人为管理与变频空调很难做到的。

为了解决这个问题，远正智能20年来一直在不断进行技术突破。得益于物联网、无线通信等技术的进步，远正智能的施工周期大幅缩短，技术的应用领域也逐步扩大。

现在"低碳城市"的概念一再被提起，城市由建筑构成，建筑的低碳则来源于照明、空调等用电设备。目前，中国建筑规模已经达到了500亿平方米，其中北方利用采暖的建筑就超过200亿平方米。所以，未来从房间到建筑到区域再到城市，暖通空调的发展空间非常大，实现采暖空调的城市网络前景也非常广阔，这对于国家低碳节能、智慧城市发展的影响也很大，同时这也是远正智能一直提倡的"智慧城市"概念的意义。远正智能将所有地方房间里的空调联网后，就可以将建筑再进行联网，从而搭建起一座智慧城市。

◎ **远正智能创办企业品牌的缘由**

远正智能品牌的创办是基于我们科学成果转化体系，目的在于服务社会。以前，社会上没有一种成熟的科学成果转化机制，对于技术生产水平的应用前景也不看好，很多企业不愿意投入资金与高校合作，因此需要我们自己主动推进这种合作。在扛起这面旗的过程中，我们一方面和企业交流，另一方面也把好的经验和教训给他们，从而帮助企业走得更远。

这其中我们最大的困难就是如何从教师的角色转变为一名营销者和推广者。这需要解决技术、营销和传播以及说服政府和企业等各个方面的问题，所以在前期我们的身份转换较为缓慢。但随着政策的重视以及市场环境的转变，再加上 8 年的前期积累，我实现了从广州市专家到广东省专家再到国家级节能减排专家的转变。由于有这种身份的"背书"，一些省市级的培训讲座给了我传播自己与传播远正智能节能减排理念的契机，许多政府机关也由此得以了解一些关于节能减排的知识与技术。很多知名领导去过远正智能，并且由于远正智能发展得较好，在华南理工大学的科技展馆中还有专门的展示区域，用来展示远正智能的技术成果。

◎ 远正智能多专利发展

远正智能的专利很多，早期有十几项。近年来数量相对少一些，但这是因为远正智能逐渐将重心转为注重项目的应用与推广方向。其实专利也是把双刃剑，虽然专利可以保护自己，但是面对庞大的市场，我们也希望更多的人与企业能够从事这个行业。从这一点来考虑，通过专利来保护自己限制别人是没有必要的，而更应当将技术与别人共享，让更多的企业能够参与到这个行业，大家一起让生活变得更加低碳环保。

◎ 远正智能以低碳节能建设品牌

远正智能一直在倡导低碳节能理念的过程中无形地传播自身品牌。从品牌角度来说，远正智能的每一个项目都要求运用最好的技术，从而打造标杆工程。在政府项目方面，远正智能帮助广州市南沙区政府在广东省的公共机构节能示范单位评比中获得广东省第一名，并成为标杆单位。在这之后，就有很多其他地区的政府企业去参观学习，包括花都区、越秀区、海珠区、东莞市等。在学校方面，远正智能在 2009 年就已经将华南理工大学全校的空调都进行了联网。在商业方面，除了覆盖广百百货和友谊商店外，还有东莞的第一国际等商业综合体。可见，远正智能做的都是标杆性的项目。

◎ 远正智能未来做智慧家庭社区的设想

现在在社区领域，有很多企业主攻智慧家庭方向。虽然远正智能看似专业相近，但是在运营上，无论是面向的用户、推广模式还是技术产品，其实都是有差别的。

四、段淳林教授点评

闫老师对远正智能科技的介绍让我想到了科技的重要性。技术创新很重要，但是技术创新的运用更重要。技术成果如何转化，如何服务于社会、服务于人类非常重要。远正智能"用科技创造低碳未来"的理念则很好地体现了这一点。

闫教授自 1997 年开始就把互联网和远正智能的技术结合在一起，通过数据驱动建立监管体系。可以想象将 500 亿平方米的节能建筑全部形成一个物联网，这项工程十分庞大。所以数据共享不应仅仅是建立大数据、物联网，未来还应该有一个"远正云"的概念，还要建造"远正学院"，培养更多的专业人员，这样才能在节能减排方面为中国城市的发展作出更大的贡献。

现在国家提倡生态文明建设和对美好生活的向往，所以空气新鲜、环境舒适非常重要，而远正智能通过技术创造的智慧城市和智慧生活能带给我们真正的享受。

从品牌传播的角度来说，远正智能的思维更多的是一种技术型的思维，这就让我想到了微软。微软曾经请到一家专业的国际 4A 公司为其进行整体品牌战略咨询。所以我建议，远正智能在这个方面也需要更多的专业人员，从品牌战略的角度切入，包括定位、LOGO、形象和 slogan 等方面，体系化地构建品牌，从而实现社会期望与企业产品的互动。远正智能现在在市场推动上已经走得很远了，后面就需要利用品牌来进一步拉动，在文化、理念、口碑、故事等方面进行更系统的传播，提升企业的附加值。

五、品牌传播经典案例

案例一　加快科研成果转化　远正智能创新推动产业升级

面对夏日用电高峰期，为了给政府机关、部门中央空调用电节省能源，广州远正智能科技股份有限公司董事长、华南理工大学教授闫军威研发的"中央空调节能集成优化管理控制系统"派上用场。他以自主研发的节能新技术孵化企业，让产品走向珠三角、全国乃至东南亚，累计为用户节约空调运行费超 2 亿元，折合标准煤 7 万吨。

远正智能：
承担社会责任，创造无限价值

科技创新推动产业发展，是一家企业的生存追求，也是对社会资源调配的责任所在。在高校和科研机构里，每天都产生不计其数的技术创新，但真正能运用于行业的却少之又少，这足以看出科研成果转化的难度。而远正智能正是抓住了这一痛点，开始了由专注技术研发到推动技术应用的转变。

近年来，广东大力推进体制机制改革，出台多种激励科技创新的政策，给高校科研人员"松绑"，引导高水平大学、高水平理工科大学(以下简称"双高")建设单位和科研人员，主动对接服务企业转型升级和区域经济发展，努力打通科研成果转化"最后一公里"，为创新驱动发展提供人才、智力和技术支撑。远正智能抓住这一政策机会，依托高校科研实力，在研发新技术的同时，加快科研成果转化进程，真正做到了产学结合，以创新成果带动产业共同发展，不仅把市场进一步做大，也提升了品牌在行业中的影响力。

【启示】

企业要实现量级的发展，除了要从自身出发之外，还需要行业的共同成长，把蛋糕做大。远正智能在以创新成果发挥高校研究背景技术优势的同时，还积极推动提升行业的服务素质水平以及行业技术标准，为行业中的其他企业树立模范标杆，共同推进产业发展。在同行业以及对接服务的企业当中，形成社会责任、行业担当的优良品牌形象，逐步赢得高口碑。

案例二　让科技服务社会　远正智能大力推动公共机构节能发展

为响应南沙区委区政府建设广州低碳城市示范区的号召，广州市远正智能科技有限公司受南沙区政府委托对区行政中心空调系统进行全面调研，旨在了解区行政中心空调系统及能耗现状，对其能源利用效率和节能潜力进行分析评估，提出切实可行的节能改造措施，将南沙区行政中心建设成南沙区公共机构节能示范窗口及标杆。

南沙区行政中心建筑总面积153831平方米，2011年用电量约为600万元(其中空调用电占比50%以上)。近年来，随着行政中心入驻单位及人员的增多，能耗呈逐年上升趋势。针对区行政中心能耗使用及能源利用现状，广州市远正智能科技有限公司提出要增加节能监管平台以及中央空调集成优化管理控制系统的建议，以实现能耗分类分项计量、实时监测和统计分析，为区行政中心节能管理部门提供能源管理数据支撑和决策依据；实现中央空调远程监控、能效统计分析、室内环境参数优化以及中央空调冷热源能效优化控制和末端空调设备的精细化管理，大幅提高中央空调自动化管理水平以及冷源设备运行能效，有效减少末端空调设备的能源浪费。项目实施后，预计可实现总节电率15%以上，每年节约电费约100万元，减少二氧化碳排放900吨，经济和社会效益显著。

【启示】

远正智能秉承"节能彰显智慧，科技创造低碳未来"的发展理念，不仅在技术研发和公司实力方面领先行业，还致力于将创新成果服务于社会，全面支持绿色城市建设，在树立良好品牌形象的同时，也进一步提升了品牌的社会影响力。

Dialogue on Branding | 74

第 74 期

AdMaster：用数据引领
时代发展，用科技创造快乐世界

Dialogue on Branding ▶▶▶▶▶▶▶▶▶▶

AdMaster：用数据引领
时代发展，用科技创造快乐世界

【本期节目概述】

　　AdMaster(精硕科技)是领先的第三方中立营销数据技术公司，通过数据技术为品牌和消费者搭建一站式自动化营销平台，帮助品牌指导营销策略并预先量化营销效果，从而实现数字营销投资收益的最大化。前精硕科技集团首席运营官兼 AdMaster 首席执行官、现任秒针系统负责人陈传洽 (Calvin Chan)做客本期《淳林话品牌》，讲述 AdMaster 的品牌故事。

一、品牌领袖

　　陈传洽，毕业于香港科技大学，拥有市场营销学士和人文学硕士学位。现任秒针系统运营合伙人，全面负责秒针系统国内业务的商务增长与运营，包括广告主、代理、媒体业务增长与运营战略制定、大客户关系管理与维护，

以及行业生态合作建设。此外，Calvin 还担任明略科技集团国际事业部的负责人。在加盟秒针系统之前，Calvin 先后任职于尼尔森美国总部和中国办公室、精硕科技集团，曾任 AdMaster 首席执行官、精硕科技集团首席运营官。

投身营销数据领域 15 年，Calvin 是业界认可的跨媒体创新研究领域的专家，他与人合著了国内业界第一本跨屏测量专著《跨媒体传播策略与研究》，并入选 *Campaign* 杂志的 2018 亚太区 "40 Under 40" "Digital A-List" 中国数字营销专家榜单。Calvin 经常受邀出席行业内的高端论坛和峰会并发表演讲，例如 IAB 年度领袖峰会、亚洲广告节、金投赏创意节、全球数字营销峰会（GDMS）和全球移动互联网大会（GMIC）等，其专业观点常被 *Campaign*、*eMarketer*、《经济学人》《中国日报》等具国内外影响力媒体所引用。Calvin 还受邀出任国内各知名奖项的专家评审，如艾菲奖、金鼠标、TMA 移动营销大奖、国际数字商业创新大奖 ECI Awards（艾奇奖）和 MMA 中国无线营销联盟无线营销大奖等。

Calvin 积极投身行业建设，致力于通过创新研究以及联合行业代表机构或企业共同推动数字行业健康、可持续发展。2019 年 1 月，Calvin 当选 2019 MMA 中国广告标准委员会副主席。同时，Calvin 还担任中国广告协会互联网广告委员会常务委员、广东省大数据与计算广告工程技术研究中心技术委员会专家等社会职务。他还经常受邀到香港科技大学、中欧国际工商学院、北京大学、复旦大学和中山大学等高等院校 MBA 项目授课讲座。

二、品牌简介

第74期
AdMaster：用数据引领
时代发展，用科技创造快乐世界

AdMaster 成立于2006年，是中国领先的第三方数据技术公司，2019年公司全面转型为人工智能驱动的技术公司，专注于提供企业级社交和洞察解决方案。基于实时、准确、全量的社交数据，利用大数据及人工智能技术，AdMaster 致力于为企业提供包括社交媒体监控、数据洞察与趋势分析、KOL 及代言人筛选与评估、跨平台软性品牌营销评估、内容营销监测与优化在内的全方位社交、洞察与分析服务。帮助企业沉淀、管理、应用社交数据，实时挖掘用户及市场需求，更好地辅助决策、加速创新，应对商业挑战。

AdMaster 致力于用数字科技打造一个快乐的世界，并让更多人生活在快乐的世界中。AdMaster 相信人才的发展是构建快乐世界的基础。因此，AdMaster 也一直通过支持教育事业来传递快乐，拓展快乐世界的疆域，让更多人享受快乐的生活。

三、陈传洽分享品牌故事

◎ AdMaster 品牌名称的由来

我们创始初期就用了 AdMaster 这一品牌名称，多年以来，很多人可能对我们的英文名称更加熟悉，反而不知道中文名称是什么。这跟我们的品牌传播策略有很大的关系，因为如果用汉语拼音来作为品牌名称的话，外国人看到可能会感到困惑，所以现在的品牌名称可以体现出企业初创时的全球视野。

我们公司从广告开始，但今时今日已经不能只看广告，我们希望从整合传播的角度，从数据和科技的角度，以 B to B 的形式来帮助其他企业把业务做得更好。当企业开始转型的时候，我们也在考虑要不要换个名字，因为 AdMaster 已经不能完全阐述我们整个企业所做的事情。但我认为品牌其实还有另外一个价值，它传承了一种 DNA 和一种外界对它的认知，所以贸然地去改名字可能会使其变成一个全新的品牌，还要去花大力气重建行业对于新品牌的信任。所以我们还是保留了这个名词，因为它是一个大家已经很熟知的名字，无论它的英文名字真正的意思是什么，更重要的是它现在已经变成家传户晓的品牌。

◎ AdMaster 创立之初的背景

当你早于世人去做一件事情的时候，风险是显而易见的，今天回过头去看，AdMaster 的创始人就是先驱者。现在回看 21 世纪初的中国，那时的互联网才刚起步，互联网的营销或者说数字和数据，对大众来说是很陌生的。2000 年，我们经历了模拟化到数字化，但那个时候还没有进入数据化时代，大众并不知道大数据是什么。所以那个时候早早介入大数据，而且作为第三方的数据技术公司，是很超前的，但是走得太前面了，有时候就很难被理解。

自 2006 年起，我们一直在积累，这跟互联网更新迭代的思维很像，你不能一口吃个大胖子，而要一步一步地走。我觉得数据公司最需要解决的困惑就是从哪里抓取数据，以及数据安全的问题是否涉及个人隐私的问题。这个问题该如何解决？对于全球领域可识别个人的信息，我们是不采集的，第三方评估这个角色有点像球赛里的裁判，这个角色本身的参与对于一场比赛的胜负是没有关键影响的。另外，我们还请普华永道来做数据安全的审计，用国际标准来评审我们的数据安全，算是做了一个比较权威的认证。

◎ AdMaster 的企业文化

互联网时代是公平透明的，是需要互相学习和交流的，开放的文化能给公司带来一些促进作用。很多人问我们跟业界友商的差异，在竞争的格局当中，到底我们的优势在哪里？或者我们的壁垒在哪里？我认为核心是对人才的培养，在 AdMaster 内部，一直以来都不断鼓励创新和开放的讨论。

◎ AdMaster 如何跨平台抓取和利用数据

数据孤岛是国际上普遍存在的一个问题。业界喜欢将数据比喻成未来新能源，其实对能源来说，运输和提炼可能比采集更加重要。我们希望能将数据的通路铺设到每一家企业甚至每一个消费者，让他们都能从现在的数字经济中获益。举个例子来说，快消品牌虽然接触的面很广，但自身是没有很多数据的，这也是品牌最头疼的地方。所以，我们现在在做的一件事情就是为线上线下的数据铺设管道即帮助客户搭建 DMP 数据管理平台，帮他们用这个管道把数据流通起来。这样一方面可以使客户的媒体投放得到优化，另一方面可以帮他们做消费者洞察，从各个方面来提升决策效能。

◎ AdMaster 与其他品牌的差异点

第一个方面就是我们没有一个"竞品"，品牌一直都是一个全面的定位；第二个方面就是我们通过不断的技术创新来打破技术壁垒，保持行业领先地位；第三个方面就是通过强强联合来打造强势品牌。我们最大的优势就是企业内部的执行力，不管是新人还是老员工，都会通过培训然后成长起来并为品牌创造价值。

当我们评估的效果和预期有偏差时，我们会首先做一个自查。这个自查不光针对我们内部，还包括代理公司、客户本身以及所有合作的媒体等，如果有必要的话会重新研究甚至制订方案。然后我们会深耕获取的数据，从不同的维度去进行分析，从而达到客户想要的效果。

四、观众互动： 对话品牌领袖

◎ 用户在移动营销上有什么特点或规律？

　　移动互联网时代的网民是两极化的，它具有全文化的特点。在移动营销时代，用户的行为是可以被跟踪和监测的，品牌可以根据用户的动态行为数据来投放针对性广告，进行场景化营销。

◎ 大数据营销有什么样的缺点？

　　当今时代，虽然很多人认为市场营销研究这一概念已比较落后了，但实际上在传统的市场研究或数据研究方法里，有一些东西是现在的大数据还做不到的，比如说人的态度以及情感方面的测量。当然我相信通过 AI 的深度学习等，在未来能够解决这类问题。另外，大数据还没有办法真正解决的就是预测性，其没有办法预测出消费者或者用户的未来行为，这就不利于品牌做下一步的决策。

◎ 移动营销下一步比拼的是什么？

是数据。数据的规模很重要，但数据的质量同样重要，企业要考虑如何去排除一些脏数据或者无效数据。从 2016 年 1 月份开始，我们每个月会发布一次所谓的无效流量的研究，来帮助企业解决无效数据的问题。同时，如何在混杂的数据里面提炼一些好的、有用的数据出来，也是企业需要考虑的问题。只有将无效数据清洗掉并留下有效数据，才能继续做下一步的打标签或结构化的步骤。

五、段淳林教授点评

◎ 人工智能的发展离不开数据

人工智能时代的发展，其实都离不了数据，这一点无论对广告公司还是广告主或者品牌主来说，都必须引起重视。数据已经成为一个企业最基本的、最重要的资产，也是重要的资源。你必须通过数据了解你的用户在哪里，然后了解这个用户的行为是什么，包括消费者洞察等问题，而这些问题只有通过大数据才能解决。

◎ 通过技术赋能广告主

AdMaster 作为一家大数据技术公司，主要工作就是如何给广告主赋能。其主要方式是通过技术实现赋能，具体表现在智能交互的互动体验等方面。另外，就是机器本身所具有的学习能力，通过机器学习的过程，使得人机共生的概念成为趋势，我觉得这一点是非常重要的。

◎ 解决数据孤岛问题

解决数据孤岛问题，需要先通过大数据解决跨界数据整合的问题而进行数据的整合，先要清洗掉无效的数据，然后把有效的数据在平台上进行整合和建模。

六、品牌传播经典案例

用"心"营销，AdMaster 数据技术引爆品牌节目赞助黄金时代

AdMaster 首场以"新技术·欣内容·心营销"为主题的内容创新营销分享会在北京火爆召开。此次会议，AdMaster 联合金融领域知名广告主凡普金科、视频行业领先者爱奇艺、国内领先的影视植入营销整合公司世纪鲲鹏等业内引领者，共同打造内容营销创新研究及实践分享和沟通平台。来自伊利、华为、蒙牛、雷克萨斯、戴尔、玛氏等企业的近百位代表出席此次分享会。

AdMaster 高级总监周莹表示："近年来，综艺节目的火爆加速了影视植入等内容营销市场快速突起。不久前，OPPO 用 5 亿元成功拿下了浙江卫视

276

AdMaster：用数据引领
时代发展，用科技创造快乐世界

《中国新歌声》第二季的冠名权。现象级综艺和热门剧目层出不穷，一次次刷新品牌的赞助费用。可预见的是，2017 年节目赞助的战役会愈发激烈，赞助营销效果评估需求也愈发强烈。"

基于此，AdMaster 国内首创的 SEI（Sponsorship Evaluation Index）节目赞助评估模型，分别从节目表现、品牌关联、品牌收益三个维度帮助品牌进行内容营销效果评估。在 2017 年，AdMaster SEI 模型已全面升级，除以上三个方面外，SEI 将会加重在目标人群（TA）触达及分布分析、赞助形式及收看终端选择分析、节目内外整合营销效果评估等的领域的研究。目前，SEI 已经为包括宝洁、伊利、西安杨森、蒙牛、爱钱进、小茗同学、美赞臣、美素佳儿等近 50 家品牌提供节目赞助效果评估服务。

凭借 SEI 丰富的行业经验和数据积累，总结出节目赞助营销的 4 大关键，AdMaster 发现：

2016 年节目赞助市场发力势头迅猛，快消、电子和互联网科技行业位居榜首

AdMaster SEI 数据显示，快速消费品、电子和互联网行业荣登 2016 年的赞助次数榜单前三甲，化妆品、电器和汽车巨头们紧随其后。越来越多的品牌主认识到内容营销的重要性，纷纷加入赞助大军。

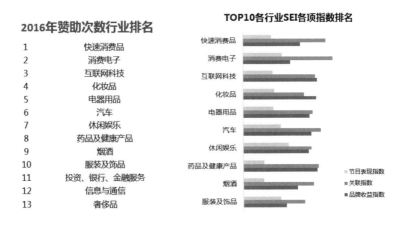

选对 TA 覆盖成为品牌成功挑选节目的关键，网络综艺也将开启逆袭之路

现象级综艺节目一直都令品牌主垂涎，不惜花费高价赞助。但 AdMaster SEI 数据显示，成功赞助的法宝归根结底还是要深度绑定 TA。以《我去上学啦》冠名品牌小茗同学为例，品牌目标受众为"15~25 岁"的年轻群体和综艺节目的 TA[年轻群体(18~25 岁)和年轻家长群体(26~30 岁)]十分吻合，AdMaster SEI 通过比对《我去上学啦1》和《我去上学啦2》的赞助效果发现，连续赞助两季的小茗同学 TA 浓度有明显提升。由此可见，拥有好的节目、对的 TA，才能产生更好的收益。

另如，随着《奇葩说》系列的崛起，一批制作精良的网络综艺受到越来越多不同生长周期的品牌主的重视，网络综艺内容更能帮助品牌深度影响消费者。

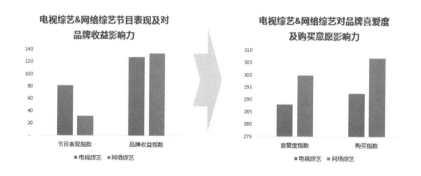

AdMaster：用数据引领
时代发展，用科技创造快乐世界

让目标人群"种草"，要想清楚：他们在哪？他们喜欢哪类节目？

"80后""奶爸奶妈"偏爱母婴类节目，"90后"则是明星真人秀竞技类节目"真爱粉"。

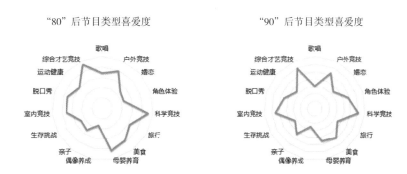

"80"后节目类型喜爱度　　　　　　"90"后节目类型喜爱度

智能手机成为综艺吸粉最强搬运工，PC和有线电视紧随其后

智能手机是"80后""90后"都最爱的观剧神器。但在观看电视综艺方面，"80后"人群还偏爱使用有线电视，"90后"则青睐PC。在观看网综方面，PC和智能电视终端使用占比位居前列，"80后"和"90后"差异不大。

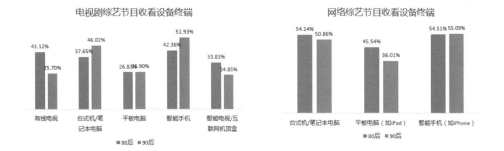

电视剧综艺节目收看设备终端　　　　　　网络综艺节目收看设备终端

纵观 2016 年，全年节目数量超过 400 档，较上年增长近一倍，网络综艺也逼近 100 档。面临愈发复杂多样的赞助市场，品牌需要主动出击创造生动的内容来吸引消费者关注，才能起到事半功倍的营销效果。在过去几年间，AdMaster SEI 数据库中品牌数量已 1000 多家，涵盖汽车、快消、化妆品和 3C 等行业。未来，将继续利用数据技术帮助品牌实现纵向和横向的赞助效果评估，结合品牌的调性和 TA 类型，挑选最适合的内容，全力拥抱内容营销的"黄金时代"。

【启示】

AdMaster 在创始之初就确立了明确的品牌策略和全球化路径，此后一直凭借着品牌独有的前瞻性眼光布局发展，利用创新打破行业和技术壁垒，在行业中始终保持领先地位。未来 AdMaster 将继续紧跟数字化营销时代的步伐，让每家企业甚至消费者都能享受到数字经济的红利。

Dialogue
on
Branding | 75

第 75 期

海聚科技： 海纳百川，
用高新技术赋能大健康产业

Dialogue on Branding ▶▶▶▶▶▶▶▶▶▶

第 75 期
海聚科技：海纳百川，
用高新技术赋能大健康产业

【本期节目概述】

海聚高分子材料科技 (广州) 有限公司 (简称 " 海聚科技 ") 作为一家高科技公司，十年如一日专注并引领科技创新。同时，广泛开展国际合作，先后邀请以色列的诺贝尔奖获得者、美国、欧洲和独联体的院士、行业专家和 CEO 们来公司进行科技交流合作及战略咨询。成功开发并实现了加工业的涂装材料环保升级，节能干燥设备升级和涂装系统的自动化升级，能够为大、中、小企业快速、低成本地解决环保系统转型升级问题，从而为我国加工业的转型和环保升级打下坚实的基础，加速我国生态文明建设和环境保护的推动，促进绿色发展。本期节目海聚科技董事长周治明做客《淳林话品牌》，讲述海聚科技的品牌故事。

一、品牌领袖

周治明博士毕业于英国利兹大学，师从两位英国皇家科学院院士，获

高分子材料博士学位。之后，在全球著名的美国麻省大学高分子材料系从事博士后研究，师从两位美国工程院院士。

周博士在美国工作生活 20 多年，分别担任世界 500 强美国 3M 公司的高级技术专家及黏合剂学会主席，并获 3M 全球技术创新大奖，曾任美国著名咨询公司 Chemquest 公司资深专家与顾问、大中华区总经理等职，现任中国胶粘剂工业协会技术顾问。周博士获美国发明专利、欧洲发明专利和中国发明专利 100 多项，在广州开发区创办了海聚高分子材料科技有限公司，2009 年被评为中组部第三批中央"千人计划"国家特聘专家，是广州市首批创新创业领军人才。

二、品牌简介

海聚高分子材料科技(广州)有限公司成立于 2004 年 7 月，是美国海聚集团在华全资子公司，同时也是国家三部委(中组部、科技部和人事部)联合评选出的国家"千人计划"领军企业。其是一家全球化的高科技材料创新企业，拥有一批世界顶尖的材料科学家和工程技术人员，在水性涂料和水性黏合剂的材料创新、制造及应用等方面具有世界一流的技术水平。

海聚一直致力于新材料领域的创新和研发，是专业制造建筑水漆、家具水漆、地坪水漆、金属防锈水漆、玻璃水漆的领军企业。海聚与众多跨国企业达成长期合作，如 Outlook Furniture、MARIAYEE Furniture、IKEA Furniture、德国大众汽车、日本日立电梯、美泰玩具、孩子宝玩具及美国知名家具公司 Ashley 公司等，并被美国知名涂料顾问咨询公司 The Chemquest

Group 评为最具核心竞争力的低碳环保涂料公司。

三、周治明分享品牌故事

◎ 创始人入行高分子材料业的经历

我毕业于华南理工大学，本硕期间一直学习高分子材料，后来去到全球高分子专业排名最前的麻省大学就读博士后，然后在圣地亚哥创办公司，接着就在 3M 公司做胶黏剂。我回国创业也是机缘巧合，一是受海交会的影响；二是看到国内劣质装修材料对国内万千家庭生命健康的危害。正好我们也是做高分子的，觉得自己有责任和义务回国解决这个问题。

正好这个时候国家提出了"千人计划"，对海外高科技人才回国创业提供了大力支持和帮助。我很荣幸地成为其中一员，于是在这个基础上始终不忘初心，回国创办企业。围绕着千家万户的健康和环保，从建筑材料到家具用漆，我们都用植物原料来代替石油原料，使人们的家居环境更加环保。除此之外，我们还把这种材料做得更加耐用和方便打理，并且防火阻燃，使现代的建筑更加安全宜居。

◎ 高分子材料行业的影响力

传统的材料分为几大类，包括水泥、陶瓷这类无机材料以及钢铁、铝材这类金属材料等。高分子材料属于有机材料，从 20 世纪 50 年代开始高速发展。

如今，从日常服饰到皮革、黏合剂，从汽车板材到运动器材，高分子材料已渗透到生活的方方面面，离开了高分子材料，今天的加工业就没有了"下锅的米"。高分子材料易加工，它具有强热塑性，而且质轻、柔韧性极佳，相对来说价格也较便宜。因此，高分子材料在现代工业、家庭生活中都运用广泛。

◎ 海聚科技品牌研究成果运用实例

过去在家庭生活方面，从墙面到地面所需要用的一系列黏合剂和涂料，都是有机溶剂，因此带来了许多异味及有毒物质的排放。海聚科技完全用水代替有机溶剂，真正用技术创新解决了环保隐患，免去了这些弊病。

此外，公司还在重点打造全屋环保材料，承包整体房屋装修，从源头上把握好材料及制造的工艺。虽然我们不做家具，但我们会做设计和品质管理，集中进行材料的创新和研发，最终监测所有环节，包括板材的黏合剂和所有的涂料、五金制品。

◎ 品牌名称的解读

最初，我们的品牌定位专攻水性化的领域，英文"Hydraer"意指"水性化的"。当时，油漆、油胶、油墨都经常用到有机溶剂，我们打算用水来代替有机溶剂。

后来，在2004年公司去工商局注册品牌时，我们准备了"海聚"和"海筑"两个名称，但工商局拒绝注册"海筑"一名，所以我们还是选用了"海聚"。"海聚"这一名称寓意很好，因为高分子材料是聚合物，"海"又含纳了"水"的含义，与我们所研究的环保化的"水性聚合物"相契合。

当下，我们也希望"海聚"能海纳百川，聚集人才，让千家万户受益科技创新成果。海聚科技初心未改，始终想要通过科技创新打造更为健康舒适的生活环境，营造宜居的生活港湾。

◎ 海聚科技的产品类别

我们经营的类别主要有保护材料，包括家具的保护、墙的保护、金属的防锈等。广州的回南天会导致墙面非常潮湿，因此家里容易发霉。我们利用高分子材料不会让冷凝水凝结的特征，将其制成保护剂，能够有效防止建材因潮湿而发霉。我们2300多平方米的展示厅历经七八年，完全没有出现潮湿发霉的情况，这也用事实证明了我们材料的先进和实用性。

第二类就是粘贴材料，主要有针对汽车的不干胶、针对墙面和地板的水胶等。这些材料使得很多安装和拆卸变得更加容易，而且能够循环利用，真正实现了绿色环保。

另外，还有一些就是功能化的材料。过去商业地坪机做出来的商业地坪很容易被磨花，而用我们的高分子材料做出来的地坪强度非常大，不仅不容易磨花，还不容易脏。

四、观众互动：对话品牌领袖

◎ 海聚科技享受的国家优惠政策是什么？

我们在地方和国家层面上都获得了一些非常好的支持。首先就是我获得了"国家千人计划专家"的称号，不仅中组部和国家财政给了一些支持，省里面也给了 150 万元，其中有 50 万元的安家费，另外还有项目工作经费。然后是我们入选了广州市首批双创领军团队，拿了 500 万元，这对我们做创新是非常大的支持。因为一开始我们并没有很大的能力，所以更多的是希望国家和政策的引领。虽然这些金额不是非常大，但给了我们很强的信心，让我们相信要集中精力静下心来做一些突破性的东西，这样才能有核心竞争力。

◎ 中国现在最急需解决的环保问题

大的室外环境我就不展开讲了，因为现在中央治霾的决心和力度非常大，也确实取得了一定成效。我就讲讲室内吧，室内的环保问题可能是更大的一个问题，涉及千家万户，特别是城市人口 90% 的时间待在室内，小孩老人孕妇待在室内的时间更长。因此室内和家庭的环保问题可能更需要重视。

针对这个问题，我觉得首先是观念和理念要升级，环保的意识和环保的科普知识要有，然后是保护自己的愿望要有，所以我们用产品来使广大消费者真正从源头上避免使用有毒有害材料。政府的督办大多是在宏观层面，但最重要的还是利用消费者的推动力来使产品和行业升级，以淘汰那些劣质的、污染严重的产品。

◎ 中国与国外在新材料的研发上谁更领先

严格来讲，改革开放 40 年来，我觉得中国的很多领域都在大幅度地追赶，甚至有些领域已经实现领先。中国的快速发展不光是经济数据上的快速增长，同时在创新成果上也有了一些突破。但总的来说，我们必须得承认，我们跟欧美发达国家间还是有所差距，最主要是承认理念上的一个差距。如果我们的理念已经超前了，那就总有一天会迎头赶上。

五、段淳林教授点评

◎ 通过新型科技驱动整体生活的安全环保

我们通过新的技术、新的材料和新的能源驱动技术来引领和创新生活的安全、绿色和环保，这一点是非常重要的。观念很重要，但是科技也是一个重要的支点，因为我们目前在科技创新上还没有自主知识产权。周治明博士回国创办企业，带来的不仅是先进的科学技术，也有观念上的创新。

◎ 要素品牌战略的打造

中国企业竞争力的强大不仅仅在消费品，更重要的是"To B"材料和技术品牌竞争力的提升，也就是说我们说的要素品牌战略怎么去打造。周博士做的很多模块，也就是要素，都可以成为非常重要的创新点，我们要思考的就是怎样把这个点做成品牌。只有在 B2B 企业品牌竞争力做强大的时候，中国企业品牌的综合竞争力在国际上才有话语权。

◎ 大健康产业将成为继互联网后的超级风口

海聚科技的发展基本就是中国企业品牌的缩影。我们看到海聚工程的技术牵涉到品牌，从品牌牵涉到大健康产业，大健康产业对中国的企业意味着什么？大健康产业在美国产业 GDP 中的贡献达到15%，日本和加拿大是10%，而中国不到5%，大健康产业在中国有很大的发展和提升空间。所以很多人说，大健康产业是继互联网之后的下一个超级风口。我希望海聚科技能赶上这个浪潮，在这一轮大浪潮里能代表中国的要素制造业，不仅成为我们自主品牌里一个具有强大竞争力的品牌，同时也成为具有国际竞争力的品牌。

◎ 企业家的使命感

周治明博士具有强烈的使命感。老板和企业家的区别就在于老板把企业所有的事务都视为生意，只关注硬币数字一面的变化，而忽略了硬币背面承载的企业使命、企业愿景等内涵。而企业家能看到硬币的两面，兼顾经济利益和企业内涵的发展。

六、品牌传播经典案例

2014 年 1 月 11 日下午，由第一财经《中国房地产金融》主办的《2014 中国经济与金融形势分析》——引领企业经营发展之路论坛在保利克洛维广场举行。现场由著名经济学家黄卫平教授带来精彩的专题演讲，透彻解读十八届三中全会后改革重点，深入分析中国宏观经济与金融形势，解析 2014 年国家政策与经济发展目标。

海聚公司董事长周治明博士作为特邀嘉宾参与活动的圆桌对话，与志

海聚科技：海纳百川，
用高新技术赋能大健康产业

高空调董事局主席李兴浩先生、著名商业地产专家黄文杰先生和知名房地产专家韩世同先生共同互动探讨宏观经济形势下的最新行业商机。

作为环保创新企业家代表的周治明董事长在圆桌会议上，分享了其过去海外的学习生活经历和为何回国创业的想法，并向在座的企业精英介绍了海聚公司水性漆产品在环保创新方面的优势。

【启示】

海聚科技的成功之处在于成功把握住了大健康产业的风口，用创新驱动品牌发展的同时，为国家的绿色发展作出了贡献。品牌在积累资产不断发展壮大的同时，也要承担起自己的社会责任，才能真正与消费者站在一处，赢得消费者的好感。

Dialogue on Branding | 76

第 76 期

分众传媒：如何助力
中国自主品牌走向国际

Dialogue on Branding ▶▶▶▶▶▶▶▶▶

分众传媒：如何助力
中国自主品牌走向国际

【本期节目概述】

分众传媒是全球最大的生活圈媒体。现已成为中国广告最具品牌引爆力的媒体，占据线下核心流量的入口，利用电梯媒体的特性和人工智能技术，提升广告的触达率和转化率。同时，其在上市之路和资本运营上也表现优秀，成为中国最有潜力的传媒股之一。本期节目分众传媒合伙人、副总裁骆兰做客《淳林话品牌》，分享分众传媒如何助力中国自主品牌走向国际的故事。

一、品牌领袖

骆兰，分众传媒集团联合创始人之一，现任集团副总裁，同时也是资深媒体人及天使投资人。于 2003 年与江南春一起创建的分众传媒，是中国

最大的生活圈媒体集团，曾帮助 6000 多家国内外知名企业引爆品牌及产品。分众传媒公司内部设有分众基金，主要用于投资可持续发展的新经济公司。分众传媒自创立起一直将企业社会责任作为公司的核心价值观，把其与企业经营发展视为同等重要的事业，以乡村儿童教育和大病儿童救助作为核心公益领域，致力于将分众打造成企业社会责任担当的标杆，企业曾荣获 2017 第一财经"中国企业社会责任榜责任创新奖"。

骆兰女士曾经在凤凰卫视、新闻集团、《新周刊》担任高管，擅长市场营销、市场战略部署、品牌广告运营管理。任职期间，曾为公司创下业绩新高点。此外，骆兰女士还积极参与各类精英社团活动，是北中长清 emba 华南区联盟的发起人及理事、高地生活社区的理事，曾发起在广州最具影响力的精英论坛《大观》等。

二、企业简介

分众传媒诞生于 2003 年，在全球范围首创电梯媒体，是全球最大的电梯和影院媒体集团，入选"最具价值中国品牌 100 强"。2005 年成为首家在美国纳斯达克上市的中国广告传媒股，并于 2007 年入选纳斯达克 100 指数。2018 年市值突破 1800 亿，成为中国传媒第一股。作为中国第二大媒体集团，分众传媒营收超过百亿，关键在于开创了"电梯"这一核心场景。4 亿城市人口，有就 2 亿看分众，分众电梯媒体现已覆盖 150 多个城市，超过 150

万个终端，以及 5 亿人次城市主流人群，被评为"中国广告最具品牌引爆力媒体"。

这是一个移动互联网的时代，消费者可以随时随地取得任何信息，并且取得信息的成本为零，但对于品牌传播而言，选择太多是个巨大的困境。对于绝大多数城市主流消费者来说，人总要回家、上班，电梯是城市的基础设施，电梯也代表着四个词：主流人群、必经、高频和低干扰。分众抓住"电梯"这个核心场景，并使其成为引爆品牌最核心、最稀缺的资源。

分众媒体的价值曾多次获得国际权威认可，2017 年 5 月荣获纽约广告节品牌传播大奖，2017 年 8 月获得釜山国际广告节实效媒体大奖，2017 年 10 月荣膺伦敦国际广告奖实效媒体大奖。

三、骆兰分享品牌故事

◎ 分众传媒的成长历程

整体来说，分众传媒经历了几个发展阶段。我们在 2003 年创立，当时处在一个"媒体本位"的时代，这主要从媒体角度去思考。我们的创始人江南春发现了一个问题：在以媒体为本位的时代，市场处于饱和状态。之后江南春发现一个契机：城市中有一个最主要的媒介——电梯。

另外，专业的商业洞察力让他感受到，消费者的生活形态是有规律的，其在城市中有四样东西是稳定的：回家、上班、娱乐休闲和购物。所以当时他提出了"分众"的概念，当时我们也叫分众传媒，就是说我们如何从大众走向分众，更加精准地找到城市中的主流人群，把他们的生活包围住，就这样创造了楼宇电视。之后我们又收购了框架媒体，框架媒体就是电梯的平面，主要以家庭为目标人群。之后是院线媒体，基本上我们现在所看到的偏前的广告，包括央视三维的，都属于分众传媒。我们现在的购物，不管是去大卖场还是华润，都存在电视广告，这些也都属于分众传媒，在这四大领域新生活形态里面，我们基本上垄断了全国市场。

我们 2003 年成立，2005 年上市，不到两年半的时间在美国纳斯达克上市，并于 2007 年年底成为纳斯达克一百个最好的股票当中的两支中国股票。这两支股票其中一个是百度，另一个就是分众。所以，当时我们形容自己其实是一个孩子，我们的脑袋还是个孩子，但是我们又好像是一个巨人。当时我们各方面做得都很好，资本市场的股值也很高，但开始逐渐认不清自己。我们想变得更好玩更酷，所以就收购了很多公司。我记得从 2005 年到 2008 年间，几乎每天都在讨论收购哪一个公司。直到 2008 年国际金融危机，我们的股值完全缩水，从 150 美元一股持续下跌，最差的时候只有 8 美元一股。那时我们才去反省自己，我们的 DNA 是什么？我们的核心竞争力是什么？我们能做的是什么？我们不能做的是什么？后来我们发现，我们最主要的核心还是生活圈媒体群。

在当今的人工智能时代，如果大家留意我们的机器，会发现我们都进行了改装。无论是楼宇还是框架媒体，所有的机器都是人工智能机。它可以进行面部识别，即八种连接。它会监测到你看到这个广告有什么反应，你是有感无感，你是开心愉快还是讨厌。它还能够检测到你的目光是不是停留，停留的时间是多少，以及你的表情和状态。之后我们还会不断地更新，我们有可能跟阿里大数据进行合作，获得看过这个广告的用户的实际转化率。

◎ 在移动互联网时代如何吸引用户目光

移动智能终端的快速普及以及电梯信号的改善，对我们的楼宇广告、电梯广告都是有影响的。在移动互联网时代未来临之前，有 80% 以上的人会去看电梯屏幕。现在我们测试发现，虽然智能手机越来越方便，但是仍然约有 70% 的人会去看，下降率并不高。与其他大众媒体相比，我们的下降率是最低的。之后为了吸引消费者，我们为屏幕增加了很多人工智能互动设置。对于电梯广告来说，所看即所得，相对于拿起来手机来看，大屏幕会更简单更直观，这也是为什么电影院效果这么好。我们看电影的时候基本不会看手机，因为电影院的视觉效果好。但是现在互动的电影院还很少，但我们的屏幕已经实现了互动，这也是我们一直在做的方向，包括我们以后会推进的 VR 观感。用户一进到电梯，能感受到整个环境在变化，他可能会看见沙漠或太空，能让他完全进入这个世界。那个时候，他们会完全忘记手机。

现在，我们在一线城市的人工智能机已经全部改造完毕，二三线城市会在不久的将来全部完成。我们认为，想要在行业中处于领军地位，需要企业从未来看现在，而不仅是从现在来看未来。我们从未来去看，现在我们要去做储备。本身我们应该说我们的经营状况还不错，2017 年我们的纯利润是 53 个亿左右，所以这个钱值得我们去投资。

◎ 品牌融入创始人的基因

我跟江南春很有缘。首先我一听他的名字，一下就记住了。当时我在《新周刊》负责运营，他在上海最好的一家广告公司工作，他当时代理了 LG、诺基亚等品牌。我去拜访他，看一下大客户对我们有什么要求。我到了他们公司之后，被他惊呆了，对他很崇拜。他跟我说了两小时，而且是说《新周刊》，而我作为《新周刊》的员工，一句话却没有插上。他跟我说，他多么喜欢《新周刊》，第几期是什么主题，人物是什么，里面有什么样的观点，每一期又在讲什么。我听完，觉得太崇拜他了。回去我就跟我们市场部的人，你看看要学习我们这样的客户，他比我们更了解《新周刊》。所以，当时我对江南春这个人物已经留下了非常深刻的印象。我觉得他很特别，也很懂我。还有，他的记忆力很好，也很自信，沟通能力也非常强，所以我根本插不上话，这是我对他的第一印象。

然后到了第二次，我真正跟他坐下来面谈。他说的内容有三点很吸引我。第一，我觉得他说的理念非常对。因为我也在传媒行业，所以我一听就觉得是一个好项目。第二，我觉得他这个人是对的。他有非常敏锐的商业洞察力，还有超高的执行力和效率。第三，他有随时愿意开始学习和改变自己的能力。这样的人，我愿意跟随他一起做事。

◎ 分众的管理文化

分众相比其他的传媒来说，具有特殊性。因为我们的媒体产品性很强，不是一个创业型公司，无论我们发展多少年，我们都像在刚刚创业的心态。我们的文化是狼性文化，鼓励内部竞争。所以我们最大的对手不是来自外部，而是来自内部。我们的团队文化以业绩为导向，希望员工们去 PK、去竞争，不断地往前冲。这在管理方面其实给我们的挑战很大。我一开始是一个带领大家的创业者，之后做到管理人，然后又做到管更多的地区，最后又上升到合伙人。所以整个视野包括所在传媒的环境，还有面对的各行各业的人，对自己的要求都会越来越高。所以在管理方面的能力，我觉得也是在分众得以提升的。

◎ 实力助力饿了么

现在饿了么已经成为最大的外卖公司。他们刚刚拿到第一笔 3000 万美元的融资时，就来找江南春做营销。当时他们做了一个校园推广，完全没有涉及白领市场，效果还不错。当时饿了么有两个竞争对手，一个是美团外卖，另一个是百度外卖。这两个在白领市场做得相当不错，而且体量比他们大很多，所以饿了么找到我们做营销。实际上分众不仅做投放，包括品牌定位、发展战略、媒介组合创意甚至融资商业模式，整个产业链我们都帮它做了规划。经过我们的分析，我们觉得饿了么是有机会的。在消费者认知当中，百度不是做外卖的，所以即便可能做得不错，但是在消费者心目并不会占有第一的位置。虽然美团外卖做得不错，但是当时没有做很大的推广，而且业务不集中。所以，我们觉得这是一个非常好的时间点，饿了么此时在城市重度推广至白领市场是可行的。

当时在上海，我们帮饿了么首先推出了一个很大的创意活动——在上海白领最集中的地方，利用微信扫一扫送午餐。这个创意立即在楼宇电视引爆，吸引了几千万人参与，饿了么 App 也从排行榜上的几百位一下冲到了前十几位。紧接着饿了么又开始加量做全国市场了，之后就迅速成为全国第一。之后在我们的不断推动下，饿了么每天一个亿的入单量，明显有实质的转化。现在饿了么的市值已经有 30 亿美元。类似这样的还有瓜子二手车、神州专车、美团、简一等。

◎ 品牌的未来使命

在 2017 年，分众获得了社会中国社会责任感的企业大奖。分众一直非常关注公益这个事情。我们在华夏基金中，连续八年一直是最主要的发起人和投入者。此外，我们每年都会去资助真正能够改变世界的中国最优秀的科学家。我们觉得技术其实是可以改变未来社会和世界的，所以江南春

也一直参与这个。同时，我们还对乡村儿童做了非常多的慈善，我们每一个公司都有自己的分公司，都会有自己的一些小型慈善项目。

但是说到我们最核心的业务，其实是帮助所有的企业去实现他们的价值，这是我们最大的使命。我们是帮他们引爆品牌的，所以我们必须让他们先成长起来，这是我们最核心的价值。

四、观众互动：对话品牌领袖

◎ 现在广告市场竞争激烈，楼宇电梯媒体的市场竞争力有多大？

在现在粉尘化的年代，分众最大的特点，第一是强制性，第二是封闭低干扰，第三是针对主流人群，第四是高频次，第五是互动效果。这五样东西能够生存下去，并且依托人工智能，未来会做得越来越好。

◎ 未来电梯媒体会与 VR、AR 技术结合吗？

会的。现在我们所有的机器都是人工智能的机器。第一是做到人脸识别，第二是做到互动，第三是做到所看即所得。在 VR 方面，我们已经有这样的技术发展方向。未来你进入一个电梯，这个电梯可能是海洋、沙漠或者沉浸式的音乐体验，这样完全沉浸式的体验会大大会引发你的购买欲，所以这个是跟时代联系在一起的。

◎ 在户外广告当中，技术与内容哪个更重要？

两个都重要。对内容而言，户外媒体的创意和定位很重要。虽然有强制性，但是这当中也有好的内容和不好的内容，想要吸引别人来看，就需要好的创意和内容。技术也非常重要，技术能帮助你的内容更好地实现，比如人工智能可以增强互动效果和趣味性，就能吸引人们更关注你的内容。这种互动，也能让用户对它产生认知甚至是购买欲望。

五、段淳林教授点评

第一，整个媒体传播方式在发生变化，从大众到分众到小众再到精准、个性化的变化。

第二，分众传媒的发展是基于一个点来实现突破，比如楼宇电梯的突破。它变成了一个生活圈，以商务、社区、休闲度假和购物组成了四大生活圈媒体。在这个过程中，品牌投放的接触率或者到达率可以得到保证。

第三，通过技术赋能，让到达率提升为转化率，把广告和购物行为联合在一起。在这个过程中，不管是高频次还是主流人群或强制性，都成为过去式，数据很难跟它形成互动和闭环。但今天的智能化技术可以形成一个闭环，比如人脸识别技术、射频技术、iBeacon 技术、NFC 近场支付技术、地理围栏技术等。获取数据的目的就是更加精准地洞察消费者。实际上从这个角度来看，我们看到分众已经在做这种闭环消费群体的分类和研究，与 BAT 的技术合作形成大数据平台。

第四，像分众这样的企业媒体，它是辅助或者伴随中国品牌成长的企业。让中国的企业不仅在国内成为具有影响力的品牌，更重要的是它能够助力中国品牌走向世界，成为具有国际竞争力的中国自主品牌。

六、品牌传播经典案例

2018 年 9 月 27 日，"2018 中国互动创意奖暨媒介营销奖"开幕。分众传媒以《小米 6X 花式投放分众传媒·线下主流化营销引爆话题》案例，凭借卓越的品牌引爆效果在众多优秀参赛作品中脱颖而出，获得金奖殊荣。

【活动介绍】

"中国互动创意奖暨媒介营销奖"由现代广告杂志主办，历经 16 年发展已成为中国广告业最具权威和影响力的专业奖项之一。其中，"中国媒介营销奖"旨在表彰善用媒体，富有创意，并为广告主的营销创造最佳回报的营销案例。分众传媒此次获奖的《小米 6X 花式投放分众传媒·线下主流化营销引爆话题》案例中，分众传媒强效助力小米通过电梯场景的浸入式创意广告形式，占领线下流量核心入口，成功实现流量裂变，展现了分众电梯媒体在主流人群必经生活空间中，高频次有效到达所形成的强大品牌引爆能力。

【传播亮点】

1. 沉浸式广告创意引爆话题

在移动互联网时代，媒体环境的改变和信息粉尘化为品牌传播带来巨大困扰。相较于线上媒体主动寻找目标用户群体的形式，分众电梯媒体在线下利用用户日常生活中的媒体消费空隙，实现植入广告的高频传播和有效到达。这种生活场景媒体长期稳定地存在于主流人群的生活工作场景之中，能够充分实现对主流人群的集中影响。此次获奖案例中，小米 6x 在今年 5 月 20 日前夕结合节日热点和电梯媒体场景特性，在分众电梯媒体创意性地集中投放了一组广告，将"前后 2000 万，拍人更美"的广告语点缀在满墙的花丛中，形成了强烈的视觉冲击和享受。这一浸入式的创意形式随即引发巨大关注，助力小米 6X 在主流人群中迅速引爆话题。

2. 占据线下流量核心入口，聚焦城市主流人群

在媒体碎片化时代，分众电梯媒体作为线下流量核心入口，已经成为引爆品牌最核心和最稀缺的资源，是品牌触达和引爆城市主流人群的基础设施。CTR 数据显示，分众电梯媒体所覆盖的 2 亿城市主流人群贡献了 70%~80% 的都市消费力，是品牌消费的意见领袖和风向标人群，具有极强

的品牌扩散和渗透能力，越来越成为品牌引爆的首选方式。小米 6X 的核心目标人群与分众传媒电梯媒体所触达的白领人群是相契合的，所以小米 6X 的触达率得到了保证，而电梯媒体的强制性、低干扰和封闭性，也能够增强广告效果的转化率。

【启示】

在"媒体本位"时代，分众就针对生活、家庭、娱乐、购物四大生活圈，对受众进行全方位的触达。进入移动互联网时代，分众传媒并没有被智能手机打败，其本身的产品特性及与新技术的结合，使其在新时代焕发出新的活力。随着分众对人工智能技术、面部识别技术等的应用，未来受众的情绪和态度反应也会被记录下来，使消费者洞察更为精准和全面。同时，分众的品牌使命是帮助中国品牌走向世界，这样的企业愿景会指引着企业朝着更大更广阔的方向发展。

Dialogue
on
Branding

77

第 77 期

国汉生态茶：致力传播
健康文化，助力中国茶品牌走向世界

Dialogue on Branding ▶▶▶▶▶▶▶▶▶

第 77 期
国汉生态茶：致力传播
健康文化，助力中国茶品牌走向世界

【本期节目概述】

从 1997 年涉足普洱茶行业，国汉生态茶带着品质和创新一步步走来，如今已成为云南普洱茶中的佼佼者。国汉茶带有丰厚的历史文化底蕴，致力于向中国人传播健康的品牌理念，并努力将这种生活方式推向世界。本期节目云县国汉生态茶创始人张礼军做客《淳林话品牌》，分享国汉茶的品牌故事。

一、品牌领袖

公司创始人张礼军生于 1966 年 12 月 24 日，19 岁涉足于茶叶行业，并在县城农村信用社借到本金 1000 元，背上秤杆到山上农户家和乡镇街头收

购茶叶，到县城贩卖。1997年初涉足普洱茶行业，并独自进行小规模的发酵普洱茶试验，向广州、湖南等客商出售散装普洱茶原料，一步一步走来到今天的省级著名商标企业，并提交了国家级申报的计划。

诚信、质量是张礼军一直信奉的理念。他认为只有理性地对待市场，不盲目跟风，不盲目炒作，才不会在变化的市场中迷失自己，才能稳扎稳打，产品质量才会得到保障。品质好、口感好，也是业界对国汉牌普洱茶的重要认可。张礼军表示，他的茶做到现在，很多是靠购买者的口碑相传，自己的推销传播做得比较少。在今后的日子里，好品质这个灵魂，他要像呵护生命一样去坚守。在一次视察中，曾有领导质疑张礼军，口味太多，品种太杂，会不会影响到产品的销售？张礼军笑着说，不仅不会，反而是这个路子救了自己，如果是保持原样，那么公司的发展，可能早就难以为继。

把茶的品质做好，逐步把总量做大起来，带动更多的经销商加盟进来，让更多的人喝到国汉生产出来的普洱茶是张礼军的一个梦想。对于这个梦想，张礼军很想让它早日实现。但是，张礼军又一点也不急躁，有着一种"顺其自然"的淡定。他只是想着把茶叶做精做细，因为他相信，做好了品质，不仅可以立起身，还可以水到渠成地扩大自己的经营市场。

在张礼军的意识里，做茶就像是做人，做茶就像是生活，是与他的人生同步的。把茶做好了，他的人生也就充满精彩和无限意义。"茶叶是有生命的，喝生茶喝的是生活的情趣，喝熟茶喝的是岁月，"张礼军说。在做茶的这些年里，他仿佛对人生、对生命的理解更加透彻了。往事浮沉，拂去沧桑，才得到现在的清静、安心，才得到现在的淡然、自在，所以他倍加珍惜。

二、企业简介

云县国汉生态茶业有限责任公司前身为云县卫氏红生态茶叶制品厂，

国汉生态茶：致力传播
健康文化，助力中国茶品牌走向世界

成立于 1999 年，于 2000 年初建成并投产。2001 年云县卫氏红生态茶叶制品厂改名为：云县卫氏红生态茶制艺茶叶厂；2006 年改名为：云县卫氏红生态茶业有限责任公司；2009 年更名为：云县国汉生态茶业有限责任公司。

公司占地面积 11220 平方米，产房建筑面积为 8890 平方米，有机茶园基地 1200 亩，现有员工 55 人，其中茶叶专业工程师 2 名(杨卫红、张礼军)，管理人员 10 人，技术工人 20 人，生产员工 23 人。2008 年公司生产国汉茶获"国家有机食品认证"(IFRC, HAIAI 国际伊斯兰食品认证)；2012 年国汉牌商标荣获"云南省著名商标"，同年被临沧市人民政府列为"临沧市农业产业化龙头企业"；2016 年 7 月在中共云县委云县组织部领导下，建立了党组织(中国共产党云县国汉生态茶业有限责任公司支部委员会)；2016 年 12 月被列为"云南省农业产业化省级重点龙头企业"。

公司生产的国汉牌普洱紧压茶，荣获 2006 年 5 月由临沧市人民政府主办的中国临沧首届茶文化博览会"神农优质奖"；2007 年 4 月在首届中国普洱茶战略联盟论坛峰会上国汉茶三项产品荣获普洱茶最高奖"茶祖孔明金像奖"；2007 年 10 月在临沧市人民政府第二届茶文化博览会上三项产品荣获

"茶王奖"；2008 年第 6 届国际茶文化大展韩国首尔茶博会二项产品荣获"国际名茶金奖"；历届云南省人民政府和临沧市人民政府主办的茶文化博览会国汉产品共获 30 多项金奖或银奖，有 5 款外包装设计和一款巧克力茶砖造型设计分别获得国家设计专利证书及奖金。

三、张礼军分享品牌故事

◎ 国汉茶名字的由来

我当初最早想的是人要有家，家要有国，然后就把"国"字作为咱们国汉茶的一种思想定位，"汉"字是因为中国茶最早源于西汉，"国""汉"两个字组合在一起，秉承了我们的华夏茶文化。

◎ 国汉茶初创业的艰苦

我 19 岁开始做茶，1997 年创办第一个茶厂。我们国汉茶位于云南省临沧市的云县，这是一个以白云命名的县，遍地都是茶山。那个时候做茶叶就是端着一杆木秤，拿着几个茶口袋往来于澜沧江地区，在整个茶山茶区走来走去收购茶叶。

一九九几年刚开始创业时，非常艰苦，整个制茶工艺、环境条件和现在都有很大差别。那个时候厂房也特别简陋，要在一个八九十平方米的小车间里进行整个茶叶的加工过程，包括一些手工的石磨压制、简易的普洱茶渥堆发酵，都是在很小的空间内完成的。但是我们已经掌握了很多技术，哪怕说车间再小，我们还是有能力把产品做出来。那个时候都是手工制茶，全部都是自己和妻子搬石磨去压茶。

◎ 国汉普洱茶的创新

国汉在整个生产制作工艺、熟普洱的渥堆发酵以及调味茶等方面都有很多创新。在这些创新中，不仅有品位的创新，也有包装的创新。我们国汉以做普洱熟茶、普洱生茶和普洱红茶为主，并且在这些产品的开发和创新中，积累了很多经验。比如说普洱生茶，在整个茶叶的采青、萎凋、捻青、杀青和晒干等工艺中，我们把握得都比较好，品质比较稳定，做成的普洱生茶压成成品后会有一种冰糖香甜的味道，这是我们和其他茶叶不同之处。像我们的熟普也是用古制方法来渥堆发酵，在整个渥堆发酵当中，有不同的温度、不同的堆高，这使我们的熟普拥有入口香甜、喝起来比较黏稠厚醇的特点。我们的红茶现在以制作古树茶为主，主要是将很大的古茶采下来进行萎凋，然后发酵做成红茶，这也是国汉非常突出的一个特点。在其他的茶类当中，国汉还进行了一些产品的创新与开发，我们做了多种调味普洱茶，比如糯香普洱、陈皮普洱、葛根普洱和玫瑰普洱。陈皮普洱是将陈皮和普洱茶一起发酵，所有的陈皮都是青皮，青皮弄下来和普洱茶一起发酵，最终把它们压制在一起，所以我们的普洱茶喝起来陈皮的味和普洱的味是融在一起的。

国汉茶在包装上也做了很大的创新。我们将普洱茶做成小饼，这也是国汉茶的一大特色。大饼比较贵，打开以后很久才能喝完，不利于保存。另外，对于不懂茶又想尝试茶的人来说，一听到大饼的价位几百几千，就不愿意去品鉴、去消费，门槛太高。于是我就把它设计成一百克的小饼，市场销售也就几十块钱，方便携带，也方便保存。我们还会把茶压成一个小圆球，然后做成袋泡的，使整个包装变得精细化，外出的话随便一个杯子就可以快速冲泡饮用，不用任何立碗，有点像立顿红茶的包装。

◎ 从消费者角度出发的品牌理念

我自始至终没把自己当成一个制茶人，因为我首先想到我是个消费者。消费者是用什么理念去看待产品，什么样的产品方便消费者饮用，茶品的口感如何，都要经过认真考量。就像我们到餐厅点餐，你喜欢吃这个菜，我喜欢吃那个菜，不一定每个人都喜欢一个味，所以我就开发多元化的产品口感，做了很多不同味道的调味茶，而且根据当地的茶资源和仓储不同年份的陈年普洱茶，做不同的口味。这些年，国汉一直站在消费者的角度上，以消费者的心态去思考怎样的创新才能满足市场与消费者。

◎ 云南普洱茶介绍

我们是临沧的当地企业，临沧位于澜沧江沿岸，特别适合古茶树的生长，占据独特的天然地理位置。在云县临沧茶区，古茶资源分布比较广泛，古茶树的根部扎得比较深，吸收的土壤营养成分也特别多，所以临沧茶区的茶叶喝起来比较黏稠厚醇，这是我们当地企业拥有的最大优势。另外我们云南民风非常淳朴，人们的思想就是一个劲儿地往前走，做事情比较纯真，这种纯正的品性也有利于云南普洱茶的生产制作。

整个云南茶区的茶叶都不错，临沧有临沧的特点，版纳有版纳的特点，各个地方的茶都有不同的品质差异。版纳的茶喝起来比较清甜，临沧的茶滋味比较浓稠，茶气比较足。关于茶叶这样一个全国性的产业，不同地方的人口味不同，有些人喜欢喝花茶，有些人喜欢喝普洱，有些人喜欢喝铁观音，但是这些茶叶都是我们华夏的文化，都是中国文化的传承。喝什么不重要，喝中国茶才是最重要的。

◎ 云南普洱茶的优势

第一个优势，就是云南普洱茶不影响睡眠，前段时间，时任外交部长王毅在世界推广咱们云南的普洱，也提到了不影响睡眠这个特点。第二个优势，就是在目前的科学研究中，唯一只有经过渥堆发酵的云南普洱茶含有一种特别成分加"洛伐他汀"，可以降血脂。在大街小巷药店售卖的脂脉康胶囊中，一个重要成分就是云南的普洱茶，这是我们云南普洱茶一个很大的卖点。虽然其他茶叶可能也有降血脂的功能，但目前科学研究只有云南普洱茶含有洛伐他汀，真正能入药的茶还是云南的普洱茶，这也是一种天赐吧。不过整体上看，茶叶都有一定的功效，比如说绿茶可以清热，茶叶对咱们整个人类都有贡献。

◎ 国汉茶的渠道铺设如何进行

目前全国市场上有 19 间国汉的直营店。在铺设这些店铺的同时，我们主要以"健康文化"来进行传播。具体来说，就是在不同的企业建立"云南国汉茶友群"，由每个区域的经销商负责茶友群的运营和管理。然后在这些群体里不间断地举行茶友品鉴会，让更多的消费者在品鉴当中了解了解国汉、了解普洱茶的知识。国汉茶在发展过程中提出"健康文化"这个理念，并在之后的实践中证明了这个理念对企业的宣传发展是有益的。

四、观众互动： 对话品牌领袖

◎ 国汉茶现在的客户群体是怎样的？对未来市场有怎样的构想？

从刚开始创业到目前为止，我们的客户还是以普通的广大消费者为主。以后的定位，我想还是离不开这些普通的消费者。因为我做茶，如果想要在整个中国包括整个世界来延续茶文化，就要让大众来了解国汉茶，了解我家乡丰富的古茶资源。我想把美丽家乡云县的古茶资源推向全国、推向世界，所以以后的发展定位还是大众化。

◎ 国汉有一款茶是巧克力形状的，灵感的来源是什么？

云南的传统加工厂都是以茶饼为主，且都是大饼。当初国汉开始做小饼的时候，是站在消费者的角度来考虑。我看人家出去不好取茶，我出差时怎么取也取不开，又不可能随身带一个茶具。我就想有没有一种方式，能简单一掰就能取出来一块。我就到超市买了一个巧克力茶砖，看了之后，觉得巧克力的造型设计还不错，就到模具厂做了一个模具，把茶叶放到模具里压成一块一块的。为了适合普洱茶的常规泡法，我们按照克数进行包装，生普洱一块是八克，熟普洱一块是六克，既方便了消费者食用，也容易在市场上走开。最后，这种巧克力形状的国汉茶还获得了国家设计专利证书以及奖金。

五、段淳林教授点评

其一，从产量的角度来讲，中国是茶文化的大国，但是从茶品牌的角度来讲，其实还没有一个全世界知名的茶品牌，所以说我们是茶品牌的大国，但并不是茶品牌的强国。希望国汉能够代表中国普洱茶，成为一个全世界知名的茶叶品牌，走向世界。国汉的名字非常好，未来可以把茶叶作为国茶、作为礼品进行推广。

其二，茶和文化密切相关，人在草木间，茶道包含着丰富的东方文化内涵。第一个内涵是和谐的"和"。包括人和自然的和谐、人与人的和谐、人与社会的和谐，以及未来整个世界的和谐。第二个内涵是敬业的"敬"。首先是敬人，尊敬别人，包括尊敬你的客人、尊敬你的朋友；其次是敬业，要对茶的品质进行把关；最后还要学会敬畏，敬畏自然、敬畏权威、敬畏社会。第三个内涵是清静的清，人要能够超凡脱俗，心灵清净，过一种清静淡雅的生活。

其三，茶文化怎么做，茶道怎么做？怎么挖掘出国汉更加丰富的文化内涵，并把中国文化融入茶文化，是非常重要的。未来茶叶输出的不仅仅是茶叶的不同品类、茶叶的不同口味以及茶叶的不同种类，更重要的是能够输出一种生活方式。全世界销量最大的联合利华立顿红茶，就输出了一种下午 4 点钟喝茶的生活方式，希望国汉未来在丰富茶文化内涵的同时，也能够输出一种中国人的生活方式。

六、品牌传播经典案例

中国饮茶历史悠久，茶品多样，其中普洱茶一直被认为是健康的上等品，被茶人称为"可以喝的古董"。在科学家目前研究中，经过渥堆发酵的云南普洱茶含有一种特别成分"洛伐他汀"，洛伐他汀可使胆固醇的合成减少，并可以降血脂，对动脉粥样硬化和冠心病的防治也有一定作用；另外市场上售卖的中药脂脉康胶囊中含有的一种重要成分就是普洱茶，具有消食、降脂、通血脉、益气血的功效。

饮用健康的云南普洱茶不仅不影响睡眠，还可以养胃。2017 年 2 月 20日，在外交部和云南省政府联合举办的"开放的中国：魅力云南　世界共享"全球推介活动上，时任外交部部长王毅在致辞中不仅向世界各国代表介绍了云南"茶马古道"久远的历史文化，同时还向全球推介了云南普洱茶："云南的普洱茶我每天都在喝，因为喝普洱茶不影响晚上睡觉，这跟其他茶非常不同，而且对胃非常有好处。"

可见，云南普洱茶的健康功效不仅具有权威的科学依据，还受到了国家重要领导人的认可，这些都成为国汉普洱茶营销推广中的重要"品牌背书"。国汉普洱茶在发展中提出了"健康文化"的茶品理念，并在全国各地的渠道铺设中，利用"国汉茶友群"的社群力量向社会大众传递该理念。随着当今社会人们消费水平和生活水平的提高，高脂肪、高热量的饮食习惯逐渐成为常态，这也让心血管疾病备受关注。国汉普洱茶独特的药效可以降血脂、通血脉，这恰好符合了消费者的健康需求，受到不少消费者的喜爱。

关注中国人的健康，这是国汉茶一直以来秉承的品牌理念。从消费者角度出发，立足优质产品，传递健康文化，作为中国茶品牌代表的国汉生态茶，如今也在努力将这种健康的生活方式推向世界。

【启示】

国汉生态茶能成为云南普洱茶中的佼佼者，不仅得益于其在茶叶口味、制作工艺、产品包装上的用心和创新，更离不开其对健康文化的传播。不与市场上大量的茶品"争奇斗艳"，拂去世间尘器，用心做自己，国汉茶的品牌传播可谓"无声胜有声"。

Dialogue
on
Branding | 78

第 78 期

广东岭南教育：

十年树木，百年树人

Dialogue on Branding ▶▶▶▶▶▶▶▶▶

第 78 期
广东岭南教育：
十年树木，百年树人

【本期节目概述】

广州岭南教育集团，始于 1993 年 3 月，自广州天河岭南文化技术学校起步，现已发展成为集高等教育、基础教育、学前教育、成人教育及培训为一体的大型教育集团。旗下有广东岭南职业技术学院、广东岭南现代高级技工学校、华南师范大学附属外国语学校、岭南中英文学校、岭南中英文幼儿园等办学单位，在校学生超过 27000 人，教职员工近 1700 人，是全国规模较大、门类齐全的大型教育集团。本期节目广州岭南教育集团创始人兼总裁贺慧芬做客《淳林话品牌》，分享广东岭南教育集团的品牌故事。

一、品牌领袖

贺惠芬，广州岭南教育集团创始人之一，研究生毕业于北京大学光华管理学院，博士在读。现任集团总裁、广州岭南同文教育投资管理有限公司董事长、华南师范大学附属外国语学校理事长、广东岭南职业技术学院

执行董事；中国妇女大会第十二届会议代表，第十二、十三届广州市政协委员，广东省女企业家协会副会长，广东国际商会副会长，广东省妇女儿童基金会副理事长；广州市妇联首批巾帼女企业家宣讲团成员，广州市统战部特聘党外知识分子联谊会副会长。

贺惠芬女士积极推动民办教育事业发展。在她的带领下，广州岭南教育集团发展成为全国门类齐全、规模较大的民办教育集团之一。20余年来，为社会培养各级各类人才超过十万名，取得了良好的社会效益。旗下的岭南职院荣获"全国职业教育先进单位""广东省创新创业教育示范校""广东省职业技术教育工作先进集体"等荣誉称号，2014年被列入广东省唯一一家民办示范性高职院校；岭南技工学校被评为"全国民办职业教育先进单位""全国教育系统先进集体"。

贺惠芬女士倡导爱心办教育，设立岭南教育慈善基金会，推行"百万励志工程"，帮助贫困学子圆了大学梦。近年来，各类捐赠超过5000万元。她的济困助学善举得到了省、市教育部门的高度赞扬，先后荣获"全国三八红旗手""全国杰出创业女性""2009年中国经济女性成就人物""南粤女企业家慈善奉献金奖""南粤建功立业女能手""2010年广东省优秀女企业家""广州市文明家庭""广州市书香家庭"等荣誉称号。

二、品牌简介

广东岭南教育：
十年树木，百年树人

　　岭南教育集团自 1993 年 3 月从广州岭南文化技术学校起步，经过 20 余年的发展，已成为拥有广东岭南职业技术学院、广东岭南现代高级技工学校、华南师范大学岭南附属外国语学校、广州岭南职业培训学校、广州天河岭南中英文学校、广州市天河区岭南中英文幼儿园、广州岭南人力资源服务有限公司、广东省岭南教育慈善基金会等机构。在广东领先、全国知名、门类齐全的民办教育集团。目前已为社会培养各类人才 20 万多人。

　　集团秉持"岭南教育成就您的一生"的宗旨，依据"诚信务实、合作创新、博雅育人、感恩奉献"的价值观，奉行"多元办学、产教融合、国际发展、成长共享"的战略，致力于教育、文化、健康和慈善四大事业，把"岭南"办成有特色的、高质量的、在国内外有影响的教育集团，为科教兴国作出贡献。

三、贺慧芬分享品牌故事

◎ 岭南教育集团的成长历程

　　岭南教育集团是在 1993 年 3 月份成立的，它的创立是一个很艰苦的过程。我创立岭南教育集团一是因为我出生在华南师范大学的教师家庭，二是当时刚好是改革开放初期，企业特别需要外来务工的、有技术的年轻人，但读大学是特别难的。基于那种形势下，岭南在石牌高校区有了非常好的积淀。我们最初成立的时候，只有 30 平方米的一间办公室，有两名老师、十名学生。然后慢慢从培训会计、计算机、电工等开始，根据社会需求对人才进行短期班的培训。

　　岭南教育一开始也没有充足的资金和人员支持，经历了一个由小到大的发展历程。到现在我们已经有了幼儿园、中小学早教中心，幼儿园中小学，岭南职业技术学院，技工学校，老年大学，以及面向老年人未来生活的养生谷。我们从零岁早教开始一直做到了一百岁的老年教育，就是让岭南教育"成就您的一生，伴随您一生的成长"。

◎ 品牌多元化的重要转折

到了 1998 年以后就要建设自己的校区了，因为学生越来越多，办学点也越来越多。当时有 20 多个办学点分散广州的各个地方，但每个分校都很小。1999 年，我们在大观路小新塘建设了自己的校区，这是一个很重大的节点。在科学城的主校区，有一个五百多亩的岭南科教园。现在那一块区域有非常多的高新企业，但当时它真的很偏僻。在比较偏远的郊区，会担心招生的问题，所以我们就要在校园建设上下功夫。

我们作为一个民营教育机构，提出了教育园、教育城的概念。在这里，我们的老师和学生的居住问题得到了解决，有充足的空间建设教学场所，有很多的配套设施，包括我们的幼儿园、中小学，整个氛围被打造得非常温馨又安宁。

◎ 结合社会需求开设特色教育

我们一开始的核心发力点是高职高专，目前有几十个专业，重点建设的专业有四个，比如医药大健康，它涉及护理养老等具体的专业；我们在信息工程这一块有动漫专业、电信专业、通信专业，这是信息化社会下的热门专业；设计类的，我们则有艺术设计、珠宝设计、环境设计等。我们的专业设置是紧跟着社会发展的，社会需求什么我们就设计什么样的专业。因为做民办职业教育，它的优点是灵活，它特别贴切我们社会、企业的需求。我们根据需求打造差异化特色，比如 2018 年我们开设的无人机专业、VR、AR 虚拟技术专业，都是随时代发展而设置的。

在"K12"这一块，包括早教的幼儿教育、中小学教育，因为我们是民办，必须要走差异化的道路。公办解决的是均衡性、公平性的问题，民办解决的是优质性、特色化的问题。所以我们岭南的"K12"板块主要走的是国

际化、优质化的道路，强调的是对个性、自由、爱的教育理念，这是一种
国际化的教学理念。比如我们的幼儿教育，融入了蒙特梭利的特色。这是
意大利教育家创办的一种教学法，让孩子们学习爱与自由启发性的思维。
我们也有两所中学，一所是跟华师大合作的华南师范大学附属外国语学校，
另一所是岭南中英文学校，这两所都是主打外语特色的国际化优质学校。

◎ 岭南教育在企业文化上的打造和培养

　　企业文化是一个最核心的问题。在企业的生存和发展中，它的核心竞
争力中最重要的、最关键的一点，就是我们到底坚持怎样一种文化，建设
怎样一种价值。我们从人性的角度出发，做家长信赖的教育集团。岭南就
是基于这样一种文化和价值观，去推广和打造品牌形象，培养我们的整个
员工队伍。

　　而且我也做了很多关于企业文化的导入培训，包括我们的很多教育理
念、企业理念，甚至我们的核心价值观、我们的愿景、我们的战略目标、
我们的行为规范等。但实际上最难的一点就是理念怎么认同，在这个过程
中，就包括怎样让员工认同我们的愿景，认同我们的价值观，最终转化成
自己的行为。

　　让员工能感觉到为什么要从零岁一直做到一百岁，这是我们文化的一
个体现。我们要思考教职员工最关注的东西是什么。比如说他们关注自己
的孩子能不能接受好的教育，能不能有好的学习环境，未来有没有满意的
就业。还有自己老了以后能不能老有所养，如何享受老年生活，等等。岭
南对于员工来说就是值得信赖一生的教育机构，是值得托付一生的。

◎ 教育品牌构建的特殊性

　　教育有它的特殊性，一般的企业会更多地注重盈利，许多行为是以利
润为中心。教育虽然也有这样的一些特质，因为作为民营教育毕竟还是要

生存和发展。但还有很重要的一点，它有教书育人的责任和担当。有这样一种特质，岭南在运行过程中，许多时候不是以当前利益最大化作为核心点，而是注重长久的价值，必须关注我们老师和学生的成长。这个成长的过程周期比较长，更多的是关注学生、老师的心理，注重人性化的关怀。在这种整体素养的综合培养上，人格化的培养可能比知识更重要。我们一直说一个人的成长有两张文凭，一种就是有形文凭，一种是无形文凭。后者就是在成长过程中，学生的人格素养、道德品质、综合的价值观，是不是朝着正确的方向，说得通俗一点就是如何成人。关注老师和学生的心理成长是一项艰巨的工程，追求的是一种润物细无声的长期培养。

◎ 热心慈善，助力教育帮扶

我们每一年有 200 万元的岭南慈善基金会，专门帮扶我们的贫困学生，以及一些社会上的贫困家庭。从学生的入学到就业，我们都给予许多的帮助和支持。这种日积月累的工程，到现在我们已经做了 20 年，持续投入了五六千万元。我们也向孩子们传达这种互帮互助的思想，每一年都会带领学生去做这些公益活动。比如我们的中小学生会去老人院、残疾人学校做慈善活动，让孩子们从小就能体会到这种爱，在他们的内心根植一种奉献精神，有助于他们价值观的形成。我们帮扶的也不只是广东的学生，全国范围内的都有。以前在汶川大地震的时候，我们就把受灾的单亲家庭的孩子接到我们的学校里面，从小学到中学一直帮扶到毕业。现在距离汶川地震已经十年了，有许多孩子已经毕业成人了。今年我们又和贵州做了扶贫对接，专门开设了一个少数民族的职业技术帮扶班，每一年都有 50 个贵州贫困地区的少数民族学生来到这里读书。我们会坚持这样的帮扶，今年又已经开始了精准扶贫事业。

广东岭南教育：

十年树木，百年树人

◎ 针对性打造国际化高端教育

在"K12"这一块，我们民办教育走的是特色化和差异化，更多的是立足于优质化和国际化。公办学校都是普及型、公平型的，班级的人数也很多，有四五十名学生。但我们作为国际化学校，许多小班只有二十多个人。另外我们的家长群体大部分是海归人才、高科技人才、企业的经营者、科研工作者，这种高素质的人才对孩子也有不同的要求，比如希望有国际化的视野，有更好的素质和能力，希望学校拥有针对性的课程体系。所以我们在做学校定位的时候，非常清楚不会去做一般的应试教育，只会举办素质教育。我们对师资的要求也是比较高的，比如说华师外国语学校的外籍老师已经超过了 50 人，在整个地区都是最多的。外籍老师带来了很多的不同的教学方式，整个课程都是国际和国内相融合的，孩子们学得非常开心，家长反馈也是特别满意。像面对高端人才的定制化的教学方案需求，我们的教学计划调整也是非常灵活的，这也是民办教育的一个优势。

◎ "美乐爱觉"的品牌定位

在品牌定位上，我们的"K12"国际教育走的是素质教育路线。那么就要有一个配套的课程体系，以整体的优质化来作为我们的品牌定位，我们把它叫作"美乐爱觉"。第一是"美"，指的是校园要美，设施要人性化，整个学习环境要适宜。除了在教学硬件上要追求美，也要培养学生付于美的感知，包括校服设计、礼仪教育等。第二是"乐"，孩子们的学习要快乐愉悦。我们的孩子能参加许多活动，包括素质教育和国际视野的课程，比如去英国学习三个月，比如开设橄榄球、棒球、基建等课程，孩子们都是很喜欢这种学习方式的。第三是"爱"，我们要打造师生之间友爱的环境，大家都是互帮互助相互关心的。第四是"觉"，指的是觉悟的过程，要教导孩子们从学习和实践中去学会思考。孩子们的童年和青春都是宝贵的，岭南教育会努力给他们留下美好宝贵的回忆。

四、观众互动： 对话品牌领袖

◎ 如何去打造一个形象工作室的品牌?

　　形象工作室是一个非常好的概念, 社会也非常需要这样的项目, 包括美容化妆、品牌定位、个人形象的定位。在一块上, 有很多方式可以供你选择。我们学校有很多大型的家长会、晚会、论坛, 你可以来参与我们的这种活动, 给参会人员做形象推广。在高端的品牌论坛、聚会、宣讲会当中, 你也可以通过自我包装的方式来宣传自己。还有可以跟我们学校进行合作, 比如我们有美容化妆专业, 你可以作为兼职老师带领我们的学生进行学习。这样我们的学生能得到培养, 你的团队也能有一个非常好的项目。除了跟我们学校合作, 你也可以跟协会合作, 比如我们的女企业家协会、商会有时候也需要这些推广。学校和商会拥有丰厚的人才储备和业务机会，可以帮助你实现许多项目的落地。

◎ 学生通过哪些渠道了解岭南教育？

我们岭南职业技术学院与各地中学都有密切的合作，我们的校长、老师都会经常和下面的学校开展一些宣讲会，让高中生能够知道岭南的这些专业。我们学校也和下面的中学有许多的活动合作，包括篮球赛赛事、文艺汇演等。我们也会对一些特别贫困地区的中学，比如湛江地区或粤东地区，给予助学资金的扶持。有许多学校和我们岭南合作，我们的校长和老师就会经常开展互动，比如"我的大学我做主""我未来要成为怎样的一个学生""我以后要选择怎样的专业"。这些对学生们来说，能对岭南一个很好的了解，以后通过网络 App、新媒体等各种整合传播渠道也可以了解更多信息。

五、段淳林教授点评

◎ 政策开放给予民办教育发展契机

民办教育特别是从高职高专切入变成全产业链的模式，得益于改革开放的政策、发展环境以及社会的需求。民办教育成为公共教育的一个非常重要的补充，体现了它的特色，体现了它的活力，体现了对社会的独特价值。对于岭南教育来说，由于政策的改革开放，让我们有了一个契机，即在做民办教育的同时也为国家作出了培养不同层次人才的贡献。

◎ 追求教书育人发展理念，实现长久发展

岭南教育集团和其他教育机构不太一样的地方，就是它有非常明确的教育理念，同时有很明确的集团追求——"做世界最好的教育"。它考虑的是一个更长远的目标，这个定位非常高端。比如它的国际化教育，无论是从教师还是学生，包括学生生源、教师构成，教师素质，以及对学生培养的核心教育理念，都能够看到它是一个具有高品质感的教育机构。它没有急功近利的导向，而是以长远的企业愿景为追求目标的。

◎ 坚持多元化发展路径，母子品牌相辅相成

岭南教育做的是全产业链的民办教育，提出了"陪伴你一生成长"的教育理念，也选择了多元化的发展路径。它拥有许多独立的品牌，每一个项目都有它自身的特色，主品牌和子品牌能起到相辅相成的作用。比如"K12"教育、高职高专，开创了许多独特的专业和教育方式，都是对岭南教育集团的背书，在整体战略布局方面对整个集团的发展都是有促进作用的。

◎ 创立多元化培养模式，打造特色教育方式

从人才培养的模式上来说，他们注重的一是个性化，从学生的需求来定制个性化的培养，二是注重在素养艺术这方面的教育，比如我们既要有对美的学习，还要懂得科学，比如他们的无人机，甚至 VR、AR 的引入，都是对科学和艺术的跨学科的整合。最后一点就是人格，在对知识的全才通才的培训、通识教育的培养之外，在人格的培养上也要非常细致，所以教育品牌需要有更持续长久的品牌视野。

六、品牌传播经典案例

岭南教育品牌关注公益，助力"广铝杯"青年公益创新资助行动

2019 年 4 月 16 日，由广铝集团有限公司主办，广州岭南教育集团协

第78期

广东岭南教育：
十年树木，百年树人

办，广东广播电视台南方卫视、广东省广铝公益基金会、广东岭南职业技术学院公益慈善学院、广州市社会创新中心联合承办，广东广播电视台 4K 综艺频道承制的"铝行爱 动起来——'广铝杯' 2019 广东省青年公益创新资助行动"，在当天到场的嘉宾及媒体见证下暖心启动。

【活动介绍】

此次活动以"铝行爱 动起来"为主题，面向广东省内青年群体征集工艺创新项目，通过选拔激励的形式，发动社会各界尤其是青年人关注公益、助力公益、践行公益，并且以富有创意、执行力和推广度的项目，传播公益价值理念，提升公益社会关注度。

【传播亮点】

(1) 选拔激励方式，征集创新项目

当今中国，越来越多的人开始关注公益领域，也惠及部分需要帮助的弱势群体。但中国公益事业发展至今，如何更高效、有力地进行公益帮扶，成为公益人开始思考的重点问题。

此次资助行动总金额 60 余万元，并根据项目的社会性、创新性、可持

续性、推广复制性及管理科学性等进行综合考核，评选出 1 个最佳公益项目、3 个优秀公益项目、6 个新锐公益项目、10 个最具成长项目、1 个最具创新项目、1 个网络人气项目、1 个最具传播效应项目。最终资助项目名单将于 7 月中旬揭晓，并以公益项目分享会的形式在广东广播电视台演播厅录制举行，其后在广东南方卫视播出。

（2）精准扶贫 & 联合国 17 个可持续发展目标

2019 年是党和国家决胜脱贫攻坚，迈向乡村振兴新征程的关键之年。如何攻坚克难，助力深度贫困地区脱贫致富，是每一位公益人应该关注及思考的重要问题。为推动更多的社会组织、企业、个人参与公益事业，创新公益发展形式，丰富公益发展内容，共同助力脱贫攻坚的新模式、新路径。

此次资助行动将以精准扶贫及联合国 17 个可持续发展目标为选题领域，以项目的有效性为主要评审导向，重点支持以创新项目形式开展贫困消除工作的项目，最大权重考量项目能否以创新方式有效解决特定社会问题。最终评选的标准是：项目的出发点是否有强针对性，项目的开展是否有可参与性，项目的实施是否有管理科学性，项目的策略是否有社会创新性，项目的远景是否有推广复制性和可持续发展性。

【启示】

热心公益一直是岭南教育集团的重要品牌理念之一，并且在公益事业上付出了不少努力，也作出了不少贡献。通过"广铝杯"青年公益创新资助行动，不仅可以很好地传播品牌公益理念，打造品牌声量，而且可以准确将自身理念传到青年人群体当中。选手们在参赛中，既能够深切体会到岭南教育集团的社会担当，更能进一步了解到学校的优质资源。

Dialogue on Branding | 79

第 79 期

越亮传奇：科技创新驱动
服务升级，赋能美好生活新图景

Dialogue on Branding ▶▶▶▶▶▶▶▶▶

第 79 期

越亮传奇：科技创新驱动

服务升级，赋能美好生活新图景

【本期节目概述】

作为国内最早进入通信行业 IT 服务领域的系统集成商之一，越亮传奇在新兴的移动互联网和物联网领域取得了长足的突破和深厚的积累，面向物联网领域的解决方案一直保持国内领先水平。这其中有很多不为人知的故事，而这些故事里体现出来的是企业家的个人品质和高瞻远见，更是对品牌创新的高追求和责任感。本期节目越亮传奇的总裁贺彩虹做客《淳林话品牌》，分享她对科技创新的不懈坚持与追求的故事。

一、品牌领袖

贺彩虹女士，越亮传奇科技股份有限公司总裁，中欧国际工商学院校友总会理事，天河区妇女发展促进会首任会长，广州市天河区妇女联合会

兼职副主席，广州市、广东省软件协会副会长，工业信息化部通信企业服务协会副秘书长。曾荣获"天河区'三八'杰出女性""2013—2017年度天河区优秀人才""天河区最美家庭""广州市巾帼创业带头人""广州市三八红旗手"等荣誉。

2002年12月18日，越亮传奇的前身联想中望公司成立，从原中望商业机器有限公司北方区销售总经理，到联想中望系统服务有限公司销售副总裁，贺彩虹对未来充满自信和乐观。她带领着团队，辛勤耕耘，完成公司的销售指标，即使非典肆虐期间也从没停止过工作。2006年，贺彩虹担任公司总裁，在金融危机及IT行业重新定位和洗牌的双重考验下，她坚定、执着，审时度势、大胆改革，带领公司全体上下走出困境，公司从以系统集成为主营业务成功转型为具有自主知识产权的现代化企业。

二、企业简介

越亮传奇科技股份有限公司，原"联想中望系统服务有限公司"，注册资本6800万元，总部设在广州，是一家有着深厚行业积淀的IT企业。公司最初的主营业务是系统集成，而后逐步转型成为软件开发和服务支撑为主的高科技软件研发商。

目前是"广州市重点软件企业""广州市高新软件企业"、系统集成二级企业，其软件研发通过 CMMI3 的认证和 ISO9001—2000 认证。十余年来，公司在保持原有电信运营商核心支撑系统的传统优势的前提下，不断投入研发新产品，并取得优异成绩，拥有超过 65 项具有自主知识产权的软件产品。

物联网运营管理平台、面向运营商的统一 IDC 管理平台、通信大数据分析三个方向的创新研发已经成为公司新的利润增长点，并且每年都保持大幅度的增长，从而进一步提升越亮传奇在行业中的领先地位，为自身和客户创造更大的价值。公司拥有员工 500 余人，其中专业技术人员占总人数的 80%，全部拥有大学本科及以上学历。

公司在广州、北京、南京设有软件研发及技术支持平台，在深圳、贵阳、南宁、厦门、杭州、乌鲁木齐、银川、天津、沈阳、长春十个地方设有办事处及驻地技术支持团队。

三、贺彩虹分享品牌故事

◎ 越亮传奇的品牌名称来源

越亮并不只有越亮传奇科技股份有限公司，我们算是一个集团公司，它是母公司，实际上它这个名字是在后期才使用的。之前我们有一个广州粤亮，那个"粤"就是广州粤语的"粤"，后来因为我们这个公司的前身是叫联想中望系统服务有限公司，实际上是当时联想集团收购的广州一家做通信行业软件的企业，在 2014 年 7 月的时候我们就更名为越亮传奇科技股份有限公司。实际上越亮传奇它是一个系列，叫越亮系列，但不了解的人可能会认为这名字更像是娱乐公司。其实不然，我们只是想在 IT 行业这个比较死板的领域增加一点活跃的气氛，所以我们叫越亮传奇。

其实，把广东的简称粤改成了超越的越，也是寓意着走出广东成为全国性的企业。虽然注册地在广州，但我们企业的注册规模并不小，另外当时注册之初联想中望系统服务有限公司就是一个全国性的公司，所以除了广州，在北京和江苏南京都有布局，所以我们越亮传奇前面没有广东也没有广州。

"越亮传奇"其实不仅仅是一个企业名称，而是要发展成从企业形象，到产品与解决方案，再到运营服务的一个系列，成为企业文化的核心基石。

◎ 越亮传奇的业务范围

在通信行业，我们算是相当有影响力的一家企业，但是由于 to B 这个行业比较集中，我们主要是做三大运营商、电信运营商的软件平台，这几年可能就更加聚焦一些，主要集中在物联网、大数据还有移动互联网以及云计算这方面。实际上我们做的平台，跟大家也是息息相关的。比如说我们也做过全国性的这种游戏支撑的平台，做过音乐彩铃这种支撑的大平台，也做过物联网的大的支撑平台，并且都是全国级的，有的平台支撑的用户数量可能超过了上亿，有的是几千万，小的也有几百万。行业属性虽然是 to B 但它最终还是回归到 to C 的，跟每个人都息息相关，比如彩铃平台、车联网或者说位置服务，都属于我们的业务范围。概括起来就是三块，一个是移动应用，一个是基于新媒体的大数据和云计算，还有一个就是物联网。

◎ 危机中越亮传奇把握机遇，逆势而上

艰难岁月对我们来说不是血泪史，也不是不堪回首，而是非常美好的人生经历。越亮传奇科技股份有限公司 2014 年更名，之前叫联想中望系统服务有限公司，它成立于 2002 年 12 月。由于 IT 服务的行业属性，需要在电信运营上有一定的基础，因此企业前身是电信业务的一个小团队跟广州中望商业机器有限公司的结合。

当时我们的定位是电信运营商全业务解决方案，注意是"全"，但后来问题也发生在"全"这个字上，因为实际与想法存在差距，还有最重要的一

点是电信运营商这个行业门槛极高。比如做一个最简单的系统，没有案例的情况下完全行不通，积累的过程相当痛苦，这是当时非常大的难题。

品牌创立之初，一个单子都拿不到，拿到的全是硬件的这种集成，其实它凸显不了你的任何价值，我们营业额可以做到十几个亿二十几个亿，但是没有利润。2003 年非典期间，全行业基本上没有什么业务，对于我们的团队来说同样是危机，但我们当时联想的领导人非常睿智，在危机中发现机遇。我当时是做副总，主管市场。市场人员没有一天休假，当时，联想有时是上半天班，有时规定连续几天不上班，但是我们一直在坚持工作。这恰恰是我们做工作最容易的时候，用户在特殊时期不忙了，他也愿意了解你的实力到底在哪、你的优势到底在哪。所以那个时候我们沟通了几个大单，一个是中国联通，当时 165 就是数据网络骨干网的三期，我们就在那时定了下来。就这两个月的时间，忽然间发现我们转运了，非典危机给我们带来了机会，我们始终坚持做自己的事，只是其他人没有在做自己原来的事情，也许他们那个时候放满了脚步，然而我们积聚了力量。

那时候我记得去辽宁的一个同事，日夜兼程地坚持工作，其实所经历的都挺惊心动魄，但也恰恰是这种努力，让机会来临。我们的成功来之不易。

◎ 越亮传奇品牌创新之路

现在几乎所有的人都在使用手机，手机越来越像人的一个信息中枢器官，这一点越亮传奇早在 2008 年就预见到了。越亮传奇从那时就开始与运营商合作进行移动互联网业务的尝试，不断摸索通信运营商和企业客户的移动互联网应用之路。发展到今天，基于移动互联网的运营商和企业 IT 服务业务已经占到公司主营业务的半壁江山。

还是在 2008 年，越亮传奇就敏锐地注意到，除了人与人之间的通信外，机器与机器之间（M2M）的通信业务有着巨大的发展空间，因此果断投入

M2M 应用的研发，在国内率先推出了具有创新思路的解决方案，并与运营商合作进行了业务试点。到了 2009 年，"物联网"概念大爆发，而那时，越亮传奇的物联网解决方案已经在通信行业落地生根，并在电力、交通、金融等领域得到应用。目前，公司所承建的广东移动物联云平台，是国内规模最大的省级物联网服务平台。

　　从移动通信发展历史来看，从模拟时代到数字时代再到宽带时代，运营商提供的服务越来越多，没有运营商提供的基础服务，就没有互联网、物联网。为了顺应移动网络时代的发展，越亮传奇将服务的领域逐渐前移，重点提供面向物联网、移动互联网应用的服务运营、管理支撑平台。只要企业的意识一直保持超前，市场还是有机会等着你的。同时，企业在发展过程中，也要注重发掘蓝海领域，避免进入剧烈竞争的红海领域，才能为企业的创新与发展提供更大的空间。

四、观众互动： 对话品牌领袖

◎ 企业如何保护个人的行为数据及个人隐私安全？

其实网络安全和个人隐私安全在以前也不是我们特别擅长的领域，只是说我们做了这么多年的 IT，发现所谓"一体两翼"是不存在的，尤其是中兴芯片事件发生之后，企业出现等级保护，大家隐私保护意识也在增强。

其实做安全保护是作非常辛苦的事，国家应急中心有一个安全库，所有做安全保护的这些企业需要跟安全库对接，因为只有对接了才会知道新的漏洞、新的病毒或者是新的黑客产生，促进技术更新。但是从个人角度来讲，技术更新往往难以抵制黑客的攻击，因此需要增强自我保护意识，比如说手机定期检测，尽量避免个人信息泄露等。

大数据时代我们所有的隐私都是透明的，就像皇帝的新装，所以一些重要的信息，特别是涉及个人隐私的事情，最好不要在网络上留有痕迹。

◎ 品牌传播的具体战略以及如何构建品牌形象？

To B 企业跟个人消费品牌的传播方法和定位是不一样的。建立品牌这个过程艰苦卓绝，一旦建立起来，就需要保持和维护，而这需要依靠管理机制和人才激励机制，更要依靠企业文化。

沿袭我们一贯的企业文化：务实创新，精准求实，说到做到，在行业内口碑相传，好的项目才可能成为市场上的灯塔。虽然我们不是互联网企业，但是互联网的氛围非常浓厚，比如说我们管理的扁平化。但是管理上的坚持和制度上的坚持也不能是始终如一，随着新的市场变化，还有新的软件系统变化，管理都要做相应的改变，激励机制也不应该一成不变。比如我们公司的调整大概是一年一小动、三年一大动，如果没有这样的频率，对我们这样一个要跟着市场走，甚至要引领市场的公司来说，无法维持较高水平的创新能力。

"越亮传奇"作为一个面向企业客户的品牌，和那些面向个人用户的品牌有着完全不同的定位与传播方法。品牌建立的过程非常艰苦，而且品牌一旦建立起来，还需要靠具体的客户服务、质量管理以及内部的激励机制、人才计划和企业文化来保持。在这个行业，口碑的形成要靠产品、项目以及服务，通过多年逐渐的口碑积累才能建立品牌。接下来越亮传奇会延续一贯的品牌文化，即务实、创新和说到做到。

五、段淳林教授点评

第一个方面，无论是物联网、大数据还是人工智能，都是国家战略的范畴，也是国家重点布局的方向。越亮传奇在这些领域上都有深度涉猎，踩准了国家的战略。

第二个方面，面对客户，越亮传奇都牢牢地把握住了一个核心理念——服务。公司的人才结构非常合理，高层次人才密集，有着强大 IT 服务支撑能力，充分满足企业客户个性化、定制化的服务需求。今后越亮传奇不仅仅是做一个单纯的服务提供商，而是将自身强大的 IT 服务支撑能力赋能给广大企业客户，并将它做成品牌的一个亮点。

第三个方面，移动互联网、物联网是未来的业务发展方向，它改变了传统的信息交流方式，为现代社会描绘了非常美好的图景。但在这个图景里，无论如何也离不开技术、软件和数据的支撑。越亮传奇可以从充分利用这方面的优势，助力客户实现这一美好的想象。

六、品牌传播经典案例

2018 年 6 月 27 日，越亮传奇科技股份有限公司成功通过了 CMMI-Dev V1.3 软件能力成熟度集成模型评估(以下简称 CMMI 5 级评估)，这标志着越亮传奇企业的能力成熟度和项目管理水平均达到行业最高水平。

CMMI 是一套融合多学科、多领域、可扩充的过程能力成熟度集成模型，代表着国际上先进的软件工程管理方法，是国际公认的衡量软件企业业务能力成熟度和项目管理水平的权威标准。

越亮传奇依托广州、北京、南京三个研发中心，主要为国内电信、电力、航空、政府等行业客户提供行业应用软件开发业务。越亮传奇具有十多年为电信运营商提供软件开发和技术服务的经验积累，为电信运营商开发的业务支撑软件、增值服务软件、移动应用软件均具有较强市场竞争力。越亮传奇同时积极开拓其他行业客户，利用电信行业服务积累的软件产品和专业服务为电力、航空、政府等行业客户提供行业应用软件和技术服务。此外，还为移动互联网娱乐一体化运营服务支撑，采用统一数据设计，并通过与曲库、PE、数据中心、短信等平台对接，将音乐榜单、歌曲、订购、计费、社区等能力、接口进行整合和封装，为 WEB/客户端/WAP/其他渠道提供天然的统一接口。越亮传奇具有统一内容、统一服务的能力，实现了多门户、多内容、多服务的集中的一体化支撑服务。目前已形成了一点支撑，多点联动，改变内容分散，各自支撑的局面。

CMMI 5 级评估的顺利通过，为越亮传奇在方案和产品的持续创新和质量提升方面奠定了良好的基础。

【启示】

在移动互联网技术迅猛发展、传统信息交流方式改变的新形势下，越亮传奇在国家布局的重点领域深度涉猎，通过精准洞察客户需求，不断探索新的个性化、定制化服务，通过强大的 IT 服务支撑能力和创新能力，扩大企业业务的覆盖面，建立高质量的客户关系，实现了企业的可持续发展与飞跃。越亮传奇在企业科技创新中的持续探索和努力，是值得同行业乃至其他许多行业品牌借鉴的！

Dialogue
on
Branding

80

第 80 期

蒙娜丽莎：

走国际化道路，建环保型品牌

Dialogue on Branding ▶▶▶▶▶▶▶▶▶

蒙娜丽莎：
走国际化道路，建环保型品牌

【本期节目概述】

　　蒙娜丽莎集团以"美化建筑与生活空间，为员工、客户和社会创造更大的价值"为使命，以"在美化建筑和生活空间的应用领域，成为资源节约型与环境友好型的领军企业"为愿景，以"诚信、务实、创新、高效"为核心价值观。蒙娜丽莎集团始终坚持追求绿色制造和可持续发展的经营理念，把追求制造绿色环保的瓷砖当作一种责任，倡导以低碳环保为前提，研发出具有时代气息与别具风格的产品。为社会创造价值，为人类谋求幸福，让每一位用户真正感受到蒙娜丽莎集团在美化建筑和生活空间应用领域所带来的美好体验。本期节目蒙娜丽莎集团股份有限公司董事张旗康做客《淳林话品牌》，分享蒙娜丽莎的品牌故事。

一、品牌领袖

　　张旗康，蒙娜丽莎集团股份有限公司董事兼董事会秘书。2005 年 4 月

至今，任广东省建筑材料行业协会副会长；2006年12月至今，加入全国建筑卫生陶瓷标准化技术委员会（SAC/TC249）并任副主任委员；2006年至今任中国硅酸盐学会陶瓷分会艺术设计委员会副主任委员；现为华南师范大学创业学院导师、景德镇陶瓷学院艺术设计学院客座教授、武汉理工大学绿色建筑材料及制造教育部工程研究中心兼职教授；2017年成为广东省建材行业协会第四届专家委员会委员；2018年3月成为中国材料与试验团体标准委员会（CSTM）委员。曾荣获2008—2015年度全国建筑材料行业标准化先进个人；2010—2013年度广东省建材行业先进工作者；2014中国标准创新贡献奖；2015年建材行业标准创新奖二等奖；2016年中国标准创新贡献奖（JC/T2195—2013薄型陶瓷砖）二等奖；2017年度广东省建材行业先进工作者；2017年佛山陶瓷行业十大环保推行者等。

二、品牌简介

蒙娜丽莎集团股份有限公司（以下简称蒙娜丽莎集团）位于广东省佛山市，是一家集科研开发、专业生产、营销为一体的大型陶瓷上市公司。蒙娜丽莎集团前身是乡镇集体企业，成立于1992年，后经企业转制，于2017年在深圳证券交易所A股成功上市。集团目前拥有9家全资子公司，在广东佛山、广东清远、广西藤县（筹建中）三地建设现代化大型陶瓷生产基地，主要生产与销售各类墙地砖、陶瓷板和瓷艺等产品。

蒙娜丽莎集团始终致力于高品质建筑陶瓷产品研发、生产和销售，以"美化建筑与生活空间"为理念，打造出"蒙娜丽莎"和"QD"两大陶瓷品牌。

目前拥有覆盖全国约 3000 多个营销网点，为广大消费者提供及时周到的服务。

经过多年运营，蒙娜丽莎集团硕果累累；荣获 2015 年度佛山市政府质量奖、广东省政府质量奖；2016 年、2017 年国家工信部首批绿色建材三星级评价和绿色工厂示范单位；2017 年第三届中国质量奖提名奖状……荣誉的获得正印证着蒙娜丽莎集团的实力，为推动行业发展起着至关重要的作用。

三、张旗康分享品牌故事

◎ 蒙娜丽莎品牌由来

提起蒙娜丽莎，不得不提蒙娜丽莎的前身，南海樵东高级墙地砖厂。当时是由政府独资的集体所有制企业，1998 年 6 月份以后就转制为民营企业。转制以后，我们考虑到国内市场虽然火爆，但是到了一定的时候可能会面临竞争的问题，于是我们开始出口。当时董事会就让我组建了两个部门，一个是策划部，另一个是国际贸易部。我接手以后面临非常多的问题，首先出口的问题，我们就把"樵东"的汉语拼音变为英文来作为出口的品牌，但很快国外的客户就给我反馈这个名字不行。

后来我们提出多种想法，比如维多利亚、维纳斯、蒙娜丽莎，但是董事会把前面两个名字都给否掉了，维多利亚不够响亮，维纳斯残缺，蒙娜丽莎是最完美的。但是接下来在注册的时候却困难重重。当时没有知识产权中介代理，必须亲自到省级工商局去申请，但是省级工商局拿到这样的一个商标的申请以后有顾虑了，中国正在加入 WTO 关键时刻，知识产权问题很重要。

当时我在国家商标局，现场用绘图鸭嘴笔在绘图纸上画了非常大的一个蒙娜丽莎的商标，即非正规的草字体 M，但 M 有伸出去的一部分被切掉

349

了，意味着我们要突破；下面利用了一个非常坚硬的字体，加上一环，图标下面是中文，这是一个很完整的中英文的组合商标。

在商标答辩会上，我提出："中国是世界成员国之一，尽管现在我们正在进行加入 WTO 的谈判，但主导 WTO 的欧美发达国家在近 100 年当中，早已有企业使用了蒙娜丽莎作为企业产品的商标品牌，为什么我们作为世界成员国之一的中国，就不能用呢？"历时一年零六个月，蒙娜丽莎的商标终于被批复下来。后来我们又去西班牙马德里商标缔约国申请注册了国际商标权，把相关的 45 个类别也全部注册。

◎ 蒙娜丽莎集团如何建立与陶瓷的品牌联想

蒙娜丽莎是卢浮宫艺术瑰宝当中的一件，也非常具有代表性，中国游客相对熟悉这件艺术品。在卢浮宫最为著名的三件艺术瑰宝中，蒙娜丽莎最为完整，也具有一定的历史渊源。

遵循文艺复兴时期著名艺术大师列奥纳多·达·芬奇的探索精神和艺术理念，"蒙娜丽莎"品牌自创立以来，便带着一种与生俱来的艺术气息，如同流淌在蒙娜丽莎血液中的 DNA，让人处处感受到艺术的魅力。从装饰艺术中探求文化渊源，从家居生活中追寻设计灵感，蒙娜丽莎的创作精髓和理念皆焕发出浓郁的艺术特色，演绎着美的真谛——"美在于简单而不在于繁复，在于和谐而不在于冲突"，让每个家都可以切实拥有美好生活成为可能。

2009 年蒙娜丽莎文化艺术馆成立后不久，蒙娜丽莎集团分别把法国领事馆领事夫妇和时任意大利领事馆的领事夫妇邀请到蒙娜丽莎集团来观摩蒙娜丽莎文化艺术馆，让他们回顾一下 500 多年前的文艺复兴，也让他们了解蒙娜丽莎集团的历史。这也是集团与蒙娜丽莎本身的历史渊源。

第 80 期
蒙娜丽莎：
走国际化道路，建环保型品牌

◎ **蒙娜丽莎集团如何实现绿色生产**

在我的印象当中蒙娜丽莎有很多大项目，给我印象最深的是两个项目，第一个就是上市——我们经历了九年才成功，第二个就是环保。

为什么会蒙娜丽莎在环保方面会成为行业的标杆？因为我们是全国仅有的两家绿色工厂之一。佛山自从 2015 年以来，对所有辖区的数十个生产过程当中有重点污染的行业进行企业环保信用等级评价，而我们也在环保方面有一种危机意识，从 2005 年开始一直到现在，我们累计投入环保深化治理升级改造的费用超过两个亿，在进行预测之后，我们放弃了产能规模的扩张，决心把两个基地的环保治理做好，如通过聘请环保顾问的方式来把环保工作做好。

我们投入环保将近两个多亿，得益于蒙娜丽莎的使命愿景核心、价值观、经营理念，最后形成了蒙娜丽莎在行业独有的三个环保理念。第一，成为资源节约型、环境友好型的领军企业；第二，环保治理没有句号只有逗号；第三，制定严于国家或地方标准的环保内控标准。

◎ **蒙娜丽莎在传播上的最大亮点是什么**

蒙娜丽莎在传播中最大的亮点来自国际化传播，比如微笑节，蒙娜丽莎比较合适推广这个节日，也特别具有联想力。

由于蒙娜丽莎集团每年 8 月份投产，因此早在 10 年前，企划部就想到了能不能把在每年的 8 月份进行一个回顾，因此产生了微笑节。大家都知道神秘的微笑是从哪里来的，我们就把神秘的微笑嫁接过来，创立了微笑节。这在行业中是不可复制的，也是独一无二的。就像"双十一"一样，我们在 8 月份创造了自己的微笑节。

蒙娜丽莎的总部所在地是西樵山，西樵山有一个女子龙舟队，叫凤舟队。为什么当时我们冠名培育这样的一个龙舟队？因为它在我们广东省小有名气。那个时候我们蒙娜丽莎正需要提升品牌，她们全年到全国各地寨冷的地方、到高原训练，到国外训练的全部费用都由蒙娜丽莎赞助。蒙娜丽莎凤舟队由广东省第一到全国第一到东南亚一些赛事的第一到世界第一，我们连续冠名六年都是国际赛事的冠军，这对我们的品牌是一个相当好的提升。

四、观众互动：对话品牌领袖

◎ 蒙娜丽莎在实体店用户体验方面有什么举措？

　　蒙娜丽莎见体验店有别于我们传统的经销商的门店，它完全是模拟专卖，通过体验店，消费者可以感受真实的生活空间，比如客厅、餐厅、厨房、卫生间、卧房,甚至一个小小的阳台,尽管面积不等,但是我们都是从众多的设计创意当中精挑出来,再进行体验店终端投放。我们现在引导全国两三千家的传统门店升级改造提升,准确切入到当下"90 后""00 后"主导的市场。

◎ 针对年轻人市场,有什么创新举措?

十年前我们就在思考如何跟上年轻一代的品牌年轻化需求。年轻人追求简约风,我们就从产品要素上做文章,我们精心研制的陶瓷薄板其实就是吻合年轻人喜好的简约风格。同时,我们还有一个子公司——广东蒙娜丽莎创意设计有限公司,公司团队从总经理到普通员工都非常年轻,他们专门从事家居生活空间点缀,比如客厅要做一面形象墙,如何用陶瓷载体来展现陶瓷壁画餐厅,等等。我们现在寻求的设计团队,包括国内外的设计公司,都要求是很年轻的血液,对年轻人不能谈经验,要讲创意,才能满足年轻化需求。

五、段淳林教授点评

蒙娜丽莎从一开始就是一个国际品牌,从名称和国际化的贸易开始,最终实现了从"我为意大利贴牌"到"意大利为我贴牌"的转变,可以看出蒙娜丽莎借助国际化名称,快速进入国际市场,成功扩大了自身影响力。同时,蒙娜丽莎在发展的过程中,实现了"艺术+科技"的融合,也贯彻了绿色环保的理念。

蒙娜丽莎在举办各种活动的同时,可以从精神层面、文化层面对品牌进内涵丰富和扩充,比如提出幸福蒙娜丽莎或者微笑蒙娜丽莎,给人一种理念上、情感上和生活方式上的幸福概念。如何实现中西方文化的对接与深度融合,是蒙娜丽莎下一步要思考的问题。

六、品牌传播经典案例

蒙娜丽莎微笑节

蒙娜丽莎微笑节，不仅是蒙娜丽莎集团针对品牌形象和媒介传播系统的多方位升级，更是一次实现全媒体的内容生产、全媒介的品牌传播，给予消费者优惠活动体验之外，也完成了全国线下活动的集中爆破，成为一场行业年度火热的整合营销盛事。2018 年，"蒙娜丽莎微笑节"更是一举摘下活动营销类实战金案大奖，释放出微笑能量的营销能力。

第 80 期
蒙娜丽莎：
走国际化道路，建环保型品牌

【活动介绍】

2009 年年初，为更深层次的挖掘品牌文化，实现与终端的强互动和促销相结合，蒙娜丽莎正式以微笑文化为主线开展每年一届的"蒙娜丽莎微笑节"，并在每年的 8 月份全国范围同步启动，通过"1+N"的营销组合方式，蒙娜丽莎微笑节开辟了由 1 个促销主题与 N 种活动形式组合的创新模式，结合多种新媒体营销工具的创意应用，整合品牌、营销、策划、产品、促销、推广资源实现微笑节的集中爆破，开辟出一个促销淡季中独特的促销节点。

2009 年到 2018 年，蒙娜丽莎微笑节已经举办了十届，每一届的微笑节都用不同的创意点吸引全国各地消费者参与，活动形式不拘泥于终端门店的线下优惠，在互联网线上活动中也是异彩纷呈，具有较强的娱乐性、趣味性和创新性。

2018 年是蒙娜丽莎微笑节十周年，蒙娜丽莎策划了"微笑遇见未来十年"活动，用户可以上传自己的照片，预见十年后自己的模样，使"传承舒适人居理念"的活动目标以接地气的方式与用户沟通。强大的娱乐属性和社交属性，激发了用户的创作兴趣和参与积极性，活动上线当日就吸引了众多用户参与。

【传播亮点】

1. 传统家居融入互联网思维，蒙娜丽莎线上线下双向发力

经过十年来多方尝试和实践，蒙娜丽莎对消费者的理解愈发成熟，微笑节十周年是蒙娜丽莎关于"走心营销"的一次大胆尝试，也是蒙娜丽莎利用互联网思维实现品牌传播的重大跨越。以往营销活动以返利、打折、服务升级等产品优惠吸引关注，看似层出不穷花样百出，但实际内容换汤不换药，受众难免审美疲劳。而蒙娜丽莎却打破常规，成立百人助威团，在雅加达亚运会开幕当日，乘坐包机到现场为亚运健儿加油。

355

蒙娜丽莎，以实际行动带动全民运动，使体育精神和国家"全民运动"号召得到延伸和落地，也把蒙娜丽莎"致力于美化家居环境、提高生活品质"的品牌理念在细节中体现得淋漓尽致。

2. 紧靠大 IP，蒙娜丽莎发出"走向世界"强音

从降低能耗出口国外，到在意大利成立产品研发基地，再到赞助雅加达亚运会，蒙娜丽莎一直坚持"让品牌走向世界"，为让品牌在世界范围内展现出极强的存在感。蒙娜丽莎不仅在一点资讯、抖音在内近百款热门 App 开屏广告，而且制作创意海报、话题营销在各大网媒全范围刷屏，"微笑热"席卷全球。蒙娜丽莎深知，广告、互动话题不仅是传递微笑节的高效神器，还是缩短消费者和品牌沟通的有效途径。

3. 读懂消费者，用共情力获得凝聚力

在营销领域中，共情能力这一心理学名词在品牌之间反复被提及，它指的是一种能设身处地体验他人处境，从而达到感受和理解他人情感的能力。对人来说，这是一种重要的社交能力，对于品牌来说，这是一种决定着消费者是否与品牌交心，同品牌持续友好沟通的能力。尤其在信息过载的年代，越来越多的品牌洞悉消费者的内心，制作有温度的内容营销，赢得了用户对品牌的认同，实现了品牌理念的渗透。

家，能把人重新聚集到电视机前，一起吃饭、聊天，是家人团聚、朋友沟通互动的绝佳契机。由于工作等原因，仍然有不少人以公司为家，回家的次数少之又少，即使回到家中，也因长期缺少沟通，导致"在家不回家"的尴尬。通过对这一特殊群体的深度探索，蒙娜丽莎通过《我的十年》微电影进行角色还原，讲述着"多加班少陪伴"的故事，传递"你希望衣锦还乡，家人盼你回家吃饭"的中心思想，以情感视角触动用户的泪点，引发用户共鸣，"每个家，都值得拥有蒙娜丽莎"的品牌理念已深入民心。

第 80 期

蒙娜丽莎：
走国际化道路，建环保型品牌

 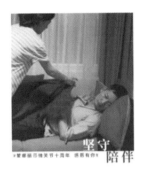 

【启示】

　　新生代消费群体的需求升级、社会对健康的强烈诉求，借势营销给出了新的风向标。作为环保瓷砖行业代表，蒙娜丽莎微笑节除了新奇有趣的线上互动、感动人心的视频内容，还通过包机看亚运等一系列促销手段，传递品牌核心理念。亲切的品牌活动更容易让消费者打破感官壁垒，真切感受品牌方传达的情绪，从而爱上一个品牌。

后　　记

　　《淳林话品牌》(第二卷)是 2017 年全新升级后音频、视频与文字相结合版本。《淳林话品牌》共录制了 34 期，并获得 2018 年度广东省广播影视奖"媒体融合"类二等奖。每一期的对话，企业家亲身讲述自己和品牌的故事，品牌在成长过程中遇到的挫折和成功，在企业家的口中娓娓道来。

　　2018 年，《淳林话品牌》和今日头条达成战略合作，西瓜视频和悟空问答的加入，使得本节目得到了更广泛的传播，同时听众的问题和想法也能够有效地传达和解决。现主要传播渠道有腾讯视频、爱奇艺、优酷视频、企鹅 FM、蜻蜓 FM、喜马拉雅 FM、今日头条和触电新闻等，总传播量超过 300 万。

　　以上参与节目录制的 26 家品牌，其中还包含 10 余家上市公司，涉及领域包括互联网、智能家居、制造、医药、体育、旅游、传媒等多种行业。

　　其中为响应国家精准扶贫的号召，本节目也将为云南开设为期 6 期的"中国云茶"专题访谈。《淳林话品牌》希望和中国品牌一起，勇于承担社会责任，为服务社会、服务大众贡献自己的力量。

　　感谢以上所有参与节目录制的优秀的中国品牌；感谢腾讯视频、爱奇艺、优酷视频、企鹅 FM、蜻蜓 FM、喜马拉雅 FM、今日头条和触电新闻等媒体的支持；感谢广东广播电视台、广东新闻广播尹铮铮工作室等各单位的工作人员以及我的学生们的辛勤工作。(排名不分先后)

　　我们会一如既往地坚持弘扬中国品牌的节目初衷，同时也呼吁更多的中国品牌能够参与到我们的节目中，让我们一起为中国品牌走向世界作出贡献！